目 录

GUOJI TIYU YU JIANKANG
KECHENG BIAOZHUN JIEDU

国际体育与健康
课程标准解读

主编 季 浏 尹志华 董翠香

华东师范大学出版社
·上海·

图书在版编目(CIP)数据

国际体育与健康课程标准解读/季浏,尹志华,董翠香主编.—上海:华东师范大学出版社,2018
ISBN 978-7-5675-8416-7

Ⅰ.①国… Ⅱ.①季…②尹…③董… Ⅲ.①体育课-课程标准-研究-世界②健康教育-课程标准-研究-世界
Ⅳ.①G807.01②G479

中国版本图书馆 CIP 数据核字(2018)第 230187 号

国际体育与健康课程标准解读
GUOJI TIYU YU JIANKANG KECHENG BIAOZHUN JIEDU

主　　编　季　浏　尹志华　董翠香
策划编辑　卜于骏
责任编辑　竺　笑
责任校对　孙祖安
装帧设计　高　山

出版发行　华东师范大学出版社
社　　址　上海市中山北路 3663 号　邮编 200062
网　　址　www.ecnupress.com.cn
电　　话　021-60821666　行政传真 021-62572105
客服电话　021-62865537　门市(邮购)电话 021-62869887
地　　址　上海市中山北路 3663 号华东师范大学校内先锋路口
网　　店　http://hdsdcbs.tmall.com

印 刷 者　上海景条印刷有限公司
开　　本　787×1092　16 开
印　　张　20.25
字　　数　369 千字
版　　次　2018 年 11 月第一版
印　　次　2022 年 2 月第三次
书　　号　ISBN 978-7-5675-8416-7/G·11553
定　　价　49.00 元

出 版 人　王　焰

前 言

　　自 21 世纪初以来,我国基础教育领域开启了具有里程碑意义的课程改革,其主要标志是研制和修订基础教育各学科的国家课程标准,旨在为我国中小学课程改革在宏观层面提供指导框架与方向。教育部于 2001 年颁布了所有学科的课程标准,其中包括《全日制义务教育　普通高级中学　体育(1—6 年级)　体育与健康(7—12 年级)课程标准(实验稿)》。于 2003 年颁布了《普通高中体育与健康课程标准(实验)》;于 2012 年初颁布了《义务教育体育与健康课程标准(2011 年版)》;于 2018 年初颁布了《普通高中体育与健康课程标准(2017 年版)》。由此可见,在过去的十几年中,我国在基础教育体育与健康课程标准的研制与修订方面做了大量的工作。同时,在课程标准的实施方面也取得了令人瞩目的成绩和成就,如体育教师的教育观念和教学行为发生了积极转变,"健康第一"的指导思想深入人心,体现素质教育思想的知识与技能、过程与方法、情感态度与价值观的整体课程目标普遍受到重视,教学内容注重与学生的身心特点和生活经验相联系,教学方式实现了从单一化向多样化转变,具有激励和发展功能的体育学习评价方法得到有效运用,开发和利用课程资源得到充分落实,学生的体育与健康态度和行为发生了积极变化等。应该说,通过课程标准的实施而推进的课程改革,对促进我国教师的发展、学生的发展、课程的发展意义重大而又深远。

　　然而,随着政治、经济、教育等领域的日新月异,新的教

育理念与思想层出不穷,时代对人才培养的要求正在发生不断的变化。因此,基础教育课程改革也需要与时俱进,唯有如此才能培养出符合社会发展需要的高素质人才。党的十八大、十八届三中全会以及十九大都提出了关于学校教育要落实"立德树人"根本任务的要求,教育部也先后颁布了《教育部关于全面深化课程改革落实立德树人根本任务的意见》《普通高中课程方案(2017 年版)》《国务院办公厅关于强化学校体育促进学生身心健康全面发展的意见》等文件,对课程改革提出了明确的要求。针对课程标准,《教育部关于全面深化课程改革落实立德树人根本任务的意见》明确提出,要"依据学生发展核心素养体系,进一步明确各学段、各学科具体的育人目标和任务,完善高校和中小学课程教学有关标准"。基于此,进一步推进各学科课程标准的修订也成了当前我国基础教育课程改革的关键任务之一。在这样的背景下,介绍和分析世界各国的课程标准,有利于我们更好地了解国际最新发展趋势与动向,对于更好地修订各学科的课程标准具有非常重要的意义。

俗话说:"他山之石,可以攻玉。"为了更好地完善我国的体育与健康课程标准,同时也为了给广大体育教育工作者提供国外的最新发展信息,很有必要学习和参考世界各国近些年来在体育与健康课程标准研制与修订方面的发展趋势。基于此,我们组织了一批在体育与健康课程和教学领域年富力强的理论与实践工作者,对美国、英国、法国、德国、俄罗斯、澳大利亚、新西兰、日本、韩国九个国家或地区的体育与健康课程标准的最新版本进行了收集、整理、翻译、分析和比较,共同编写了《国际体育与健康课程标准解读》一书。但需要指出的是,上述国家或地区并非均使用"课程标准"的称谓,如英国称之为《体育学习纲要》、法国称之为《体育与运动课程纲要》、日本称之为《体育/保健体育学习指导要领》等。实际上,使用不同称谓,只是语言表述有所差异,本质上均发挥着国家课程标准的功能。为了便于表述,在本书的书名和前言中均使用体育与健康课程标准一词,而在具体的章节中则分别按照相应国家的名称进行表述。总体而言,本书具有以下几个特点:

(1)信息的前沿性。为了给读者呈现当前世界各国体育与健康课程标准最前沿的信息,编写团队努力克服了地域、语言等各方面的困难,不仅收集了在体育教育领域方面了解较多的一些官方语言为英语的国家的课程标准,同时也收集了一些官方语言为非英语但却很有代表性的国家的课程标准。这些课程标准文本均为到目前为止该国家的最新版本,其理念和具体内容处于前沿,反映了该国体育与健康课程改革的最新发展动向,从而有效地保证了本书中所呈现信息的及时性与前沿性。

（2）内容的全面性。不同国家（地区）的体育与健康课程标准在内容呈现方面存在着一定的差异，有的内容较多，而有的内容相对较少。编写团队本着实事求是的原则，严格按照该国家课程标准的原稿进行了介绍和分析。内容涉及教育总目标、课程目标、核心素养、课程内容、教学方法、课程实施建议、学习评价等多个方面，最后还对上述要素展开了全面的比较，提出了体育与健康课程标准的未来发展趋势，这为读者全面了解和学习这些国家（地区）的体育与健康课程标准提供了大量的信息。

（3）分析的深度性。本书针对每个国家（地区）的课程标准采用了"原稿介绍＋深度分析"的编写模式，即首先原汁原味地介绍课程标准的某个部分，以避免将作者的个人理解渗透其中，从而保证所呈现内容的客观性。然后在此基础上结合该国家（地区）的社会背景、文化风俗、教育特点等情况，本着客观的原则进行深度分析，旨在为读者更好地理解课程标准所蕴含的思想和价值提供启发。

本书的总体设计由季浏负责，参加撰写的成员有：前言（季浏）、第一章（汪晓赞、吴红权、尹志华）、第二章（董翠香、刁玉翠）、第三章（高强）、第四章（李凌姝）、第五章（李琳）、第六章（刁玉翠、李梦欣、董翠香）、第七章（党林秀、董翠香）、第八章（潘雪峰、尹小俭、尹志华）、第九章（杨秋颖、朱春山、董翠香）、第十章（尹志华、孙铭珠），最后由季浏、尹志华对全书审慎统稿。

在当前我国基础教育体育与健康课程改革如火如荼进行之时，我们期望本书能对广大体育教育研究者、一线体育教师等在进行体育与健康课程改革的理论研究和实践探索的过程中产生积极的借鉴作用，也期望本书能成为高等学校体育教师、体育专业本科生和研究生学习的参考书籍，以帮助读者拓宽视野，了解国际动向，从而更好地理解和实施我国的体育与健康课程标准。然而，由于我们的水平和能力有限，加之编写本书的时间较短，书中肯定会存在许多不足之处，敬请读者批评指正。我们将正视读者所提出的宝贵意见和建议，以便今后对本书进行修订和完善。

最后，我们对在本书中直接或间接引用到的文献资料的作者和专家表示真诚的感谢。同时，也对华东师范大学出版社领导和编辑的辛勤工作和支持表示恳挚的感谢！

季　浏

2018 年 5 月

第一章

美国国家体育课程标准解读

　　近 20 年来,美国主要通过研制、修订和完善三个版本的国家体育课程标准来保证高质量的中小学体育课堂教学。美国的体育课程标准由美国国家运动与体育教育协会(NASPE)组织制定,而非美国教育部。实施国家体育课程标准是各州的责任,并非强制性的。各州可根据国家体育课程标准制定适合本州实际情况的标准,设置适合于本州的课程与教学计划,机动灵活地执行和完成国家体育课程标准所规定的目标。由于各州对国家体育课程标准的理解不一致,而国家体育课程标准又为各州预留了创造和设计本州课程的广阔空间,致使美国不同州的中小学对国家体育课程标准的实施各不相同,方法各异①。经过 20 余年的推广,国家体育课程标准在各州、地区、学校已逐渐被接受并开始试用。调查结果显示,截至 2004 年,以国家体育课程标准为依据,美国所有 50 个州已全部制定了州体育课程标准,并制定了具体的各年级标准。除一些偏僻的西部地区无法实行外,95％的地区和学校已经制定了与州体育课程标准相对应的课程与教学计划。85％的州已提供了体育课程材料,并提出了实施方法。30％的州对体育课程标准提出的评价内容进行了讨论,并提供了评价要求和参照样本②。

---

① 陈金凤. 中美体育课程标准的比较研究——美国体育课程标准的变化对我国体育课程改革的借鉴与反思[D]. 南京: 南京师范大学,2007.
② 伊向仁,张瑞林,陈安,项萍. 美国《国家体育课程标准》与中国《课标》制定、实施和评价状况的研究[J]. 体育学刊,2006,13(6): 87 - 91.

第一节　美国国家体育课程标准的起源与发展

不同国家的教育体制往往与政治体制密切相关。作为分权制国家的典型代表,美国联邦政府给予各个州非常宽泛的权限,从而使得不同州之间在经济、文化、法律、教育等领域差别很大。作为教育的重要组成部分,美国的学校体育同样如此,不同州都拥有各自的体育课程、教学内容、评价重点等,从而使得各州能够根据自身的实际情况有针对性地推动学校体育教育工作的开展。然而,正是由于这种差异性的存在,导致不同州之间学校体育的发展程度参差不齐,学生所接受的体育教育也千差万别,很多来自理论与实践领域的专业人士均呼吁联邦政府应该从宏观层面出台一些政策性文件来引导美国学校体育的发展,从而保障学生的体育学习质量。

一、美国国家体育课程标准产生与发展的背景

(一) 大规模教育变革的推动

第二次世界大战是美国社会发展的分水岭,一直到 20 世纪 60 年代,美国的国民经济生产总值经历了高速增长期。但到了 20 世纪 70 年代中期,美国的经济开始走下坡路并进入第八次经济危机。在经济不景气和新技术革命的双重冲击下,美国的教育质量出现了严重的滑坡,美国对于人才的需求逐渐由劳动密集型转向知识密集型。因此,通过提高教育质量来培养大批人才,成为当时美国社会发展的迫切需求。经过 20 世纪 70 年代的阵痛之后,美国的有志之士决定对教育进行大刀阔斧的变革,第一步便是出台大型教育报告,如 1983 年的《A Nation at Risk(国家处于危险之中)》、1985 年的《A Call for Change(改革之呼吁)》、1986 年的《A Nation Prepared(国家处于准备之中)》和《Tomorrow's Teachers(明日之教师)》、1990 年的《Tomorrow's Schools(明日之学校)》、1995 年的《Tomorrow's Schools of Education(明日之教育学院)》等。这些研究报告毫不留情地指出:美国青少年学生的基础教育出现了严重的问题,如学生的知识储备不足、学习成绩下降等,学校教育急需变革。于是,美国拉开了以"优质教育"为口号的长期教育改革序幕。特别是在 1990 年之后,美国的教育改革政策更加鲜明,即主要以提高学习能力为目标,追求教育内容标准化、统一化和评价

标准的设置,努力恢复学校秩序和纪律等①。这场追求标准化的大规模教育变革运动对学校体育产生了深刻的影响,对构建国家体育课程标准的呼声也越来越高。到了21世纪,随着《No Child Left Behind(不让一个孩子掉队)》法案的出台,美国的教育又进入了一个新的变革时期,学校体育课程也随之受到了相应的影响。

(二) 解除学校体育危机的需求

众所周知,肥胖一直是近几十年来美国青少年学生健康成长面临的重要问题,而且呈现愈演愈烈之势,导致全社会对学校体育的信任度越来越低。虽然肥胖是多因素交互作用的结果,学校体育不应该承担全部的责任,但与其他文化课程相比,体育是与学生肥胖问题相关性最大的课程。正因为严重的肥胖现象,体育一度被美国人视为无价值或者无效的课程,致使体育在学校教育中的地位下降,学校体育出现了严重的危机。一些人甚至偏激地认为,与其让学生花费大量的时间上体育课,还不如给学生更多的时间提升读、写、算等方面的能力②。另外,在学校体育课程开发方面,因为主要是由大学教授和学者负责,也存在着理论与实践脱节的问题。美国的中小学虽然场地充足,但体育器材设施不足、缺乏优质的体育教师、过于重视学校体育运动训练而轻视体育教学等现象依然存在,从而加剧了学校体育的危机。在这样的背景下,构建并持续修改国家体育课程标准,关注学生的体育学习需求,明确学生的体育学习目标,优化体育学习评价方法和手段,提升体育教学质量,引导体育课程与教学的改革与发展,成为解除美国学校体育教育危机切实可行的途径③。

(三) 对"什么是受过良好体育教育的个体"的探索

学生通过体育教育,应该成为什么样的人? 这一问题在20世纪90年代以前,很少有人提及。随着美国学校教育变革的不断发展,教学中"人的成长"问题越来越受到关注。一些专业组织开始思考"什么是受过良好体育教育的个体",

---

① 汪晓赞,尹志华,Lynn Dale Housner,黄景昳,季浏. 美国国家体育课程标准的历史流变与特点分析 [J]. 成都体育学院学报,2015,41(2): 8 - 15.

② O'Malley, Patrick M. , Johnston, Lloyd D. , Delva, Jorge. , Bachman, Jerald G. & Schulenberg, John E. Variation in Obesity Among American Secondary School Students by School and School Characteristics [J]. American Journal of Preventive Medicine,2007,33(4): 187 - 194.

③ National Education Association. Stories from the field: Cuts leave more and more public school children behind [M]. Washington, DC: Author, 2004.

即关于学生体育学习结果的问题。为此,美国国家运动与体育教育协会(NASPE)专门成立了"结果委员会(Outcomes Committee)"予以回答。通过有关"结果项目(Outcomes Project)"的探索,人们对"受过良好体育教育的个体"的定义发展到了顶峰。最早的定义包含以下五个主要方面,即掌握能够展示多种体育活动所需要的技能、有一定的体能、定期参与体育活动、懂得参与体育活动的意义和价值、重视体育活动及其对健康生活方式形成的作用。这一定义被拓展为更加详细的 20 条结果性陈述(见表 1-1),之后又进一步发展为特定年级的参照标准样例①。NASPE 于 1992 年出版了《高质量体育教育的结果(Outcomes of Quality Physical Education Programs)》一书。在这本书出版之后,标准与评价工作小组(Standards and Assessment Task Force)随之成立,其目的是为了在基于结果性文件的基础上开发内容标准和评价材料,美国国家体育课程标准的雏形逐渐形成。之后,NASPE 继续大范围地征求美国体育教育工作者、教育行政领导及其他协会的意见,进一步保证对"受过良好体育教育的个体"问题探讨的前沿性。直到现在为止,美国体育教育界对学生体育学习结果的问题仍然处于不断争执、探索和更新之中,从而进一步推动了国家体育课程标准的可持续发展②。

表 1-1 "受过良好体育教育的个体"的定义

掌握能够展示多种体育活动所需要的技能	1. 在运动中能使用身体意识、空间意识、努力和关系等概念 2. 能展示出各种移动、非移动和操控技能 3. 能展示出各种个人的以及与他人合作的移动、非移动和操控技能 4. 能展示进行许多不同类型体育活动的能力 5. 能熟练地掌握几种体育活动 6. 学会如何学习新的技能
有一定的体能	7. 能表现出、达到以及维持一定的体能 8. 能根据训练和条件反射的原理设计出安全的个人体能练习项目
定期参与体育活动	9. 每周至少三次参与促进健康的体育活动 10. 能选择适合自己的并定期参与的终身体育活动

---

① National Association for Sport and Physical Education. Moving into the future:National Standards for physical education:A guide to content and assessment [M]. Reston, VA:Author, 1995.
② 汪晓赞,尹志华,Lynn Dale Housner,黄景旸,季浏. 美国国家体育课程标准的历史流变与特点分析 [J].成都体育学院学报,2015,41(2):8-15.

懂得参与体育活动的意义与价值	11. 知道定期参与体育活动的好处、代价以及职责 12. 认识定期参与体育活动的风险以及安全因素 13. 能应用相关概念和原则来发展动作技能 14. 理解健康不仅仅需要体能 15. 知道所选择体育运动的规则、策略以及相应的行为 16. 能认识到体育活动的参与可以促进国际间以及多元文化的理解 17. 理解体育活动能提供娱乐、自我表达以及交流的机会
重视体育活动及其对健康生活方式形成的作用	18. 重视体育活动参与过程中与他人之间的关系 19. 尊重追求终身健康与幸福过程中体育活动的重要作用 20. 珍惜定期参与体育活动的体验

（四）"体育素养（physically literate）"概念的提出

2013 年版美国国家体育课程标准受到"共同核心州立标准（Common Core State Standards）"的影响，将原来"受过体育教育（physically educated）"上升到"体育素养"这样一个概念，强调经过体育教育，个体将形成一种能力或素养[1]，从而把"体育素养"上升到和"数学素养"、"健康素养"一样的高度。Morrison 第一个提出"体育素养"概念，他认为"要具备良好的体育素养，一个人应该有创造力、想象力，具有清晰地表达动作的能力，能做出完整有效的实用动作，并能够完成独出心裁的、多变的、有技术含量的客观动作。身体是方法和目标的实施者，因此，身体应该是敏感的并且灵巧的"[2]。最近，Mararet Whitehead 被认为是体育素养研究领域的领衔专家。2001 年，他将体育素养定义为：平稳地、有效地、有信心地在多种有身体挑战性的场合下移动；有能力"读懂"周围的环境，对动作的需要和有可能出现的动作做出预测，并且灵活地、有想象力地对上述情况做出反应[3]。Whitehead 于 2007 年更新了这一定义，体育素养被解释为：有能力和动机把自己动作的潜能转化成为高质量的生活，作为人类，我们都有这个潜能。但是，对于不同的文化以及个体天赋的动作能力而言，体育素养具有一定的特殊性：拥有良好体育素养的人能够平稳地、有效地、有信心地在多种有身体挑战性

---

[1] Timothy Shanahan. Common Core State Standards [J]. The Elementary School Journal，2015，115(4)：464-479.

[2] Wall, J. & Murray, N. Children and movement：Physical education in the elementary school [M]. Dubuque，Iowa：Wm C Brown Co. Publishers，1994，

[3] Whitehead, M. The concept of physical literacy [J]. European Journal of Physical Education，2001，(6)：127-138.

的场合下移动；个体有能力"读懂"周围的环境，对动作的需要和有可能出现的动作做出预测，并且灵活地、有想象力地对上述情况做出反应；在社会中表现出良好的自我感知能力，这种能力与周围环境的有效结合能够对自尊和自信心产生积极的作用；对所做动作的感受和感知将让我们拥有流畅的自我表达能力，这种表达通过非言语交流，通过对他人交往的感受和同感来得到。除此之外，有良好体育素养的个体还有能力去鉴别并且很快找到提高自己动作成绩有效的办法，并且能够理解体现健康的原则，这些原则包括锻炼、睡眠和营养方面[1]。"体育素养"一词虽然出现的历史并不长，却已成为近年来美国体育课程改革的重要理念[2]。

二、美国国家体育课程标准的历史演变

在过去的 20 多年中，NASPE 于 1995 年、2004 年和 2013 年先后三次研制、修订并颁布了国家体育课程标准，分别是《Moving into the future：National standards for physical education（面向未来：国家体育课程标准）》[3]、《Moving into the future：National standards for physical education（2nd edition）（面向未来：国家体育课程标准）（第二版）》[4] 和《National standards & grade-level outcomes for k-12 physical education（中小学国家体育课程标准与各年级水平学习结果）》[5]。从历史流变的角度来看，不同版本的体育课程标准都有各自的特色，但总的来说体现出与时俱进的态势，主要体现在标准框架、具体内容和评价三个方面。

（一）体育课程标准框架的演变
在 1995 年版的美国国家体育课程标准中，共包括 7 条标准，2004 年版改为

① Whitehead，M. Physical literacy and its importance to every individual ［C］. Presentation at the National Disability Association Ireland，Dublin，Ireland，2007.

② Monica A. F. Lounsbery，Thomas L. McKenzie. Physically literate and physically educated：A rose by any other name? ［J］. Journal of Sport and Health Science，2015，4(2)：139-144.

③ National Association for Sport and Physical Education. Moving into the future：National Standards for physical education：A guide to content and assessment ［M］. Reston，VA：Author，1995.

④ National Association for Sport and Physical Education. Moving into the future：National Standards for physical education(second edition)［M］. Reston，VA：Author，2004.

⑤ SHAPE America — Society of Health and Physical Educators. National standards & grade-level outcomes for k-12 physical education ［M］. Champaign：Human Kinetics，2014.

6 条标准,2013 年版则缩减到 5 条(见表 1-2)。其变化主要体现在三个方面:
(1)标准条目的合并,整个标准框架呈现出越来越精简的趋势。(2)越来越重视技能和价值观的培养。以"标准 1"为例,1995 年版主要强调学生能够在多种运动中展示出能力,强调运动技术的掌握。而 2004 年版和 2013 年版则提出了"动作技能"的概念,更加强调学生通过体育学习形成基本的动作技能。对于一名普通学生而言,具备"动作技能"比掌握"运动技术"更为实用和重要。再如,在对体育活动社会价值的描述中,1995 年版对学生提出的要求是"理解",而 2004 年版强调"重视",2013 年版则提出了"认同"的要求。从这三个不同的行为动词变化中可以看出,美国国家体育课程标准对学生在这一维度上的学习结果要求越来越高,同时也从另一个侧面表明了美国社会对体育学习在培养学生社会交往能力方面的价值认可度也日益增强。(3)更加重视个体应具备的体育素养。与1995 年版和 2004 年版相比,2013 年版在每一条标准之前都增加了"具备体育素养的个体"应该如何表述,从而说明美国体育课程标准日益关注"能力或素养"的培养问题。

表 1-2　美国不同版本国家体育课程标准框架的比较

1995 年版	2004 年版	2013 年版
标准 1:具备展示多种运动方式的能力并熟练掌握某些运动技术	标准 1:具备展示在多种体育活动中所需要的动作技能和运动形式的能力	标准 1:具备体育素养的个体拥有展示多种多样的动作技能和运动形式的能力
标准 2:能够将运动概念和原则应用于学习和动作技能发展之中	标准 2:能够展示对运动概念、原则、战术和策略的理解,从而使其应用到学习和体育活动表现之中	标准 2:具备体育素养的个体能够应用与运动和表现相关的概念、原则、策略和战术类知识
标准 3:表现出积极参与体育活动的生活方式 标准 4:达到并保持有助于增进健康的体能水平	标准 3:有规律地参与体育活动 标准 4:达到并保持有助于增进健康的体能水平	标准 3:具备体育素养的个体能够达到并保持体育活动和体能的健康水平,展示出相应的知识和技能
标准 5:能够在体育活动的环境中展示出负责任的个人和社会行为 标准 6:能够在体育活动环境中理解和尊重人与人之间的差异性	标准 5:能够展示出在体育活动环境中尊重自己和他人的负责任的个人和社会行为	标准 4:具备体育素养的个体能够展示出尊重自己和他人的负责任的个人和社会行为

1995 年版	2004 年版	2013 年版
标准 7：理解体育活动给人们提供了快乐、挑战、自我表现和社会交往的机会	标准 6：重视体育运动在健康、快乐、挑战、自我表现和/或社会交往中的价值	标准 5：具备体育素养的个体能够认同体育活动在健康、快乐、挑战、自我表现和/或社会交往中的价值

（二）体育课程标准内容的演变

内容部分是课程标准的核心，详细地描述了学生通过体育学习在每一个维度和每一个学段都应该达到的学习要求和结果。从美国不同版本国家体育课程标准的内容来看，主要体现了两个方面的演变：一是学习阶段划分的演变；二是标准内容描述方式的演变。

首先，对于学习阶段的划分，美国国家体育课程标准与我国体育与健康课程标准将中小学阶段划分为六个不同学习水平的思路相似，但不同版本的划分方法差异很大（见表 1-3）：1995 年版的课程标准将 k-12 年级（即从幼儿园到高中三年级）划分为七个学习水平，着重于不同年龄段的平均分配，即以 2 年为一个跨度进行均匀划分；2004 年版的课程标准将学习水平调整为四个，更加侧重于根据学生的身心发展特征进行学习水平的划分；2013 年版的课程标准又将学习水平调整为三个，在结合学生身心发展特征的基础上，强调学习水平的划分与教育系统中学校学段的设置保持一致性，如小学阶段、初中阶段和高中阶段。

表 1-3　美国不同版本国家体育课程标准对学生学习水平划分的比较

版本	年级												
	k	1	2	3	4	5	6	7	8	9	10	11	12
1995 年版	水平一		水平二		水平三		水平四		水平五		水平六		水平七
2004 年版	水平一			水平二			水平三			水平四			
2013 年版	水平一						水平二			水平三			

注：k 即 kindergarten，指幼儿园阶段。

其次，对于课程标准中具体内容部分，不同版本的内容呈现方式、详细程度等也都有所区别。按照不同学习水平阶段的划分，在 1995 年版的课程标准中，每一条标准下面包含三部分，即学生在该学习水平应该达到的体育学习结果概述、学习重点和基本的判断标准；2004年版的课程标准则包含两部分，即对该学习水平段学生的期望、基本的表现结果；在2013年版的课程标准中，主要包含两部分，即针对整个体育学习结果的基本概述和针对某个标准的学习结果。这里以同一水平段标准2"对运动概念、原则、战术和策略的理解及其应用"的内容为例来进行比较(1995年版选取水平三、2004年版选取水平二、2013年版选取水平一，因为不同版本课程标准在所选取的该水平段结束之时，学生所处的年级阶段基本处于同一年龄层次)。该标准虽然在不同版本课程标准框架中的变化不大，但具体内容的呈现却有一定的区别(见表1-4、表1-5和表1-6)。相对来说，1995年和2004年两个版本的描述比较宏观，2013年版课程标准对内容的阐述则更为详细，主要针对各学习水平中每个年级学生都提出了相应的要求。从某种程度上而言，这有助于体育教师更好地理解和实施国家体育课程标准，从而有针对性地对不同年级学生开展体育教学。当然，需要指出的是，2013年版课程标准中对内容的详细描述也可能存在着潜在的负面影响，即有可能会限制美国国家各个水平段学生体育学习内容的灵活安排。

表1-4　1995年版美国国家体育课程标准的内容呈现方式(以标准2为例)

		能够将运动概念和原则应用于学习和动作技能发展之中
标准2	学习结果概述	四年级学生应该能够使用批判性的元素来重新定义基本的个人表现和特定的运动技能，同时能够给他人提供反馈。在运动环境复杂性不断增加的情况下，学生应该能够通过确认和应用概念而对动作表现的质量产生影响。比如，球必须要传到行进中队友的前面，合适的练习能够提升表现，低重心能够提高稳定性等
	学习重点	1. 使用批判性的元素来提升基本的个人表现和特定的运动技能 2. 使用基本的批判性元素和特定的运动技能而给他人提供反馈 3. 通过认同和使用概念来提升难度而逐渐加大运动表现质量
	基本的判断标准	1. 通过使用大范围的拉伸(如倒立、侧手翻等)而将身体重心以不同快慢的速度从脚转移到手 2. 精确地识别出一个学生表现出"扔"的动作时的关键元素，并且能够给该学生提供反馈 3. 通过使用球棒或球拍持续地击打扔出去的球而展现出恰当的控制力

表 1-5 2004 年版美国国家体育课程标准的内容呈现方式(以标准 2 为例)

标准 2	能够展示对运动概念、原则、战术和策略的理解,从而使其应用到学习和体育活动表现之中	
	对学生的期望	五年级结束时,学生能够理解更加复杂的概念和原则,并且能够将它们应用到结构化的学习环境之中。他们使用表现性反馈来增加对技能的认知理解和提升技能表现。他们同样能够使用关键元素或简单的生物力学和动作发展原理来给其他学生提供反馈。他们通过学习更加复杂的动作技能,能够将已经习得的概念迁移到新的技能学习与表现之中(如通过屈膝来降低重心而增加稳定性)
	基本的表现结果	1. 能够描述如何使用心率来监测锻炼强度 2. 在持拍进行前手击球时,能够辨别和展示合适的控制能力的关键元素 3. 在推进目标前进的运动过程中,能够解释将重心从后腿转移到前腿的必要性 4. 能够精确地识别他人所表现出来的"抓"的动作,并能给他人提供反馈 5. 能够描述球静止和移动时脚位的区别 6. 能够解释什么样的实践才能提升运动表现 7. 能够设计一个至少包含两种动作技能、规则和策略的新型游戏 8. 能够识别长期参与体育活动所带来的身体和心理效益

表 1-6 2013 年版美国国家体育课程标准的内容呈现方式(以标准 2 为例)

标准 2	具备体育素养的个体能够应用与运动和表现相关的概念、原则、策略和战术类知识							
	基本概述	在五年级结束时,学习者具备能够展示不同基本动作技能和特定技能的能力;能够在舞蹈、体操和小场地练习任务中使用基本的动作概念;能够识别基本的健康体能概念;能够在体育活动中对自己和他人有较好的包容性;能够理解健康生活方式的效益。学习结果反映了对绝大多数学生在特定水平的学习发展性期望						
	学习结果	年级	k	1	2	3	4	5
		空间	理解个人运动空间与公共运动空间的差异性;从个人空间到有节奏性的活动	基于特定的节拍和节奏,从个人运动空间到公共运动空间	将移动性技能融合到从公共空间到有节奏性活动的过程中	在运动背景下识别开放性空间的概念	将开放性空间的概念与技能结合并运用到移动中(如运球和移动);将封闭式空间的概念	在体操、舞蹈和游戏环境中将空间概念与移动式和非移动式动作技能结合起来

年级	k	1	2	3	4	5
					念应用到小场地练习任务中；在公共空间进行不同方向和速度的运球	
路径、形状和水平	向三种不同的方向前进	在低、中、高三种不同水平上行走；在行走过程中与目标保持多种关系(如绕行、穿过、上、下等)	在简单舞蹈和等操作中将形状、水平与路径结合在一起	判断体育活动所需的移动技能	在小场地练习、体舞和中将概念和技能结合在一起	在游戏、舞蹈和体操运动中将概念和技能结合在一起
速度、方向和力量	在公共空间中用不同速度行走	快速与慢速的差异性；力量轻与重的差异性	随着时间的逐渐力减增量	在教师的指导下将运动概念(如方向、水平、力量和时间)与技能结合在一起	将速度、力量、耐力和幅度等概念应用步目使用到跑中；使用短柄工具将物体朝标时方力运动；用和等概念	在游戏环境中使用运动概念；在用短柄工具击打物体时运用方向和力量等运动概念；分析运动情境,并在小场地练习、舞蹈和体操等运动中应用运动概念(如力量、方向、速度、路径、张力)

年级	k	1	2	3	4	5
队列和肌张力				在体操和舞蹈中使用队列的概念;在体操和舞蹈中使用肌张力与平衡的概念	技能应用	技能应用
策略和战术				在追逐性活动中应用简单策略和战术;在逃避性活动中应用简单的策略	在追逐和逃避性活动中应用简单的防守策略和战术;在追逐和逃避性活动中应用简单的进攻策略和战术;意识到不同类型的活动情境需要使用多种踢的方法	在小场地进攻性练习中应用基本的进攻和防守策略与战术;在小场地对墙/隔网类运动中使用基本的进攻和防守战术;意识到不同类型的活动情境需要使用不同类型的扔、撞的策略

(三) 体育课程标准评价的演变

为了更好地了解学生的体育学习结果,课程标准一般都会列出简单的评价范例。就美国国家体育课程标准的评价而言,不同版本的差别很大。1995 年版的课程标准中,列出了学生学习结果的评价要点,具体包括评价方法和相应的评价标准,如常用的评价方法包括教师观察与记录、纸笔测验、口头测试、事件任务观察与记录、学生日志、学生自我报告、学生项目、小团体项目、班级项目、自我评价、访谈、同伴观察、同伴评价、家长报告、角色扮演、档案袋、规定内容测试、录像等;评价标准则主要是一些比较宏观的描述性语句。所不同的是,2004 年版的课程标准删除了关于评价的所有内容,而 2013 年版的课程标准却又不仅重新列出了评价部分的内容,还引入了成绩评估体系,开发了多种多样的评价工具和方法,如检查表、等级评分表、表现性标准等,这些工具都可以直接被体育教师在课堂上使用。因此,与 1995 年版的课程标准相比,虽然最新的课程标准在具体的评价方法方面相对要少一些,但经过 2004 年版课程标准有关评价内容缺失这一方面的变化,2013 年课程标准更为加强了评价的可操作性。这可能是人们使用 2004 年版课程标准之后发现评价的重要性以及来自体育教学实践的需求所致[①]。

三、2013 年版美国国家体育课程标准的基本框架

2013 年版美国国家体育课程标准全称为《中小学国家体育课程标准与各年级水平学习结果(National standards & grade-level outcomes for k - 12 physical education)》"(以下简称《课程标准》)。整个课程标准共包括两个部分: 正文部分和其他部分。表 1 - 7 中显示了 2013 年版美国国家体育课程标准的基本框架,其他部分包括前言、致谢、专业词汇表、参考文献和作者介绍五个部分。"前言"介绍了三个版本美国国家体育课程标准制定的组织 AAHPERD(美国健康、体育、休闲与舞蹈协会)〔2013 年底更名为 SHAPE America(美国健康与体育教育者协会)〕及其下属协会 NASPE(国家运动与体育教育协会),并简明扼要地介绍了 2013 年版美国国家体育课程标准制定的全过程;"致谢"部分则对于参与 2013 版课程标准制定的 AAHPERD 课程框架特别小组成员致以感谢,并对参与前两个版本课程标准研制和评估的小组成员表示了感谢;"专业词汇表"主要列出了 2013 年版《课程标准》中出现的主要术语与词汇,并进行了解释或举例,以便读者更好地理解其内涵;"参考文献"部分主要罗列了研制《课程标准》时参考的各种重要文献资料,包括各种书籍、期刊、网络资源等;最后的"作者介绍"部分是起草该标准的三名主要成员的学术生平介绍。

表 1 - 7　2013 年版美国国家体育课程标准的基本框架

	具 体 内 容
正文部分	第一部分: 美国国家体育课程标准和年级学习水平目标的探索 第一章　国家体育课程标准框架的开发

---

① 汪晓赞,尹志华,Lynn Dale Housner,黄景晰,季浏. 美国体育课程标准的历史流变与特点分析[J]. 成都体育学院学报,2015,41(2): 8 - 15.

	具 体 内 容
	第二章 学前至 12 年级国家体育课程标准 第三章 小学阶段年级学习水平目标(k—5 年级) 第四章 初中阶段年级学习水平目标(6—8 年级) 第五章 高中阶段年级学习水平目标(9—12 年级)
	第二部分:目标的实施 第六章 各年级水平的知识技能目标 第七章 知识与技能的学习和掌握 第八章 学生学习成果的证明即学习评价 第九章 国家体育课程标准和年级水平目标的教学资源
其他部分	前言(正文之前) 致谢(正文之前) 专业词汇表(正文之后) 参考文献(正文之后) 作者介绍(正文之后)

正文包括"美国国家体育课程标准和年级学习水平目标的探索"和"目标的实施"两个部分,共九章。第一章主要介绍了第二版体育课程标准的不足以及受"共同核心州立标准(Common Core State Standards)"的影响新增对"体育素养"研究的新发现和这些研究成果的应用,并介绍了在此基础上修订的第三版体育课程标准与第二版的区别以及修改的理由。第二章介绍了第三版的美国国家体育课程的五条标准,年级学习水平标准的编码信息以及达到终身体育运动的路线图。第三、四、五章分别介绍了小学、初中和高中三个阶段的年级学习水平目标,除了列出具体的年级目标外,各章节还介绍了三个阶段重点发展的目标以及设置这些目标的原则,并且介绍了各种动作技能学习的关键因素以及各种体育运动分类的实用性定义,以便于一线体育教师的教学。第六章将所有学习内容按照掌握的熟练程度依次分成:初级水平、成熟水平和应用水平,通过表格的形式将五个标准下所有的学习内容在不同年级应该达到的熟练程度呈现出来,有助于一线体育教师从整体上了解不同学习内容在各年级水平上应该达到的熟练程度。第七章从体育教学的实践角度介绍了体育知识和技能的有效教学方法或原则,这些方法或原则来自一线体育教师并被体育研究者所证实是有效的,如刻意练习、合理的反馈和创造掌握取向的教学氛围等,并呈现了一些教学案例。第

八章为体育教师如何进行评估提供了指南,介绍了评估的目标、原则、种类、步骤等,同时也介绍了许多具体的评价工具,如各种清单、评定量表等。第九章解释了为什么要使用目前的高新技术来进行体育教学,介绍了使用高新技术进行体育教学的步骤和应注意的问题以及一些有实用价值的教学资源①。

第二节　小学阶段体育课程标准的介绍与分析

多年来,小学阶段一直被认为是人类发展基本动作技能的关键时期。从Wickstrom、Espenschade 和 Eckert 的早期调查到 Clark、Metcalfe 和 Gallahue 等人的调查中发现,人们认为童年发育阶段(6—10 岁)是学习动作技能的重要阶段,尤其是小学时期多年来一直被认为是完善和稳定的动作技能首次出现的阶段。所以,小学是人类学习动作技能的关键时期,小学的体育教育对于人的一生发展至关重要②。

一、小学阶段体育课程标准的学习目标

(一)《课程标准》中学习目标的具体表述

在《课程标准》中,并没有对表 1‑2(2013 年版)中的 5 条标准进一步细化到小学阶段。但是,美国学者③基于 5 条标准的要求,结合小学阶段学生的身心发展特点,研制了更加细致的二年级和四年级学生的体育学习目标(见表 1‑8)。

表 1‑8　小学二年级和四年级体育课程具体学习目标

条目	二年级	四年级
标准 1	1. 向后移动,并且能够安全地、快速地改变方向而不摔倒 2. 可以对各种各样的节奏做出不同的速度和方向的移动反应	1. 在移动的时候避免碰到物体或者人,或者能抓住物体 2. 由两只脚中的任何一只发力进行跳跃

① SHAPE America — Society of Health and Physical Educators. National standards & grade-level outcomes for k‑12 physical education [M]. Champaign: Human Kinetics,2014.
② SHAPE America — Society of Health and Physical Educators. National standards & grade-level outcomes for k‑12 physical education [M]. Champaign: Human Kinetics,2014.
③ 佚名. The Evolution of Physical Education Standards in the United States,未发表的文章.

条目	二年级	四年级
	3. 能够及时地将多种移动的方式和音乐相结合 4. 能够利用一只脚或两只脚起跳,或者不同的组合来跳跃和落地 5. 展示出追逐、逃跑和躲闪的能力来避免碰撞或者是为了抓住对方 6. 没有犹豫和停顿地向前翻 7. 通过对称的和不对称的身体变化来展示短暂的平衡能力 8. 通过将重量转移到手来把脚抬高,并且有控制地落地 9. 把一个在地上缓慢滚动的球踢到空中或沿着地面踢 10. 用力投掷一个球,并展示手过肩的技术,从侧面站立开始到另一侧面站立为结束 11. 利用合理的姿势去抓住一个慢速扔过来的球 12. 利用脚或者手来连续运球而不失去重心 13. 利用至少三个不同的动作部位朝目标击打球 14. 利用球拍连续击打一个球 15. 通过利用正确的握姿和站立方式用球棒把放在支架上的球进行连续性击打 16. 能够连续性地跳绳 17. 把不同的身体形态,位置的高低,以及移动的路线组合在一起形成一系列简单的动作 18. 应用成熟的动作形态来展示下列动作:单脚轮换跳,单脚跳,像马一样向前跳跃和平移 19. 能够尽可能充分地移动每一个关节 20. 通过改变自己的重心来进行吊或者攀爬的活动 21. 展示安全地参与体育活动的能力 22. 参与大量的包括移动的、非移动的,以及手控物体技术的活动	3. 能够跳跃到一个高度并且落地,可以通过成熟的动作方式来进行有距离的水平跳跃 4. 通过大量的屈伸动作(后踢,双手倒立,侧手翻)来快速地或者缓慢地从脚到手转换重心 5. 能够用脚或者手控制性地运球,并且有能力在小组内进行移动 6. 通过利用一系列的身体部位和各个身体部位的组合来击回一个缓慢扔过来的轻球给搭档(如排球中的托球) 7. 利用球拍连续性地击打一个缓慢扔过来的球,展示出一个合理的握姿,如侧对目标的姿势和挥拍动作 8. 建立各种动作组合形成一整套连贯的动作 9. 能够没有迟疑地进出由他人控制的跳绳运动 10. 在多种能动的物体上(例如平衡板、滑雪板、滑板车)展示明显的平衡能力 11. 利用成熟的动作形式来投掷、抓和踢 12. 展现出基本的游泳能力和在水上、水中的生存技能 13. 在特定的时间内维持连续的有氧活动 14. 在活动中(例如举、推、拉)维持合理的身体姿势 15. 能够在不同的活动中控制自己的身体重心
标准2	23. 通过不同的技术来认识相同的动作概念	16. 能够区分游戏规则和公平比赛中的服从和不服从的概念

条目	二年级	四年级
		17. 能够选择和分类特定的器材用于参与不同的活动 18. 有能力识别用于简单游戏和活动的基本策略 19. 鉴别动作概念中用于改善动作技术的内容
标准3	24. 在体育活动中能够鉴别身体的改变 25. 阐述安全的和受控制的动作的理由 26. 和他人共同参与体育活动的时候能够鉴别合理的行为	20. 为了改善技术和增强体质经常性地参与锻炼 21. 鉴别能够给人带来愉悦的活动 22. 描述出成熟动作形式的关键部分 23. 描述出经常和合理地参与体育活动所带来的健康益处 24. 分析体育活动中潜在的风险 25. 创造个人认为有趣的游戏、体操、和舞蹈动作
标准4	27. 在体育活动的环境下,全身心地考虑到他人	26. 领会活动中的异同性 27. 尊重来自不同文化背景的人以及在各种游戏、舞蹈和活动中所表现的差异
标准5	28. 领会合作和分享带来的好处 29. 接受体育活动中的挑战,成功和失败所带来的感受	28. 能体会参与体育活动的愉悦感 29. 与别人一起庆祝个人或者他人的成功

（二）对学习目标的分析

在美国,小学体育课程的国家标准和年级水平目标是基于动作技能的习得、情感体验的获得和成功的原则来制定的。其目的是为了培养小学生完善和稳定的基本动作技能,提高他们对于运动概念和健身原则、意义的理解和认知,从而打下良好的体育素养基础。

表1-8显示的是小学二年级和四年级29个具体的学习目标。其中,二年级的标准1、标准2、标准3、标准4和标准5分别细化为22条、1条、3条、1条和2条具体的学习目标;四年级的标准1、标准2、标准3、标准4和标准5分别细化为15条、4条、6条、2条和2条具体的学习目标。通过比较不难发现,标准1强调动作技能的学习与发展,是小学阶段最主要的学习目标,但随着年龄的增加,

标准1的学习目标比重在逐渐减少,而标准2、3、4、5的学习目标比重逐渐增加。即小学阶段年龄越大,学生的认知理解能力越强,体育课程的学习会更加注重各种运动概念、策略、体能知识和技能的掌握以及培养负责任的行为和认同体育运动的价值。

二、小学阶段体育课程标准的学习内容与要求

(一) 学习内容

1.《课程标准》中学习内容的具体表述

在《课程标准》中,根据学生体育运动、心理、认知水平、道德等素质发展水平的学段特征,针对幼儿园到小学五年级,结合5条国家标准,对体育课程的学习内容进行了详细分类,并对每项学习内容按年级水平高低提出了相应的内容要求[1](见表1-9)。

表1-9　2013年版美国体育课程标准小学学习内容分类表

标准1:具备体育素养的个体拥有展示多种多样的动作技能和运动形式的能力		
运动技能	非运动技能	操控技能
E1(跳跃、快速跑、跑步、滑行、跳跃、跨步跳)、E2(慢跑、赛跑)、E3(水平跳跃)、E4(纵向跳跃)、E5(舞蹈)、E6(组合动作)	E7(平衡)、E8(重心的移动)、E9(重心移动和旋转)、E10(柔韧性)、E11(非运动技能的结合)、E12(平衡和重心转移)	E13(手不过肩的下手投掷)、E14(手过肩的上手投掷)、E15(手传球)、E16(手接球)、E17(手运球/手控球)、E18(脚运球/脚控球)、E19(脚传球和脚接球)、E20(合作中的运球)、E21(踢球)、E22(截击)、E23(头顶截击)、E24(短柄拍击球)、E25(长柄拍击球)、E26(结合移动的动作)、E27(跳绳)
标准2:具备体育素养的个体能够应用与运动和表现相关的概念、原则、策略和战术类知识		
移动概念		连续的动作概念
E1(空间)、E2(路径、形状和水平)、E3(速度、方向和力量)		E4(队列和肌张力)、E5(策略和战术)

---

① SHAPE America — Society of Health and Physical Educators. National standards & grade-level outcomes for k-12 physical education [M]. Champaign:Human Kinetics,2014.

标准3：具备体育素养的个体能够达到并保持体育活动和体能的健康水平，展示出相应的知识与技能				
E1(体育运动知识)	E2(参与体育活动)	E4(健身知识)	E5(体能评估和健身方案设计)	E6(营养)
标准4：具备体育素养的个体能够展示出尊重自己和他人的负责任的个人和社会行为				
E1(个人责任)	E2(接受反馈)	E4(与他人合作)	E5(规矩和礼节)	E6(安全)
标准5：具备体育素养的个体能够认同体育活动对健康、快乐、挑战、自我表现和/或社会交往中的价值				
E1(健康)	E2(挑战)		E3(自我表现与乐趣)	E4(社会交往)

注：编码 E 代表小学，后面的数字 1—27 分别代表不同的学习内容。

2. 对学习内容的分析

由表 1-9 可知，在不同的标准中，小学阶段的具体学习内容相差较大。在标准 1 中，小学生最主要的学习内容是基本动作技能(Fundamental Movement Skills，FMS)，FMS 又可以分为移动式动作技能、非移动式动作技能和操控式动作技能三种[1]。移动式动作技能指一个人从一个地方移动到另一个地方的身体运动能力，主要包括各种走、跑、跳、滑、跃等活动能力；非移动式动作技能又称为稳定技能，是指一个人保持身体静止和稳定的身体运动能力，主要包括推、拉、举、弯曲、伸展、摇摆、转身、旋转等活动能力；操控式动作技能是一个人使用或操控物体(如各种球、拍杆、标枪、绳等)达到某一目标或完成某一任务的能力，主要包括运球、踢、截击、投掷、抓、跳绳等活动能力[2]。具体而言，与初中和高中阶段相比，小学生标准 1 的学习内容主要集中在移动式动作技能和非移动式动作技能上，因为这两种能力相对较为简单，在人类发展的早期开始成熟。而操控式动作技能往往需要移动式动作技能和非移动式动作技能发展到一定水平后才能发展，所以这一能力的培养大量出现在初中和高中阶段。

此外，标准 2 的学习内容主要是各种运动概念、战略战术等；标准 3 的学习

---

[1] Susan Kovar，Cindy Combs，Kathy Campbell，Gloria Napper-Owen，Vicki Worrell. Elementary Classroom Teachers as Movement Educators (4th ed.) [M]. New York：McGraw-Hill Higher Education，2012.

[2] Susan Kovar，Cindy Combs，Kathy Campbell，Gloria Napper-Owen，Vicki Worrell. Elementary Classroom Teachers as Movement Educators (4th ed.) [M]. New York：McGraw-Hill Higher Education，2012.

内容主要是各种运动、体能、营养和健康知识等;标准4的学习内容主要是责任、安全、规则、礼仪等;标准5的学习内容主要是认同体育运动的社会交往、自我表现、健康价值等。

但需要指出的是,表1-9中列出的这些《课程标准》在小学阶段(包括幼儿园)的学习内容,并不意味着小学体育教师上课就可以直接照搬,教师还需要根据所教学生的身心特点和学习兴趣,采用合理的教学方式将这些教学内容有效地呈现出来,指导小学生予以实践。

(二) 学习要求

1. 《课程标准》中学习要求的具体表述

结合学习内容,《课程标准》以5条标准为基准,对小学阶段每个年级都提出了具体的学习要求(也包括幼儿园)。这些学习要求可以看作是美国国家体育课程标准年级水平目标所要达到的学习成果。由于篇幅有限,本节以小学标准1的第一个学习内容为例,呈现小学各年级相应的学习内容要求(见表1-10)。标准1中的其他学习内容和其他4条标准中的学习内容呈现方式与第一个学习内容相似,在此不再赘述。

表1-10　小学阶段标准1中第一个学习内容在不同年级的学习要求

标准1	幼儿园	一年级	二年级	三年级	四年级	五年级
运动技能						
S1.E1 跳跃、快速跑、跑步、滑行、跳跃、跨步跳	完成基本运动能力(跳跃、快速跑、跑步、滑行、跳跃)同时保持平衡(S1. E1. k)	跳跃、快速跑、慢跑和滑行形成一个稳定的模式(S1. E1. 1)	跳跃动作形成稳定模式(S1. E1.2)	跨步跳形成稳定模式 (S1. E1.3)	在各种小型实践任务、舞蹈和体操学习中使用多方面运动技能(S1. E1.4)	在小型实践任务、舞蹈和体操运动过程中展示稳定的运动技能(S1. E1.5a) 在游戏情境中将小型实践任务中的运动和操作能力结合起来(S1. E1.5b) 将技能与

标准 1	幼儿园	一年级	二年级	三年级	四年级	五年级
运动技能						
						走跑结合以完成目标任务（如在足球、曲棍球、篮球中得分）（S1. E1. 5c）

注：S代表标准，后面的数字1—5表示标准1—标准5；E代表小学，后面的数字代表学习内容的序号；最后的k-5代表年级，k代表幼儿园，1—5代表1—5年级，如S1. E1. 4表示小学4年级标准1的第1项学习内容的结果要求。

2. 对学习要求的分析

从表 1 - 10 可以看出，这些要求从幼儿园阶段的基本完成，到二、三年级形成稳定的动作模式，再到四、五年级的组合和应用，体现了动作技能的逐步完善和成熟的过程。综观美国小学体育课程标准，不难发现，其中对标准 1 和标准 2 的要求特别详细，表明小学阶段对动作技能培养的高度重视。随着小学年级的升高，对于体能、健康知识和技能（标准 3）、尊重他人和负责任（标准 4）、认同体育运动的价值（标准 5）等目标的要求相应提高。尤其到了五年级，非常强调学生在不同的具体情境中对所学的内容进行实践应用，如"在游戏情境中将小型实践任务中的运动和操作能力结合起来（S1. E1. 5b）"，这样的要求有助于学生将所学的内容通过应用的过程转化为国家体育课程标准中所强调的素养。

第三节　初中阶段体育课程标准的介绍与分析

初中生开始进入皮亚杰所提出的认知发展的最后一个阶段——形式运算阶段，并一直持续到成年。这种发展能够使初中生学会应对一些抽象的问题，比如第三方视角、问题的解决和发展假说以及思考自己的未来等。随着认知能力的发展，初中生已经拥有了在不同环境中应用基本运动技能的智力以及掌握了应对不同环境的概念。由于青春期的生理变化，性别差异在初中开始变得普遍，不均匀的生理成熟和不同的外貌特征会导致同龄人之间自我意识的尴尬①。一旦进入青春期,男孩在身高和力量上就表现出优势,并且一直持续到成年。出生时,女生和男生在身体上是平等的,但进入初中后女生在运动强度、速度以及身高上开始落后于男生,初中生开始倾向于单性别的体育教学环境。

一、初中阶段体育课程标准的学习目标

(一)《课程标准》中学习目标的具体表述

与小学阶段一样,在初中阶段的《课程标准》中,并没有对表 1 – 2(2013 年版)中的 5 条标准进一步细化。但是,美国学者②基于 5 条标准的要求,结合初中阶段学生的身心发展特点,研制了更加细致的六年级和八年级学生的体育学习目标(见表 1 – 11)。

表 1 – 11   初中六年级和八年级体育课程具体学习目标

条目	六年级	八年级
标准 1	1. 投掷不同的物体并展现出精度和远度(如飞盘、橄榄球、甲板掷环游戏) 2. 通过正手和反手动作用球拍把球连续性地击打到墙上或者是给同伴 3. 利用高尔夫球杆或者是曲棍球球杆持续击打一个球,以至于按照预期方向和高度飞行 4. 制定和执行体操和舞蹈的连串动作,这些动作结合了移动、滚、平衡和重心转移等基本动作,并能有目的的改变方向、速度和节奏,流畅地完成动作 5. 在阻止别人抢断的情况下用脚或者手运球 6. 小组内,在突破拦截的情况下让东西(如球、沙包)在空中飞 7. 在他人的防守之下连续性地投掷或者接球 8. 制定和执行小组比赛,这些比赛包含了与其他队友的合作来保证对手接不到球(基本的进攻和防守策略)	1. 开拓野外生存技术的基础能力(如背包、攀爬岩石、徒步、划舟、山地自行车和各种绳索的应用) 2. 有能力结合各种技术来参与修改过的团队或者个人运动 3. 能够跳多种多样的舞蹈,包括交谊舞、乡村舞和创造性的舞蹈 4. 以学到更多新的体育技术来自我练习 5. 正确地展示出多种身体负重的技巧

---

① Haibach,P. S.,Reid,G. & Collier,D. J. Motor Learning and Development[M]. Champaign, IL: Human Kinetics,2011.

② 佚名. The Evolution of Physical Education Standards in the United States,未发表的文章.

条目	六年级	八年级
	9. 设计并且改进一套结合了多种音乐和跳绳动作的组合,并且能够无误地重复这套组合 10. 利用成熟的动作模式来进行跳跃、滚、平衡、转移重心、拍打、托、手脚运球和用球拍击打球等动作 11. 展示熟练的前后、侧面的不同泳姿	
标准2	12. 认识到由媒体呈现出来的过于完美的人体外形和运动成绩是不适合模仿的 13. 认识到时间和努力是改善技术和体质的前提 14. 认识到在比赛、游戏和舞蹈中应该对其他文化表示理解 15. 鉴别出学校和社区中经常性活动的机会 16. 鉴别体育活动训练的原则 17. 认识到正确的热身动作、训练方法和放松动作的重要性,并且知道利用到这些技术的理由 18. 认识到参与不同体育活动的好处	6. 能描述出特定体育活动的训练原则 7. 分析游戏和比赛的攻防策略 8. 在修改过的竞赛活动中能够利用基本的攻防策略
标准3	19. 参与持续一段时间的高强度活动,并且维持一个目标心率 20. 从高强度活动恢复到安静心率所需的时间比较合理 21. 监督在运动前、运动后和运动时的心率 22. 正确地展示动作,旨在改善和维持肌肉力量和耐力、关节灵活度和心肺功能 23. 基于个人的兴趣和能力,参与校内外的游戏、竞技体育、舞蹈和野外活动	9. 持续一段时间的有氧活动,维持一个目标心率,获得对心肺的好处 10. 改善和维持合理的身体成分 11. 参与一项个性化的体质健康项目 12. 认识滥用药物对个人健康和运动成绩的影响 13. 评估锻炼和其他因素在体重控制中的作用
标准4	24. 察觉、分析和更正个人动作的错误模式 25. 利用不同的身体和动作活动来交流意见和感受 26. 接受和尊重裁判做出的决定,不管裁判是学生、教师还是非学校系统的人员	14. 在竞赛和游戏的时候能够鉴别和遵守规则 15. 描述个人和小组的行为,包括道德和不道德的行为,合理地进行体育活动 16. 尊重自己和他人,即使某些人有身体或者成绩缺陷

条目	六年级	八年级
	27. 寻找、尊重那些别人喜欢的并且拥有不同技术水平的人,并且能与之一起玩	
标准 5	28. 选择在家里为了自己的健康和快乐而锻炼	17. 通过潜在的体质健康益处,对活动和锻炼进行分析和分类 18. 列出经常参与体育活动所能获得的有关生理、心理和文化方面的益处 19. 在进行体育活动的时候会产生满足感 20. 喜欢和欣赏美学方面和创造性方面的活动 21. 渴望改善运动能力和成绩

(二) 对学习目标的分析

在小学阶段形成成熟、稳定的动作模式后,初中生的主要体育学习目标就是将这些动作模式应用到游戏与比赛情境中,形成应用各种战术的能力。初中毕业时,学习者需要会应用所学战术来提高自己的运动能力,在不同的环境中展示基本的动作技能,设计和实施一个促进身心健康的项目,参加自主选择的体育活动,与同学之间互相协作和鼓励,接受个体差异以及表现出包容的行为,融入体育运动中,展示自己,并享受体育运动的乐趣①。

表 1 - 11 显示的是初中六年级的 28 个具体学习目标和八年级的 21 个具体学习目标。其中,六年级的标准 1、标准 2、标准 3、标准 4 和标准 5 分别细化为 11 条、7 条、5 条、4 条和 1 条具体的学习目标;八年级的标准 1、标准 2、标准 3、标准 4 和标准 5 分别细化为 5 条、3 条、5 条、3 条和 5 条具体的学习目标。通过比较初中阶段六年级和八年级的具体学习目标,可以发现六年级还处于小学阶段到初中阶段的过渡期,标准 1、2 的学习目标数量占了总目标数量的一半以上(18/28)。而到八年级时,标准 1、2 的学习目标数量已经下降到总目标的三分之一左右(8/21)(见表 1 - 11)。另外,相比于六年级,标准 5(认同体育运动的价

---

① SHAPE America — Society of Health and Physical Educators. National standards & grade-level outcomes for k - 12 physical education [M]. Champaign: Human Kinetics, 2014.

值)占八年级学习目标的比重相对较大。

二、初中阶段体育课程标准的学习内容与要求

(一) 学习内容

1.《课程标准》中学习内容的具体表述

在《课程标准》中,根据学生体育运动、心理、认知水平、道德等素质发展水平的学段特征,针对初中六年级到八年级,结合 5 条国家标准,对体育课程的学习内容进行了详细分类,并对每项学习内容按年级水平高低提出了相应的内容要求[1](见表 1－12)。

表 1－12　2013 年版美国体育课程标准初中学习内容分类表

标准 1:具备体育素养的个体拥有展示多种多样的动作技能和运动形式的能力					
舞蹈与韵律	游戏/运动				其他
	进攻性游戏和田径运动	竞争性比赛	隔网对抗或对墙类运动	防守和击打类比赛	
M1(舞蹈与韵律)	M2(投掷)、M3(接球)、M4(传球和接球)	M5(传球/接球)、M6(进攻技术 1)、M7(进攻技术 2)、M8(控球技术 1)、M9(控球技术 2)、M10(射门技术)、M11(防守技术)	M12(发球)、M13(击球)、M14(正、反手击球)、M15(重心转移)、M16(截击)、M17(双手截击)、M18(下手发球)、M19(接发球)	M20(击球)、M21(接球)	M22(室外运动)、M23(水上运动)、M24(个体运动)

标准 2:具备体育素养的个体能够应用与运动和表现相关的概念、原则、策略和战术类知识			
竞争性比赛	目标性比赛	防守/进攻性比赛	其他运动
M1(移动突破)、M2(进攻突破)、M3(利用长度和宽度进行突破)、M4(改	M9(目标选择)	M10(进攻技术)、M11(防守技术)	M12(舞蹈与韵律操运动原理)、M13(户外运动原理)

---

[1] SHAPE America — Society of Health and Physical Educators. National standards & grade-level outcomes for k－12 physical education [M]. Champaign：Human Kinetics，2014.

竞争性比赛	目标性比赛	防守/进攻性比赛	其他运动
变大小或形状进行防守)、M5（利用力量和速度进行防守）、M6（攻防转换）、M7（通过变化进行突破）、M8（运用技战术并射门）			

标准 3：具备体育素养的个体能够达到并保持体育活动和体能的健康水平，展示出相应的知识与技能

体育活动知识	参与体育活动	健康知识	体能知识	体能评估和健身方案设计	营养	调节压力
M1	M2、M3、M4、M5	M6、M7、M8、M9、M10、M11	M12、M13、M14	M15、M16	M17	M18

标准 4：具备体育素养的个体能够展示出尊重自己和他人的负责任的个人和社会行为

个人责任	接受反馈	与他人合作	规矩和礼节	安全
M1、M2	M3	M4、M5	M6	M7

标准 5：具备体育素养的个体能够认同体育活动在健康、快乐、挑战、自我表现和/或社会交往中的价值

健康	挑战	自我表现与乐趣	社会交往
M1、M2	M3	M4、M5	M6

注：M 代表初中，后面的数字 1—24 分别代表初中阶段不同的学习内容。

2. 对学习内容的分析

　　围绕 5 大标准，根据初中生的身心发展特征，《课程标准》为初中生设置了更多游戏和比赛的学习内容，这些内容为培养初中生运用相关动作技能的知识和策略来解决游戏或比赛实践中的问题打下了坚实的基础[①]。

　　从表 1-12 中可以看出，与小学阶段的学习内容相比，初中阶段标准 1 的学习内容集中在操控式动作技能的培养上，而小学阶段相对比较重视移动式动作

---

① SHAPE America — Society of Health and Physical Educators. National standards & grade-level outcomes for k-12 physical education [M]. Champaign：Human Kinetics，2014.

技能和非移动式动作技能的培养。此外,初中阶段的标准1不只强调各种动作/运动模式的学习,而更注重在比赛或者游戏中的动作应用;初中阶段标准2也不再只关注基本的动作概念,而且还要求掌握在各种运动情境(如对抗性比赛、对墙/隔网比赛、击打/田径比赛等情境)中的运动概念和策略,因此相对应的学习内容偏重于游戏或比赛中的技战术学习,如在各类型的游戏或运动中都安排了传球和接球的学习,并且安排在不同情境(无人对抗、有人对抗或者真实比赛的情境)的传接球练习;初中阶段标准3的内容显著增加(从6个知识点增加到18个知识点),并且新增了压力调节的内容;同时,标准4和5的学习内容也有一定的增加,反映出美国初中阶段开始重视心理健康的问题以及参与运动的态度、与人合作的能力以及个人责任感的培养等。

(二)学习要求

1. 《课程标准》中学习要求的具体表述

结合学习内容,《课程标准》以5条标准为基准,对初中阶段每个年级都提出了具体的学习要求。这些学习要求可以看作是《课程标准》年级水平目标所要达到的学习成果。由于篇幅有限,本节以初中标准3的"参与体育活动"学习内容为例,呈现初中各年级相应的学习内容要求(见表1-13)。标准3中的其他学习内容和其他4条标准中的学习内容呈现方式与表1-13中的学习内容要求相似,在此不再赘述。

表1-13 初中阶段标准3中"参与体育活动"在不同年级的学习要求

标准3	六年级	七年级	八年级
参与体育活动			
S3. M2	参与体育课之外的自主选择的体育运动(S3. M2.6)	一周参与体育课之外的体育运动2次(S3. M2.7)	一周参与体育课之外的体育运动3次(S3. M2.8)
S3. M3	参与多种有氧体能运动,例如健身舞、有氧步伐、有氧舞蹈(S3. M3.6)	参与多种力量和耐力体能活动,例如普拉提、抗阻训练、负重训练和低负荷训练(S3.M3.7)	参与多种校外自选的有氧活动,例如徒步走、慢跑、骑行、滑冰、舞蹈和游泳(S3. M3.8)
S3. M4	使用科学技术参与多种有氧体能运动,例如使用DDR跳舞机跳舞,使用Wii游戏机健身(S3. M4.6)	参与多种力量和耐力体能活动,例如负重或抗阻训练(S3.M4.7)	制定一个交叉训练的计划,包括有氧、力量、耐力和灵活性的训练(S3. M4.8)

标准 3	六年级	七年级	八年级
参与体育活动			
S3. M5	参与多种终身的休闲团队运动,户外活动或者舞蹈活动(S3. M5.6)	参与多种终身的双人和单人运动,武术或水上运动(S3. M5.7)	参与一种自选的校外终身体育运动、舞蹈、水上或者户外运动(S3. M5.8)

注:S 代表标准,后面的数字 1—5 表示标准 1—标准 5;M 代表初中,后面的数字代表学习内容的序号;最后的数字 6—8 代表年级,如 S3. M2.6 表示初中 6 年级标准 3 的第 2 项学习内容的结果要求。

2. 对学习要求的分析

与小学阶段相比,初中阶段对于体育课程的学习要求更加注重要将所学习到的知识应用到运动游戏、比赛或实际生活中去,强调知识和技能的应用,尤其重视将体能健康的知识应用于个人健康的维护和促进方面,同时对个人的责任和体育的价值感提出了更高的要求。表 1 - 13 中呈现的初中阶段标准 3 中"参与体育活动"的各年级具体学习要求,相比小学阶段,初中对于"参与体育活动"的目标要求更加细化和具体,既包括课内也包括课外,同时还包括校内和校外。这些学习要求体现在具体的学习内容中,如有氧体能练习(健身舞、有氧步伐、有氧舞蹈、徒步走、慢跑、骑行、滑冰、游泳等)、力量和耐力体能练习(普拉提、抗阻训练、负重训练等)、户外运动、终身运动等。到了初中八年级,体育运动的参与开始要求与未来的终身运动相衔接,并与高中阶段的学习目标相衔接。另外,初中阶段对高新技术在体育学习和锻炼中的应用也非常关注,如 DDR 跳舞机以及 Wii 体感游戏机等高科技运动游戏方式的学习和运用等。

第四节　高中阶段体育课程标准的介绍与分析

高中阶段是青少年与成人的衔接阶段。在这个阶段,有很多因素影响运动技能的发展。其中包括学生的能力和对自己能力的预期、个人的兴趣和学习的机会等。有关研究表明,在频繁的体育运动中培养能力至关重要。当学生相信自己有能力之后,他们会对运动更有兴趣并更积极地参与[①]。在这个阶段,青少

---

① Gallahue, D. L. , Ozmun, J. & Goodway, J. Understanding motor development: Infants, children, adolescents, adults. [M]. New York: Mc Graw-Hill, 2012.

年学生会逐渐意识到自己的兴趣所在和能力水平,并开始挑选符合自己的运动项目。技能好的学生会选择竞争性强的项目,而技能较弱的学生会选择以合作为主的项目。研究表明,学生的兴趣也与性别有关,女生会偏向于体能练习、舞蹈和非竞争类的项目,同时她们也更喜爱创新的体育课程①。

一、高中阶段体育课程标准的学习目标

(一)《课程标准》中学习目标的具体表述

与小学和初中阶段一样,在高中阶段的《课程标准》中,并没有对表 1-2 (2013 年版)中的 5 条标准进一步细化。但是,美国学者②基于 5 条标准的要求,结合高中阶段学生的身心发展特点,研制了更加细致的九年级和十二年级学生的体育学习目标(见表 1-14)。

表 1-14　高中十年级和十二年级体育课程具体学习目标

条目	十年级	十二年级
标准 1	1. 展示出体育活动的基本能力,这些活动来自于以下几个种类:水上运动、自我防御、舞蹈、个人运动、双人运动和团队运动,以及野外生存活动 2. 在有伴奏的情况下熟练地跳不同种类的舞蹈(例如交谊舞、乡村舞、创造性舞蹈)	1. 在以下六个种类中至少有一项运动展示出中高级的熟练程度:水上运动、舞蹈(例如现代舞、零基础的舞蹈、乡村舞、芭蕾),野外生存(例如徒步、山地自行车、划舟)、个体竞技运动(例如高尔夫、自行车)、双人竞技体育(例如网球、壁球)、团队竞技项目(例如足球和棒球)
标准 2	3. 能够对体育中攻防方式作出对比和比较 4. 探讨游戏、体育和舞蹈在人类文化生活中的历史角色 5. 利用运动生化的概念和原理来分析和改善自己和他人的运动成绩	2. 将科学原理应用到学习和改善技术中去

---

① Barnett, L. M. , van Beurden, E. , Morgan, P. J. , Brooks, L. O. & Beard, J. R. Gender Differences in Motor Skill Proficiency from Children to Adolescence: A Longitudinal Study [J]. Research Quarterly for Exercise and Sport, 2010,81(2): 162-170.
② 佚名. The Evolution of Physical Education Standards in the United States,未发表的文章.

条目	十年级	十二年级
标准3	6. 评估个人体质状况相关的心肺耐力、肌肉力量和身体成分 7. 制定和执行一个个人体质健康项目,这个项目与个人的全面健康有关 8. 参与多种多样的代表不同文化背景的游戏、竞技体育和舞蹈活动 9. 参与在不同情况下的野外生存活动 10. 分析和评估个人体质条件	3. 维持合理水平的心肺和呼吸功能、肌肉力量和耐力、关节灵活度和身体成分,这些因素都是健康生活方式所必须的 4. 利用体质测量结果作为个人锻炼项目的指标 5. 监督锻炼和其他有关于健康生活的行为 6. 愿意参与到游戏、竞技体育、舞蹈、野外生存和其他体育活动中,这些活动有益于坚持个人目标和维持全面健康 7. 了解体育和其他相关领域的就业情况 8. 了解年龄、性别、种族、民族、社会经济地位和文化对体育活动偏好和参与的影响 9. 分析经常性参与体育活动所涉及到的时间、成本和容易接近的程度 10. 利用科学的知识来分析个人特质和活动的参与情况 11. 仔细评估关于商业产品和项目的广告和声明 12. 评估影响终身体育活动偏好的风险和安全因素
标准4	11. 在竞技性体育活动当中,要有道德地学会与他人合作	13. 接受个人特征、成绩方式和活动偏好对终身生活的多种影响方式 14. 接受个人特征和大众媒体所打造出的完美形象的差距
标准5	12. 认识到能对快乐和自我表达做出贡献的体育运动因素 13. 对各种活动的益处和参与要求进行分类,可以在当地社区进行活动 14. 分析和对比各种体育活动所带来的健康与体质的改善 15. 在参与体育活动的时候领会和尊重自然环境 16. 享受在体育活动中与其他同伴合作的满足感 17. 对经常性体育所带来的欢乐、满足和益处非常渴望	15. 参与体育活动中能真挚地流露欢愉的情感 16. 觉得自己有权利去维持和改善体质,学习动作技术和有关体育活动的知识

(二) 对学习目标的分析

高中阶段的体育课程学习目标是让学生养成终身运动的习惯,这个过程从14岁就开始了[①]。在这个阶段,学生会学到自己一生中都要用到的运动技能和知识。高中阶段的学习目标是能让学生养成健康的生活方式,成为具有体育素养的个体。为了达到这个目标,学生需要继续运用之前学到的知识和技能。高中阶段的学习结束之后,学生理应能够设计和进行不同的个人体能锻炼计划;熟练掌握至少两种终身运动项目;能说出参加运动技能的关键点;在参加运动的同时展示出负责任的行为;在运动的同时展现自己、接受挑战、增进社交、享受运动等[②]。

高中阶段的体育课程目标和初中、小学阶段的目标有所不同,主要分成两个阶段,以便于学校可以自主安排学期课时和一节课的长度。阶段一,规定了学生高中毕业需要掌握的基本知识和技能;阶段二,为那些准备继续学习的学生制定体育学习目标,为今后的大学生活或工作做准备。

表1-14显示的分别是高中十年级的17条具体学习目标和十二年级的16条具体学习目标。其中,十年级的标准1、标准2、标准3、标准4和标准5分别细化为2条、3条、5条、1条和6条具体的学习目标;十二年级的标准1、标准2、标准3、标准4和标准5分别细化为1条、1条、10条、2条和2条具体的学习目标。通过比较可以发现,与小学和初中阶段的学习目标相比,高中阶段对于标准1和标准2的要求降低了,即对于运动技能和运动概念以及知识策略等学习目标相对减少,而对于标准3、4、5的学习目标有所加重,即高中阶段的体育课程学习重点在于培养维护健康的能力以及尊重他人和自己的素养。

二、高中阶段体育课程标准的学习内容与要求

(一) 学习内容

1.《课程标准》中学习内容的具体表述

在《课程标准》中,根据学生体育运动、心理、认知水平、道德等素质发展水平的学段特征,针对高中九年级到十二年级,结合5条国家标准,对体育课程的学习内容进行了详细分类,并对每项学习内容按年级水平高低提出了相应的内容

---

① Gallahue, D. L. , Ozmun, J. & Goodway, J. Understanding motor development: Infants, children, adolescents, adults [M]. New York: McGraw-Hill, 2012.

② SHAPE America — Society of Health and Physical Educators. National standards & grade-level outcomes for k-12 physical education [M]. Champaign: Human Kinetics, 2014.

要求^①(见表 1 - 15)。

表 1 - 15　2013 年版美国体育课程标准高中学习内容分类表

标准 1：具备体育素养的个体拥有展示多种多样的动作技能和运动形式的能力			
H1（终身运动）		H2（舞蹈）	H3（体能活动）
标准 2：具备体育素养的个体能够应用与运动和表现相关的概念、原则、策略和战术类知识			
移动的概念、规则和知识			
H1（运动项目的术语、历史和角色）	H2（应用概念分析问题）	H3（应用概念解决实际问题）	H4（舞蹈的相关知识）
标准 3：具备体育素养的个体能够达到并保持体育活动和体能的健康水平，展示出相应的知识与技能			

体育运动知识	参与体育活动	体能知识	体能评估和健身方案设计	营养	调节压力
H1、H2、H3、H4、H5	H6	H7、H8、H9、H10	H11（给自己）、H12（给别人）	H13	H14

标准 4：具备体育素养的个体能够展示出尊重自己和他人的负责任的个人和社会行为			
个人责任	规矩和礼节	与他人合作	安全
H1	H2	H3、H4	H5
标准 5：具备体育素养的个体能够认同体育活动在健康、快乐、挑战、自我表现和/或社会交往中的价值			
H1（健康）	H2（挑战）	H3（自我表现与乐趣）	H4（社会交往）

注：H 代表高中，后面的数字 1—14 分别代表高中阶段的学习内容。

2. 对学习内容的分析

经过小学和初中阶段的学习，学生已经熟练掌握了基本动作技能，并能将这些技能熟练运用到具体的游戏和比赛情境中去。进入高中阶段以后具体的运动技术已经不是学习的重点。对于所有学生来说，高中阶段必须养成终身运动的习惯。这是整个高中体育课程的最终目的，相应的学习内容设置也围绕这一目

---

① SHAPE America — Society of Health and Physical Educators. National standards & grade-level outcomes for k - 12 physical education [M]. Champaign：Human Kinetics，2014.

的展开①。

从表 1−15 可知,在高中阶段的标准 1 中,强调通过允许个人自由选择终身运动、体能活动和舞蹈来满足所有学生终身运动的需求,所以学习内容中基本上没有进攻类项目,也没有攻防类项目。因为绝大多数的进攻类项目和攻防类项目都需要 2 人以上的参与,不太适合作为终身运动项目,而那些个人项目只需要个人的积极参与就能完成,不需要别人的参与,比较适合作为终身运动项目。标准 2 强调的是认知。认知对于学生参与以及达到国家标准具有重要意义,该部分主要为高中学生介绍了终身运动项目的基本概念和规则。标准 3 和标准 4 在高中阶段尤为重要。标准 3 中强调的知识和技能对终身运动具有重要的作用,重点是让学生在教师的指导下制定和执行自己的运动计划。教师会对学生进行反馈和指导,让他们在毕业之后能独立实施并完成自己的运动计划。标准 4 进一步提供了其他生活技能,包括自我管理、解决问题和与他人交流的技能。这些技能在学生成年并有能力自己决定如何保持身心健康时尤为重要。前 4 个标准为第 5 个标准打下了基础,学生将意识到体育活动的重要性,并把它作为生活的一部分。

总体而言,相比小学和初中阶段,高中阶段标准 1、2 的学习内容明显减少,第一次出现终身运动的具体内容。高中阶段的《课程标准》强调终身运动内容,包括户外消遣、部分个人表现活动、水上运动和对墙/隔网游戏及靶类游戏等。此外,对抗性游戏或比赛、场地/击打游戏或比赛被排除在高中学习内容之外,因为这些活动需要团队参与,不太适合作为终身运动项目。

(二) 学习要求

1.《课程标准》中学习要求的具体表述

结合学习内容,《课程标准》以 5 条标准为基准,对高中阶段每个年级都提出了具体的学习要求。这些学习要求可以看作是《课程标准》年级水平目标所要达到的学习成果。由于篇幅有限,本节以高中标准 4 和标准 5 中的所有学习内容为例,呈现高中各年级相应的学习内容要求(见表 1−16)。其他 3 条标准中的学习内容呈现方式与表 1−16 中学习内容要求相似,在此不再赘述。

---

① SHAPE America — Society of Health and Physical Educators. National standards & grade-level outcomes for k−12 physical education [M]. Champaign：Human Kinetics，2014.

表 1-16 高中阶段标准 4 和标准 5 在不同年级的学习要求

标准 4	水平 1(包括九、十年级)	水平 2(包括十一、十二年级)
个人责任		
S4. H1	运用有效的自我管理技能来分析阻碍,如有必要则适当改善体育活动模式(S4. H1. L1)	接受个人实际性格与理想化的身体图像和在广大媒体中描绘出的精英表现水平之间的差异(S4. H1. L2)
规则和礼仪		
S4. H2	展示合适的礼仪,参与体育活动和社会舞蹈时尊重他人、团队合作(S4. H2. L1)	在特定的竞争性情况中,检验出伦理道德行为(如:故意犯规、提升表现的物品、赌博、体育运动中的事故等)(S4. H2. L2)
与人合作		
S4. H3	使用沟通技能和策略来提升团队或小组的动力(S4. H3. L1)	在体育活动中承担了领导人的角色(如:任务或小组的领导人、裁判员、教练等)(S4. H3. L2)
S4. H4	不论作为个体或是小组一员,都能够在体育活动或舞蹈中解决问题、审慎思考(S4. H4. L1)	通过参与需要团结协作的项目,接纳他人的不同想法、文化差异和身体情况等(S4. H4. L2)
安全		
S4. H5	为了安全参与体育活动、锻炼和舞蹈,培养良好习惯(如:预防受伤、正确调整、水分补充、设备运用、规则落实、防止晒伤等)(S4. H5. L1)	水平 1 没有达到的内容成为水平 2 的重点内容。
标准 5	水平 1(包括九、十年级)	水平 2(包括十一、十二年级)
健康		
S5. H1	分析一项自选体育活动对健康的好处(S5. H1. L1)	水平 1 没有达到的内容成为水平 2 的重点内容。
挑战		
S5. H2	挑战是水平 2 中的重点内容	选择适宜水平的挑战来体验成功和参与到自选体育活动的强烈愿望(S5. H2. L2)

标准 5	水平 1(包括九、十年级)	水平 2(包括十一、十二年级)
自我表达和喜悦		
S5. H3	选择并参加满足自我表现及享受喜悦的体育活动或舞蹈(S5. H3.L1)	了解创意舞蹈作为一种自我表达方式的独特性(S5. H3. L2)
社交互动		
S5. H4	在自选体育活动或舞蹈中,找到能够寻求社会支持的机会(S5. H4.L1)	在自选体育活动或舞蹈中,对社交互动和社会支持的机会进行评估(S5. H4.L2)

注：S 代表标准,后面的数字 1—5 表示标准 1—标准 5；H 代表高中,后面的数字代表学习内容的序号；最后的 L1、L2 代表水平,L1 代表水平 1,包括 9—10 年级,L2 代表水平 2,包括 11—12 年级,如 S4.H1. L1 表示高中水平 1(9—10 年级)标准 4 的第 1 项学习内容的结果要求。

2. 对学习要求的分析

与小学和初中阶段相比,高中阶段是美国大多数学生体育学习的最后阶段,所以在这一阶段必须要培养学生养成终身体育运动的生活方式。另外,由于高中生个别差异的增加以及兴趣爱好的成熟,使得该阶段学生体育课程的学习呈现出更多自主化的要求[①]。从表 1－16 可知,高中标准 4 和标准 5 在不同年级水平的学习要求中,反映了《课程标准》对于高中阶段学习内容要求的连续性与阶段性的特征。与小学和初中阶段相比,高中阶段的学习内容要求不再是非常具体的,而是具有一定抽象性和概括性,因为高中阶段学生已经基本成熟,他们的运动兴趣开始分化并固定下来。美国高中的体育课程教学基本上以选修课的方式进行,所以高中体育课程的学习要求也相应体现出了学生更大的自主性和选择性。

第五节　美国体育课程标准学习评价的介绍与分析

学习评价是收集关于学生学习成就的证据和数据以及基于这些证据对学生的进步做出的干预。这就要求教师要持续收集和追踪学生的评价数据,其分析结果将指导教师针对学生的具体情况做出决策和实施计划。因此,一个高质量

---

① Bryan, C. , Sims, S. , Hester, D. & Dunaway, D. Fifteen Years after the Surgeon General's Report: Challenges, Changes, and Future Direction in Physical Education [J]. Quest, 2013, 65: 139 - 150.

的评价计划包括不同类型的评价,从而给学生在学习过程中提供有意义的反馈。班级数据也能为教师实施评价提供有效的证据,并且教师应与学生家长以及行政部门一起分享这些证据。《课程标准》非常重视评价工具和策略的使用,专门开辟一个章节来讨论评价的问题,并介绍了一些具体的评价工具,如检查表、等级评分表和表现性标准等①。

一、常用的学习评价工具

(一)《课程标准》中常用学习评价工具的具体表述

1. 检查表

检查表是一个简单的运用"是"或"否"来回答的评价工具,可以用来确定是否达到成绩标准。例如,三年级标准 1 第 16 项学习内容(手接球)的学习结果要求是,"用熟练的动作模式接住同伴传过来的球,并且要显示 4—5 个动作要素",针对这一标准开发出一个检查表以便核查学生是否达到这一目标水平(见表1-17)。检查表的使用非常简便,教师可以使用 EXCEL 软件或者 Google 表格创建一些电子检查表,便于持续追踪检查表数据以便判断学生是否达到年级水平的结果要求。

表1-17 S1.E16.3(标准 1 小学三年级第 16 项学习要求)(手接球)的检查表

水平目标:用熟练的动作模式接住同伴传过来的球,并且要显示 4—5 个动作要素(S1.E16.3) 姓名:＿＿＿＿＿＿＿＿＿ 　　　请在每一行为后面的 Y 或 N 处画圈,Y 表示出现该行为,N 表示没有出现该行为。 注意力集中在传球者手里的球上　　　　　Y　N 伸张手臂去迎接球　　　　　　　　　　　Y　N 拇指在髋关节的上面　　　　　　　　　　Y　N 拇指在髋关节处或者以下　　　　　　　　Y　N 仅仅用手去抓球　　　　　　　　　　　　Y　N 抓住球以后用身体去护球　　　　　　　　Y　N

2. 等级评分表

等级评分表是指通过观察,给事件、行为或特质一个分数评定的标准化程序,反映学习者达到标准行为的程度或者标准行为出现的频率等信息。大多数

---

① SHAPE America — Society of Health and Physical Educators. National standards & grade-level outcomes for k-12 physical education [M]. Champaign:Human Kinetics,2014.

的等级评分表使用 3—5 个水平,水平之间的差距是等距的。有些等级评分表用于评价出现标准行为的频率(如 25%、50% 或 75% 的发生率)。当等级表示标准行为的发生率时,必须对相应的等级和发生率进行定义。本节以 S1.E17.4b(四年级标准 1 的第 17 项学习结果第二点)为例,设计一个相关的等级评分表(见表 1-18)。

表 1-18　S1.E17.4b(标准 1 小学四年级第 17 项学习要求)(手运球/手控球)的等级评分表

水平目标:在加速和减速的过程中要保证在一定的范围里控制好身体运球(S1.E17.4b)

姓名:_____

	水平 1	水平 2	水平 3	水平 4	水平 5
保持头抬起和眼睛向前看					
用手指垫触球					
当在一般空间移动的时候球在身体的边上和前方					
当运球的时候控制好身体和球					
当在空间控球和运球时避免和其他人接触					

水平 1 = 没有达到行为标准
水平 2 = 达到了行为标准可是不足 25%
水平 3 = 达到了行为标准超过 25% 但是不足 50%
水平 4 = 达到了行为标准超过 50% 但是不足 75%
水平 5 = 达到了行为标准超过 75% 但是不足 100%

3. 表现性标准

表现性标准是一种用来评价至少包含两种以上水平的标准行为的评估与教学工具。表现性标准能帮助教师迅速将学生的表现与标准行为匹配起来,并定位其达到的水平。表现性标准每个水平的定义和描述都包含任务的基本要素、范围或对学习者的业绩预期,分为整体性表现标准和分析性表现标准两种。整体性表现标准将基于不同标准和表现的某一任务视为一个整体,以便教师迅速对学生的表现进行评估,并对学生的能力迅速形成一个整体的认知。所以,整体性表现标准适用于对一大群学生进行评价,省时省力。分析性表现标准将任务分成独立的组成部分,对每一部分都定义出其标准行为。分析性表现标准可以为学生提供更加具体、更加详细的反馈,并做出更加完整的分析。本节以四年级

"接球"为例,分别制定整体性表现标准(见表 1‑19)和分析性表现标准(见表 1‑20)。

表 1‑19 S1.E16.4(标准 1 小学四年级第 16 项学习要求)(接球)的整体性表现标准

发展(1)	成熟(2)	应用(3)
学生没有看球或因恐惧而转头。球被身体所限制或手太晚或太早收回。手没有根据球的路线改变位置。因为没有接球后回收的缓冲,球往往从手中反弹出去	学生在接球前能全面观察球的运行路线,主动用手臂击球。根据球的位置不同(高于或低于腰部)拇指放置(进或出)随之发生改变。学生在身体触球前只能用手接球	学生观察到球进入手及胳膊完全延伸的范围。学生能根据球的飞行速度和运行轨迹调整手的位置,根据球飞行的不同路线和速度仅仅使用手能接住球。学生每次都能判断出接球还是让球

表 1‑20 S1.E16.4(标准 1 小学四年级第 16 项学习要求)(接球)的分析性表现标准

熟练水平	手的位置	身体位置	预测与空间调整	接不同的物体
水平 3(成熟)	仅仅使用手接球。手的位置根据接球时球高于腰或低于腰进行调整。双手同时接触到球,同时手臂回收	肩和肘参与整个接球动作。眼睛盯着来球,来球的速度发生任何变化时不会出现恐惧反应	能根据飞行线路有效移动位置。双腿和双手能准确预测物体的飞行。无论是在静止状态或是移动状态都能有效地接球	在静止状态和移动状态中都能接球,包括网球、飞盘和橄榄球
水平 2(融合)	仅仅使用手接球。手的位置不能根据接球时球高于腰或低于腰进行调整。双手同时接触到球,同时手臂回收	肘部参与整个接球动作,但是肩部动作不够协调。眼睛盯着来球,来球以中等速度接近时不会出现恐惧反应	根据飞行路线的预测不能准确地移动位置。根据来球飞行只能调整双手的位置,而不能调整双脚的位置。在静止状态能有效地接球	在静止状态下能接住圆形的物体,但是很难接住其他形状或类型的物体
水平 1(发展)	除了手,经常需要借助身体其他部位来接球。手的位置与球的飞行路线不一致,手的回收时间不合适	肘部和肩部都没有参与整个接球过程。眼睛盯着来球,但是出现了恐惧反应	无法预测物体的飞行路线,在静止状态也很难接住球。能完成自抛自接	不能持续接住一个物体。能接住速度较慢的物体,例如丝巾或气球

(二) 对常用学习评价工具的分析

所有的学习评价工具都是为了最大限度地了解学生的学习绩效、学习任务与教学目标和指定的学习结果之间的一致性,尤其是当学生的学习情境发生特异性的变化时,这些评价工具能够给学生提供关于自身学习表现的反馈。因此,在选择或是创造一个评价工具时,教师应该要充分考虑到学生学习行为的复杂性,从而通过评价工具的使用达到教师所期望的评价效果。

在 2013 年版美国国家体育课程标准中,主要提供了检查表、等级评分表和表现性标准三种评价工具,这些工具为体育教师开展体育学习评价提供了很好的载体。这些评价工具具有三个特点:一是针对不同的学习行为有明确的界定标准,非常清晰,这有助于教师进行快速判断;二是无论是哪一种评价工具,实际上都是基于共同的评价思想,即评价学生外显的体育学习表现;三是评价工具本身具有很强的操作性,不需要一线体育教师在细化方面做更多的工作,有助于减轻体育教师的工作负担,提高课程标准本身对教学实践的关照程度。

二、面向大批量学生的评价策略

(一) 面向大批量学生评价策略的具体表述

2013 年版美国国家体育课程标准整理了多年来体育教学实践的经验,并根据 AAHPERD 的建议,提出了一些面向大量学生的评价策略,以解决一线体育教师的实际困难。具体如下:

● 一年当中完成评价的数量应有限量。教师应该回顾每个年级的水平目标,在课程和项目目标的基础上决定哪些目标是需要评估的最重要的目标。例如,每年都对学生的六种动作模式进行正式评价并不恰当。这些模式应该在年级水平被正式评估,这时期望的是一种成熟的模式。但这并不排除非正式评价,因为确定学生是否符合发展的标准非常重要。表 1-21 提供了学生发展的范围和序列图,为学生不同年级重点发展的动作模式提供了参考标准。

● 每学期评估至少一个或两个目标。对学生进步的正式评估应在每个标志性阶段持续进行。

● 完成日常非正式评估,可以包括同学评估、理解性检查、课后问题、测验或作业单。

● 与班主任和家长创造性地合作,一起参与体育学习评价。在家或者空闲的时间,学生可以记录体能数据或快速观看课堂视频,教师可以在课后记录课堂档案。这样,教师在课堂上就可以有效地对学生的学习进行帮助和指导。家长可以帮助孩子通过学校网站或开放网站如维基空间来记录活动日志。建议图书馆或机房可在放学后或午餐期间开放,这样学生就可以完成体育的电子作业。

- 使用平板电脑来记录数据并完成评估。对平板电脑进行设置,如果没有记录分数,那么就默认为学生表现都已经达到令人满意的水平。这样,评价者就只需要对那些低于标准的学生进行记录。由于大部分学生都能达到令人满意的水平,这样就能减少必须做记录的学生数量。
- 每堂课对一小群学生进行一次评估。评价者可以在一个活动站或者热身运动时开始一个评估。评估在整节课上进行,而不是在最后。
- 将评价的标准和行为标准与学生分享,评估指南应该作为评估准则的一部分,以电子文件的方式发布。若学生知道教师的期望,他们更有可能达到目标。
- 表现性标准方便易用,可以为学生和家长提供有意义的反馈,建议在整个评价的过程中使用。教师没有必要去为每个学生在每一张表上做标记,只需在表现性标准的每个部分达到的水平目标上做记录即可。
- 注意错误。创建一个常见错误的列表和简单记录的号码,例如肩上投掷模式,一些最常见的错误是:①同手同脚;②肘低于肩;③步伐和转身不合拍;④面对目标(而不是侧对目标);⑤没有将动作做完就投掷。在学生姓名后面记录错误代码。如果没有号码记录,意味着学生已经展示出肩上投掷的关键动作。
- 利用学生助手、家长志愿者和其他人帮助收集和跟踪学生的数据。与评估协调员合作为学校和社区建立一个评估计划,这是一项非常重要的工作。他们是发展评估系统和跟踪数据的宝贵资源。

(二) 对面向大批量学生评价策略的分析

众所周知,体育教育工作面临最大的挑战之一是评价并且跟踪学生的进步情况。原因是由于每年或每个水平上体育课学生的数量非常大,体育教师难以决定一年中多久进行一次评价以及每年需要进行多少次评价。这些都是体育教师在面向大批量学生进行评价时会遇到的问题。

2013年版美国国家体育课程标准提出了一些面向大批量学生进行评价的策略,这些策略来自于实践经验,非常接地气。比如,在评价过程中如何对所有学生的数据进行跟踪。因为按照传统的纸笔测试而一直使用几百张卡纸来记录是不可行的,课程标准就建议可以通过使用电子数据跟踪才是发展的趋势,这就要求教师利用电子设备进行收集和追踪数据。比如,教师可以使用Excel、谷歌、维基网站和许多其他的电子工具来创建数据库,以此来汇总,并且与学生、家长和管理员进行数据共享。虽然课程标准提出的这些策略并不是什么重大创新,但的确解决了一线体育教师会遇到的问题,因此非常实用。

三、各年级学习内容熟练程度的整体评价

(一)各年级学习内容熟练程度整体评价的具体表述

2013版美国国家体育课程标准不仅制定了不同年级的学习内容与要求,还以"初级水平(E)、成熟水平(M)和应用水平(A)"三级水平对所有学习内容在哪个阶段需要达到何种目标水平进行了整理和规划(见表1-21),这一规划是建立在学生身心发展特征的基础上以及多年体育课程与教学实践的基础上提出的。

表 1-21　不同标准学习内容年级目标水平

标准1:具备体育素养的个体拥有展示多种多样的动作技能和运动形式的能力(部分)									
	幼儿园	1年级	2年级	3年级	4年级	5年级	6年级	7年级	8年级	高中
单脚跳	E	M	A							
跑	E			M	A					
……										

标准2:具备体育素养的个体能够应用与运动和表现相关的概念、原则、策略和战术类知识(部分)									
	幼儿园	1年级	2年级	3年级	4年级	5年级	6年级	7年级	8年级	高中
移动概念、原则和知识	E				M		A			
策略和战术				E			M		A	
……										

标准3:具备体育素养的个体能够达到并保持体育活动和体能的健康水平,展示出相应的知识和技能									
	幼儿园	1年级	2年级	3年级	4年级	5年级	6年级	7年级	8年级	高中
体育运动知识	E					M			A	
体育运动参与	E					M				A

	幼儿园	1年级	2年级	3年级	4年级	5年级	6年级	7年级	8年级	高中
体能知识	E					M				A
评价和健身计划				E		M			A	
压力管理								E		M

标准4：具备体育素养的个体能够展示出尊重自己和他人的负责任的个人和社会行为

	幼儿园	1年级	2年级	3年级	4年级	5年级	6年级	7年级	8年级	高中
个人责任展示	E			M			A			
接受反馈	E			M			A			
与他人合作	E			M			A			
遵守规则			E			M		A		
安全	E		M			A				

标准5：具备体育素养的个体能够认同体育活动在健康、快乐、挑战、自我表现和/或社会交往中的价值

	幼儿园	1年级	2年级	3年级	4年级	5年级	6年级	7年级	8年级	高中
健康			E				M			A
挑战			E				M			A
自我表达/享受	E					M				A
社会互动				E			M			A

注：E代表初级水平，M代表成熟水平，A代表应用水平。

（二）对各年级学习内容熟练程度整体评价的分析

实际上对于一线教师来说，表 1-21 一目了然，便于教师在头脑中形成有关各年级教学内容需要达到什么目标水平的宏观图景。当然，学生个体之间的差异非常大，不可能用这一标准要求每个具体的学生个体，教师可以参照这一标准指导自己的教学以及评价。当然，也有学者认为规定如此详细和具体，可能会忽视学生的个体差异，导致标准无法实施。其实，这是一个具体和原则之间的平衡问题，前两版的体育课程标准由于没有具体的教学内容以及标准也被认为不够具体，可操作性不强。但是，如果课程标准过于具体，可操作性很强，又会带来无法兼顾学生个体差异的问题。

第六节　美国体育课程标准中信息技术应用的介绍与分析

信息技术是 21 世纪教学和学习的一部分。信息技术革命已经影响到学校教育的所有学科领域。许多体育教师都认识到利用信息技术对教学和学习的潜在优势，也发现信息技术的很多其他作用。例如，体育教师利用计步器来记录学生的移动距离，利用心率检测仪来提高学生的训练潜能，利用录像来观察、分析和提高学生的能力表现。计步器和心率检测仪提高了学生在体能健康知识的学习和应用中的表现。并且，移动设备可以帮助教师考察出勤、记录成绩和减少管理花费的时间，把更多的时间用于教学、训练和测评上。现在新工具日新月异，使得体育教师更深刻地意识到，一旦选择合适的技术工具就能有效促进教学。利用信息技术进行体育教学能够通过提高教学效率而使学生和教师均受益匪浅①。

一、美国体育课程标准对信息技术的重视

信息技术集文字、图像、视频于一体，在世界范围内，在教育中应用信息技术已经成为一种普遍现象，如何充分利用信息技术来提高教学质量和学习效益，大力加强信息技术在教育领域中的应用，已成为各国教育研究者的一项重要工作和教学改革的重要方向。因此，体育教学也必须要跟上信息技术的大趋势，适应

---

① SHAPE America — Society of Health and Physical Educators. National standards & grade-level outcomes for k-12 physical education [M]. Champaign：Human Kinetics，2014.

当今时代教育发展的要求[①]。美国 2013 年版的国家体育课程标准也与时俱进，顺应了信息技术发展的潮流，增加了相应的内容和要求，主要体现在两个方面：在初中和高中阶段的标准中增加对学生信息技术利用方面的要求；在标准实施部分新增了对教师如何利用信息技术进行教学的建议和指导。

美国对初中和高中阶段学生信息技术利用方面的要求体现在标准 3 的内容中，即利用所学知识维护和提高体育运动水平和体能水平的部分。其中，初中阶段标准 3 的"体育运动参与"对六年级学生的第 4 项学习要求(S3.M4.6)是"6 年级学生能利用 DDR(Dance Dance Revolution)跳舞机或者 Wii Fit 游戏来参与各种有氧健身活动"；到了高中阶段，体育课程标准更加重视高中生体育运动中对于信息技术的利用。标准 3"体育运动知识"高中水平 2(11—12 年级)第 2 项的学习要求(S3.H2.L2)这样描述，"高中水平 2 的学生能分析和应用信息科技和社交媒体来维持健康的、积极的生活方式"，标准 3"体能知识"高中水平 2 第 10 项的学习要求(S3.H10.L2)这样描述，"高中水平 2 的学生能调节自己的运动节奏来维持靶心率，并使用身边的信息科技产品，如计步器、心率监控仪等来自我监控有氧运动的强度"。这些描述内容反映了美国体育课程标准对于中学生在体育活动中信息技术使用的重视。

在课程标准第九章"国家体育课程标准和年级水平目标的教学资源"中专门对体育教师为何以及如何利用信息技术进行了阐述，并提出体育教师应用信息技术的四个原则：信息技术是教学工具(就像使用沙包和羽毛球拍一样)被使用；信息技术应作为教学的辅助工具而不是取代品；教学中信息工具的使用是为了提升学生的学习；教学中信息工具的使用是为了提高教学有效性。教师在决定是否使用信息技术进行教学前一定要明确两个问题：使用该技术是否能提升学生的学习？是否能提高教学的有效性？如果两个问题的答案都是否定的话，教师就应该放弃该信息技术或者等技术更加成熟后再考虑使用。

二、信息技术对体育教育的促进作用

(一) 信息技术可作为促进体育教育的有效工具

计步器是散步和慢跑的好工具，学生可用其记录他们每天运动的步数，用以提升个体的运动水平。但是，在瑜伽课中利用计步器产生的数据对提高柔韧性

---

① Baer, Helena. Technology Strategies to Address Grade-level Outcomes: National Standards 1 and 2 [J]. Journal of Physical Education, Recreation & Dance, 2015,86(7): 40 - 45.

和减少压力没有丝毫效果。使用何种技术工具应由课程和单元的目标决定,使用信息技术工具也应遵循此原则。最新科技的出现不能干扰课程的进程和教学目标,而应为提高教学服务。信息技术工具的出现并不能决定教什么或者解释课程是如何实施的,它们只是为体育教师在选择更优教学工具方面提供了更多的机会。

(二) 信息技术可作为教学的辅助工具而不是替代品

教学是一个做出决策的过程[①]。体育教师做决策的前提是基于他们对学生经验和能力的了解以及对课程标准和学习目标的分析。图1-1是一个教学循环图,代表着教学的基本过程,信息技术在循环过程中能够发挥辅助教学的作用。

第一步:辨别。即从课程标准、学习范围和学习顺序中确认出学生需要达到的年级水平结果,确认学生达标需要掌握的知识和技能,确认课堂关注的焦点,以及课堂的关键目标。

第二步:选择。即选择与教学目标相符的学习任务,选择合适的教学辅助措施(包括信息技术工具、教学风格和设备),选择合适的教学环境,以及提供学生学习证明的测评方式。

第三步:计划。即决定如何进行课程教学,使用技术之前,需要设定路径、教学协议书等以确保技术的使用能促进教学进程,由此制定单元与课程计划。

第四步:实施。即实施计划,教授课程,记录成绩和收集学生学习证据。

第五步:评价。即回顾课程实施与教学工具的使用效果,根据需要调整下一个计划。整个教学的核心是学生,教学的每一步骤都以学生为中心,在选择学习任务、教学辅助设备和测评时因材施教,预先测试学生使用技术的技能、知识和能力,以学生为中心设计课程。

(三) 使用信息技术来促进学习

从图1-1的分析我们可以看到,学生的学习是整个教学活动的中心,教师为了促进学生的学习,需要利用包括技术在内的各种辅助手段为学生创造一个渐进的合适的学习体验。例如,在教授幼儿园学生下手投掷的动作技能时,体育教师不会直接使用球来教学,而是先给幼儿园小朋友沙包,来帮助他们理解和掌

---

① Muska Mosston, Sara Ashworth. Teaching Physical Education (First Online Edition, 2008)[EB/OL]. [2017-8-4]. http://spectrumofteachingstyles. org/NEW2/wp-content/themes/sots/img/Teaching_Physical_Edu_1st_Online. pdf.

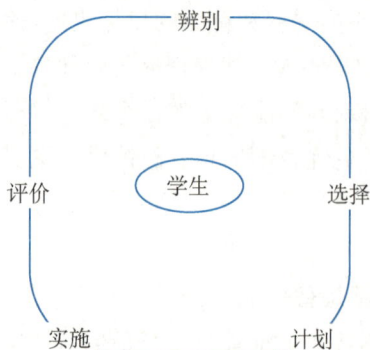
图1-1 教学循环图

握最基本的动作技能,然后根据学生的能力和学习速度合理调整投掷的工具。学生从投掷沙包开始,逐渐从投掷小球到大球,投掷轻球到最后中学阶段的重球。对教师来说,关注的焦点不是信息技术工具而是学习,因此教师应该将各种信息技术集成在一起综合使用,并关注学生使用这些信息技术的前期体验。以使用录像教学为例,在小学、初中和高中的不同阶段,利用信息技术就有着不同的顺序。

1. 小学阶段

教师使用录像记录一段动作技术示范,学生们共同观看视频,然后与教师讨论该技术的关键成分;教师演示如何使用录像机,学生学习如何开始、停止和观看录像;学生两人一组,一人练习,同伴录像,然后共同观看动作技术的关键片段;学生两人一组,一人练习,同伴录像,并使用检查表,根据结果与练习者再次讨论该动作技术的关键部分。

2. 初中阶段

教师教学生使用录像机进行动作学习;学生能够使用录像机记录和分析整体技术动作;学生进行同伴分析和自我分析;学生体验移动录像分析的 APP。

3. 高中阶段

学生使用录像分析来进行同伴评价和自我评价;创建自我健身计划;分析比赛表现;创建和编辑录像;为自己创建个人练习档案。

(四) 体育教育中使用较多的几种信息技术

今天许多信息技术工具都能从不同方面帮助教师提高教学效率,包括帮助学生学习、计划和管理以及职业发展。移动设备、云支持技术和社交媒体是目前体育教育中应用较多的三种技术。

1. 移动设备

现代移动设备(智能手机、平板电脑等)能让教师非常方便地携带和使用各种工具,如录像机、电脑、浏览器、计时器和视频播放器等。由于设备的便携性以及强大的功能,教师可以迅速地使用这些工具,并为学生提供及时反馈,同时获得学生学习的证据。

2. 云支持技术

目前先进的网络技术可以允许使用者通过云（通过互联网不同的外设可以同时使用同一个 APP，任何变化都可以同时呈现在不同的设备上）同时使用不同的设备。教师可以通过任何可以上网的设备使用储存在云上的信息，即使教师丢失了设备，他也可以使用其他设备通过登录自己的账号从云中获得这些信息。在许多应用中，这些信息很容易组织起来，并容易获得。因为这些信息是以电子形式储存在服务器上，所以非常易于通过 E-mail 和其他信息工具进行分享。云技术帮助教师轻松获得需要的信息，这样教师就可以节省时间并更好地聚焦于教学。

3. 社交媒体

目前全球教师都在使用社交媒体作为职业发展的工具。社交媒体帮助教师发展自己的人脉圈，并提供一个分享和交流自己思想的平台。网络分享、人际网和网络合作增加了教师职业发展的机会，这样又帮助他们更好地掌握体育教育的发展趋势，提高自己的教学技能。学生也能使用社交媒体和其他信息技术工具来培养健康生活方式。

第二章

英国国家体育学习纲要解读

英国国家课程标准（The National Curriculum in England）[①]是为了让英国所有中小学生学习同样课程内容而设定的学科和标准[②]。自 1988 年《教育改革法（Education Reform Act）》要求设立国家课程标准以来，在近 30 年期间英国国家课程标准历经了数次修订与完善，先后颁布了 1991 年版、1995 年版、1999 年版、2008 年版（适用于中学阶段）和 2013 年版五个版本的国家课程标准。每一个版本的国家课程标准都是基于特定历史和社会发展背景而形成的。

1988 年，英国保守党政府制定并通过了《教育改革法》，打破了多年来地方分权的教育行政制度，把许多课程决策权集中到了中央政府，同时削弱了地方教育当局的权限，取消了教师的课程自主权[③]。这在当时历史背景下是比较符合英国国情的，在一定程度上保证了英国的教育质量。然而，由于学科内容繁杂、水平评估难以实施、教师工作量剧增和学生负担过重等问题的出现，致使英国在 1994 年对国家课程标准进行了修订，并于 1995 年颁布了修订版的国家课程标准，主要是压缩了国家课程内容，改进了评价体系，增强了课程

[①] 虽然英国国家课程标准的英文表述中并未明确包含"标准"二字，但从其解释中可以看出是指代国家课程标准，因此，此处及下文均使用"英国国家课程标准"的表述。

[②] Department for Education. The National Curriculum [EB/OL]. [2017 - 7 - 21]. https://www.gov.uk/national-curriculum.

[③] 易红郡. 英国国家课程实施中的问题、对策及启示[J]. 课程·教材·教法，2004，24(1)：91 - 95.

内容和评价的灵活性,但这也导致了英国随后教育质量的下降①。1997年工党执政后开启了新一轮课程改革,旨在迎接新世纪挑战,增强综合国力,并于1999年公布了再次修订后的英国国家课程标准。该版本强调课程的价值、新世纪挑战及为学生未来做好准备等方面,加强了统一性与灵活性的结合。依据《14—19岁：机会与卓越(14—19：Opportunity and Excellence)》文件,英国在2008年又对中学阶段的国家课程标准进行了修订。因此,在2014年9月之前,英国实施的中小学国家课程标准主要是1999年(小学阶段使用)和2008年(中学阶段使用)颁布的版本。

在过去的十余年中,英国学生在经济合作与发展组织(OECD)开展的国际学生评估项目中成绩明显下滑。教育质量持续降低,国家课程结构、内容不合理等问题引起了英国对教育改革的高度重视。为了解决以上问题,提升教育在国际上的竞争力,2010年英国联合政府执政后,于2011年启动了新一轮国家课程改革,旨在创建世界一流的教育体系。经过两年的准备,于2013年9月11日正式颁布了新的2013年版英国国家课程标准(New National Curriculum),并从2014年9月开始在全国公立中小学实施。

体育课程作为英国国家课程中的学科课程之一,也形成了上述多个版本的学习纲要。2013年版英国国家课程标准将体育课程列为基础学科之一,并对体育课程提出了新的要求。本章首先对2013年版英国国家课程标准总论部分进行简要介绍和分析,其次根据体育学习纲要的结构分别对课程的学习目标体系、课程内容和课程评价进行介绍与分析。

第一节　英国国家课程标准总论部分的介绍与分析

2013年版英国国家课程标准(以下简称《课程标准》)分总论和分论两部分,总论部分首先明确了学校课程的设置要求,在此基础上确立了国家课程的目标,规定了课程结构,提出了对所有学科的统一要求。分论部分为国家课程标准规定的各学科的学习纲要,其中包括了体育学习纲要(Physical Education Programmes of Study)(以下简称《学习纲要》)。需要指出的是,《课程标准》虽然未在标准文本中呈现评价的相关内容,但英国教育部提出了宏观性的评价原

---

① 钟启泉,张华.世界课程改革趋势研究.中卷.课程改革国别研究[M].北京：北京师范大学出版社,2001:360.

则,以及针对有特殊需要学生的表现性评价等级。因此,本节首先对英国的学校课程设置要求进行总体介绍和分析,然后在此基础上对作为学校课程重要组成部分的国家课程进行介绍和分析,具体包括课程目标、课程结构、课程要求和课程评价等方面,从而让读者对英国国家课程标准有全面的了解。

一、英国的学校课程设置要求

在《课程标准》中,首先对英国的学校课程体系进行了介绍。区分国家课程和学校课程并明确两者之间的关系非常重要,有利于中小学的学校课程设置。《课程标准》指出,各学校应在依据国家课程标准中各学科学习纲要的基础上,结合各地的实际情况和学校的实际水平来设置学校课程。

(一)《课程标准》对学校课程设置的要求

《课程标准》对学校课程设置提出了五点明确的要求,具体内容如下:

要求一:全国国立学校必须要为学生提供均衡而广泛的课程,以促进学生的精神、道德、文化、心理和身体的发展,并为学生提供多种学习机会,增强其责任感,增加其体验,为其以后的生活做好准备。

要求二:学校课程包含所有的学习科目以及学校为学生提供的其他学习体验,而国家课程只是学校课程的一部分。

要求三:国立学校要为集体礼拜的日常行为做好准备,必须在每个关键阶段提供宗教教育,并在中学提供性与人际关系教育。

要求四:公立学校必须要依法遵循国家法定课程中各关键阶段的学习纲要和学科内容。所有的学校必须分学科、分学年在网上公布其学校课程。

要求五:所有学校要借鉴好的实践做法,为个人、社会、健康和经济教育作好准备。学校可以自由选择其他学科或主题,规划和设计其教育纲要。

(二)对学校课程设置要求的分析

《课程标准》将学校课程置于开篇位置,充分体现出国家对学校课程的重视。从上述学校课程设置的要求来看,其具有以下特点:

1. 学校课程设置具有牢固的法律基础,其地位和价值受到重视

学校课程的设置是依据 2002 年《教育法》和 2010 年《中等学校法》两个法案的规定进行的。这两个法案不仅对整个英国的教育提出了总体要求,而且还为学校课程的设置提供了牢固的法律保障,并明确提出了学校课程要为学生的未

来人生发展提供机会、树立责任心和做好经验方面的准备。

2. 学校课程结构清晰，内容丰富

《课程标准》明确指出，国家课程只是学校课程的一部分，学校应在依据国家课程标准中各学科学习纲要的基础上，结合各地和各校实际情况，自由选择适合自己学校的课程。因此，学校课程不仅包括国家课程，还包括宗教教育、性与人际关系教育等基本课程以及学校自行设置的课程。《课程标准》描述了中小学的学校课程结构体系（见图 2 - 1），使得学校课程的结构更加清晰明确。

图 2 - 1　英国学校课程的结构体系

3. 注重家校沟通，共同促进学生发展

《课程标准》强调所有的学校必须将学校课程分学科、分学年在网上公布，这一规定自 2012 年 9 月就已经开始实施，其主要意图是加强学校与家长的联系，帮助家长明晰孩子在校期间所学习的不同学科的具体内容，以提升家长的知晓程度，引起家长对学生的关注，共同促进学生的全面发展。

二、英国国家课程的构成

（一）课程目标

1.《课程标准》中课程目标的具体表述

《课程标准》中的课程目标包括：一是为学生提供成为有教养的公民所必备的基本知识，引导学生成为最优秀的个体，并且要有助于提高学生的创造力和成就感。二是国家课程只是学校教育的一个部分，学校在进行国家课程教学以外还可利用其他时间和空间来安排教学。作为学校课程的组成部分，国家课程为学生提供核心知识，以帮助教师开发有趣、活跃的课程来促进学生知识和技能的掌握以及理解力的发展。

2. 对课程目标的分析

从课程目标来看，《课程标准》提出国家课程应该为学生成长为"有教养的公民"提供必备的基本知识，并提出国家课程不仅要让学生了解那些已经被人类公认的"最好知识"，而且还要有助于学生认识人类的创造力和人类的伟大成就。同时，《课程标准》还强调教师要在国家课程基础上，通过利用其他时间和空间来组织学生进行更多的教学，以进一步地丰富学校教育教学。在这一过程中，教师还需要开发更多的课程，但其核心知识源于国家课程，即要以国家课程为基础，这体现了国家课程在英国学校课程体系中的核心地位。

（二）课程结构
1.《课程标准》中课程结构的具体表述

《课程标准》将英国的中小学分为四个关键阶段（key stages，简称 ks），共包括 12 门学科，并进一步划分为核心学科和基础学科。其中，英语、数学、科学三门是核心学科，艺术与设计、公民权、计算、设计与技术、语言、地理、历史、音乐、体育九门是基础学科。各学科开设的学段有所区别（见表 2－1）。

表 2－1　英国国家课程标准规定的学科结构和开设学段

阶　　段		ks1	ks2	ks3	ks4
年龄（岁）		5—7	7—11	11—14	14—16
年级		1—2	3—6	7—9	10—11
核心学科	英语	✓	✓	✓	✓
	数学	✓	✓	✓	✓
	科学	✓	✓	✓	✓
基础学科	艺术与设计	✓	✓	✓	
	公民权			✓	✓
	计算	✓	✓	✓	✓
	设计与技术	✓	✓	✓	
	语言		✓	✓	
	地理	✓	✓	✓	
	历史	✓	✓	✓	
	音乐	✓	✓	✓	
	体育	✓	✓	✓	✓

注：ks2 中语言科目是"外语"，ks3 中是"现代外语"，前者更强调基础性，后者更强调发展性、应用性与现代性。

从表 2－1 可以看出，艺术类（包含艺术与设计、音乐）、设计与技术、人文学科（包含地理与历史）和现代外语在 14 岁后不是国家课程中的必修科目，但公立学校的学生有权学习上述四个领域中的任何一个科目。因此，在 ks4 阶段，各个学校必须要满足几个法定要求：

- 学校至少提供上述四个领域中的一门课程。
- 学校必须提供给学生学习上述四个领域中课程的机会。
- 符合法定要求的课程必须为学生提供获得证书的机会。

除了以上必须开设的核心学科和基础学科的课程之外，《课程标准》还要求所有学段都必须要开设宗教教育课程，中学阶段必须要开设性与人际关系课程（见表 2-2）。

表 2-2　核心学科和基础学科之外的必修课程

阶　　　段	ks1	ks2	ks3	ks4
年龄（岁）	5—7	7—11	11—14	14—16
年级	1—2	3—6	7—9	10—11
宗教教育	√	√	√	√
性与人际关系教育			√	√

2. 对课程结构的分析

从 1988 至今，尽管英国国家课程标准经历了五次重大的修订，但课程框架并没有发生太大变化，尤其是英语、数学、科学三门核心学科的地位一直保持不变，"宗教教育"也一直贯穿于四个关键阶段。除了这些国家规定的课程之外，学校和教师有权选择其他学科或主题领域的内容进行教学。但 2013 年的《课程标准》对学段结构进行了调整，原因在于关键阶段二（ks2）横跨四个年级（3—6 年级），时间过长使得 4 年级和 5 年级的教学进展缓慢并缺少动力，不利于学生的学习和发展，再加上很多学科专家也强调 5、6 年级学习的重要性，因此，最新的《课程标准》将关键阶段二（ks2）分为两个阶段：低阶段（3—4 年级）和高阶段（5—6 年级）。三门核心学科贯穿于 1—11 年级，以加强学科内容的纵向紧密衔接。但需要指出的是，此种区分并非是立法规定，主要是为了便于教师教学而设置。

此外，《课程标准》规定的学科仅适用于公立学校，不适用于私立学校。宗教教育和性与人际关系教育虽不是国家课程中规定的核心学科和基础学科，但也是全国中小学生的必修学科。在四个关键阶段均开展宗教教育，足见英国教育部门对中小学学生信仰及道德教育的重视程度。在中学阶段开展性与人际关系教育，非常符合学生的身心发展规律，有利于促进学生身心健康发展和社会适应能力的提升。

（三）课程要求

1.《课程标准》中课程要求的具体表述

《课程标准》在全纳性教育、计算与数学、语言与读写三个方面对各学科提出了统一要求，希望所有学科都能够在上述三个方面对学生的教育发挥独特的作用。

（1）全纳性教育

《课程标准》规定的全纳性教育包含两个方面：一是设置合适的挑战；二是满足学生的需要，克服潜在困难。

① 设置合适的挑战

教师应对每个学生抱有高的期望，为成绩优秀的学生提供拓展学习的机会，为成绩较差或来自弱势背景的学生提供相应的课程计划，并采取适宜的策略为学生设置具有挑战性的目标。

② 满足学生的需要，克服潜在困难

第一，全纳性教育是落实平等机会立法的重要途径，平等机会立法涵盖了年龄、残疾、性、宗教或信仰、性取向、怀孕和生育、变性等方面。

第二，很多学生有特殊的教育需求，其中不少学生也有残疾。课程的设计应确保每一位学生都能拥有获得成功的机会。在很多情况下，这些学生可以学习全部的国家课程。《特殊教育需要实践手则（SEN Code of Practice）》包含了判断哪些教育需要获得支持的方法和建议。此外，该手册还介绍了需要为学生做的事情。

第三，通过有效的教学来识别个体的需要，很多残疾学生可能不需要额外的帮助。教师应进行认真的备课，以保证这些学生能够充分地学习国家课程中的每一个科目。此外，教师还应明确潜在的困难，并在工作一开始时就将其解决。

第四，教师应明确第一语言是非英语的学生的需要。在监测学生的进步时，应考虑学生的年龄、在英国居住的时间长短、先前的教育经历和外语能力等。

第五，对于英语是第二语言的学生来讲，在进行国家课程学习时，其学习能力或许会好于沟通技能。教师应创设各种学习机会来提高学生的英语水平，并为他们的学习提供支持和帮助。

（2）计算与数学

① 教师应运用多学科提升学生的数学熟练程度。学生在计算和其他数学技能上保持自信是成功学习国家课程的前提。

② 教师应通过所有学科培养学生的计算和推理能力，以帮助学生认识和理解数学的重要性；应教会学生灵活运用算数来解决问题，理解并使用测量，做出

估计并具备检查作业的意识。学生应运用对几何和代数的理解,将概率与风险、不确定性等概念联系起来,并理解收集数据、呈现数据和分析数据的过程。教师应教会学生运用数学知识解决一些常规性和非常规性的问题,如将复杂问题简单化处理的步骤等。

（3）语言与读写

教师应培养学生的口语、阅读、写作和词汇等能力,这是各学科教学不可或缺的部分。英语既是一门学科,也是教学的媒介。对学生而言,理解语言有利于整个课程的学习。流利的英语是学生学习成功的基础。

① 口语

教师应教会学生使用标准英语进行清晰、自信的表达,使学生学会使用论据来论证自己的想法,学会提问、发展词汇和知识构建、协商、评价别人的想法并能构建自己的想法、进行交流时进行适当记录等。教师还应教会学生进行结构化的描述和解释,并通过推测、假设和探索等方法来增强理解力。这既能使学生思路清晰,又有助于学生写作时保持清晰的思路。

② 阅读和写作

教师应通过所有的学科来培养学生的阅读和写作能力,以帮助学生更好地获取知识。应教会学生流利的阅读,理解长篇散文(包括小说和非小说),并引导学生进行快乐阅读。学校应尽力促进学生进行广泛阅读,如在图书馆学习、鼓励学生在家读书等。学生应养成通过准确的拼写和标点符号进行较长内容书写的耐心和技巧,学会正确使用语法,基于所学内容扩展写作范围,使用多样的语法。写作应包括叙事、解释、说明、比较、总结和评价,这些写作可以帮助学生练习、理解和巩固自己的所听所读。

③ 词汇发展

词汇的获取和掌握对于学生学习和进步至关重要,因此,教师应基于学生现有的知识积极发展学生的词汇,提高学生的词汇量,并加强已有词汇和新学词汇之间的联系,讨论相似词汇之间的联系与区别,这样就可以扩大学生写作时的词汇选择面。此外,学生能理解在阅读中碰到的单词对他们理解力的提升也至关重要。高年级的学生应该学习动词的意思,因为他们会在考试中会遇到这些动词。另外,引导学生学习各个学科的语言也尤其重要,如精确的数学和科学语言。

2. 对课程要求的分析

《课程标准》在全纳性教育、计算与数学、语言与读写三个方面对各学科提出了统一要求。该要求一方面反映出国家课程对"全纳性"教育理念的重视;另一方面也体现出国家课程对两大通用能力培养的重视。英国国家课程的设置，主要采用跨学科主题与通用能力相融合的学业质量标准设计模式①，将数学计算能力、语言读写能力确立为国家课程的两大通用能力，融入所有科目，凸显了数学学科和英语学科的核心地位，加强了各学科功能的融合，体现了全科育人的理念。

（四）课程评价

1.《课程标准》中课程评价的具体表述

关于课程评价，根据《课程标准》的要求，英国教育部提出了宏观性的国家课程评价原则，出台了针对有特殊需要学生的表现性评价等级要求。至于具体的评价方案，则由各个学校根据实际情况自行设计和实施。

（1）制定有效评价系统的原则

英国教育部指出，学校对学生的评价要确保父母知晓，由课程评价督导来评价其有效性，并上报教育标准、儿童服务与技能办公室（Ofsted：The Office for Standards in Education，Children's Services and Skills）。为了提升学校课程评价制定和实施的有效性，教育部提出了制定有效评价系统的三大原则②，具体内容如下：

① 应如实向家长报告学生在学校的表现和学校的评价过程

• 允许在新课程中对学生每个关键阶段结束时的期望进行有意义的追踪，并定期向家长反馈。

> • 提供可转换的易于理解的信息，包含定性和定量评价的信息。

> • 区分不同能力的学生，尽早识别落后和优秀的学生。

> • 评价应该保持可信度和客观公正。

② 应有助于学生的进步和教师的发展

> • 与提升教学质量密切相关。

> • 确保评价信息的反馈有助于学生学习的进步，关注特定和具体的目标。

> • 制定记录措施，与预期标准进行比较，并反映学生的进步情况。

③ 要确保学校评价在实践与创新方面是最先进的

> • 评价是在咨询当地实施情况最好的学校后开展的。

---

① 廖运章，卢建川. 2014 英国国家数学课程述评[J]. 课程·教材·教法，2015，35（4）：120.

② Department for Education. Assessment principles：school curriculum［EB/OL］.［2017 - 7 - 21］. https：//www. gov. uk/government/uploads/system/uploads/attachment _ data/file/304602/Assessment _ Principles. pdf.

- 借鉴国际优秀经验,并以国际优秀地区的评价为基准。

(2) 对具有特殊教育需要学生的评价

英国非常重视对具有特殊教育需要学生的评价,曾在2001年颁布了《特殊教育需要实施规程(Special Educational Needs Code of Practice)》。该规程认为:有特殊教育需要的学生是指学习困难并需要特殊教育支持的学生。学习困难的学生包括三类:一是与大多数同龄孩子相比,他们在学习上存在显著的困难;二是由于残疾而无法使用适用于同龄人的教育设施的学生;三是处于前两种情况之间却无法得到特殊教育支持的义务教育阶段的学生。

对于有特殊教育需要的学生,主要采用表现性等级评价,并规定在 ks1 和 ks2 结束时,对英语、数学和科学三门核心学科进行表现性等级评价,并向教育部提交评价结果。其他科目的表现性等级评价是非强制性的,教师可以使用等级评价定期向家长汇报其对学生的评价。

表现性等级评价共分为8个等级,其中1—3等级主要呈现了学生可能出现的各种行为表现,这3个等级与国家课程标准规定的12门学科中的表述一致,但提供了与各学科内容相关的具体案例,以便各学科教师进行准确的评价。4—8等级的描述则采用分学科的形式进行,体现学科特点。

2. 对课程评价的分析

自2014年9月开始,英国学校和教师要依据国家课程标准中各学科四个关键阶段的获得性目标,结合本校实际情况自行设计评价方案。英国的课程评价主要采用的是以学校评价为主体、由相关职能部门监督与管理的课程评价体系。在评价模式上,采用"目标评价模式",依据各阶段的获得性目标进行评价;在评价理念上,重视针对不同学生的学习需求采取不同的评价举措。这不仅反映了英国国家课程倡导校本评价的理念,也是全纳性教育理念在课程评价方面的体现,同时还反映了以评价促进学生、教师和学校整体发展的办学思想。

第二节　英国国家体育学习纲要的介绍与分析

《学习纲要》包含学习目的、学习目标、获得性目标、课程内容四个部分。为了充分发挥学习目标对课程实施的引领作用,《学习纲要》构建了"学习目的、学习目标、获得性目标"的三级学习目标体系,为体育课程的编制、开发、实施和评价确立了方向。根据2013年颁布的最新《课程标准》的要求,英国体育教育协会组织专家团队于2014年研制并颁布了基于标准的体育学习评价指南(Guidance on assessment)①,该评价指南主要是针对普通学生的体育学习评价。而英国教育部则在 2014 年研制并颁布了针对有特殊需要学生的体育表现性评价等级,且在 2017 年进行了新一轮的修订②。本节将分别对学习目的、学习目标、获得性目标与课程内容、学习评价进行介绍与分析。

一、学习目的

(一)《学习纲要》中学习目的的具体表述

《学习纲要》指出:高质量的体育课程能鼓励学生在充满竞争性的体育运动中积极求胜,并能促使学生掌握多种运动技能。同时,提供多种机会促进学生在自尊自信、塑造个性、公平竞争意识、互相尊重、增进健康等方面获得发展。

(二) 对学习目的的分析

从上述学习目的表述来看,《学习纲要》非常重视学生的全面发展,强调学生通过参与多种充满竞争性的体育运动,掌握和运用运动技能,培养学生的健全人格和优良品质,增进学生的身心健康。这些多种多样的体育竞赛活动,既能吸引学生积极参与运动并体验运动的魅力,又能培养学生的运动能力、体育精神和体育品德。而且,体育课程的学习目的与英国学校课程要求中有关"促进学生精神、道德、文化、心理和身体的发展"的表述前后呼应,体现出体育学科的全面育人功能。

二、学习目标

(一)《学习纲要》中学习目标的具体表述

在《学习纲要》中,明确提出了英国国家体育课程的四条学习目标:
- 发展多种身体活动能力。

---

① Members of Physical Education Expert Group. Guidance on Assessment:National Curriculum(2014)〔EB/OL〕.〔2017 - 07 - 21〕. http://www. afpe. org. uk/physical-education/wp-content/uploads/Physical_Education_Assessment_booklet_revised_June_2015. pdf.

② Department of Education. Performance-P Scale-attainment targets for pupils with special educational needs〔EB/OL〕.〔2017 - 07 - 21〕. https://www. gov. uk/government/uploads/system/uploads/attachment_data/file/617033/Performance_-_P_Scale_-_attainment_targets_for_pupils_with_special_educational_needs_June_2017. pdf.

- 保持长时间持续性的体力活动。
- 参与竞争性的体育运动和活动。
- 形成健康、积极的生活方式。

（二）对学习目标的分析

学习目标是学习目的的具体化，主要强调通过鼓励学生坚持体育锻炼，参与多种竞争性的体育运动和活动，发展身体活动能力，促进学生形成健康、积极的生活方式，获得身心健康协调发展。不难看出，该学习目标突出强调了运动和健康方面的目标。

三、获得性目标与课程内容

《学习纲要》对四个关键阶段的获得性目标均作了详细阐述。获得性目标是指在每个关键阶段结束时，学生应该知道《学习纲要》中规定的事项、能应用的运动技能和要理解的过程。同时，《学习纲要》对每个关键阶段内容的描述采用获得性目标加课程内容的形式，即每个关键阶段的第一段是获得性目标，后面呈现应教授的课程内容。

（一）《学习纲要》中获得性目标与课程内容的具体表述

1. 关键阶段 1(ks1)

（1）获得性目标

发展基本活动技能，逐步增强运动能力和信心，发展灵敏性、平衡和协调性。在越来越具有挑战性的情境中参加竞争类（包括与他人竞争和自我竞争）与合作类体育活动。

（2）课程内容

达到上述目标时，学生将能够：

- 提高平衡性、灵敏性和协调性，掌握跑、跳、投、接等基本活动动作，并在多种活动中初步运用这些基本动作。
- 参与集体性游戏或运动，学会一些简单的攻防策略。
- 使用简单的活动模式进行舞蹈。

2. 关键阶段 2(ks2)

（1）获得性目标

进一步应用和发展更广泛的技能，学习通过不同方式应用这些技能，并建立技能之间的联系而形成动作序列。乐于交流、合作，并相互竞争。理解如何在不同的体育运动中提升自我，学会认识和评估自己所取得的成就。

（2）课程内容

达到上述目标时，学生将能够：

- 独立或组合运用跑、跳、投、接；参与竞争性比赛，同时可进行适当的改进（如羽毛球、篮球、板球、足球、曲棍球、无挡板篮球①、圆场棒球②和网球）③，并运用基本的攻防原则。
  - 发展柔韧性、力量，改进技术，增强控制和平衡能力（如通过田径和体操）。
  - 使用多种动作模式进行舞蹈；独自或集体进行户外冒险活动。
  - 与之前的成绩进行比较，展示自己的进步，从而取得最佳成绩。

（3）游泳与水上安全

《学习纲要》将游泳和水上安全单独列为一个内容进行表述，规定所有学校在 ks1 或 ks2 必须开展游泳教学。特别要求学生：

- 至少游 25 米，游泳时熟练、自信并能出色完成。
- 有效使用多种泳姿（如自由泳、仰泳和蛙泳）。
- 在不同水域能够进行合理安全地自救。

3. 关键阶段 3(ks3)

（1）获得性目标

运动能力、自信心和运动技术进一步提升，并能够在不同的运动和身体活动项目中运用运动技术；理解如何提升自己的表现并将其运用到工作中；在校外和未来生活中，培养进行体育锻炼、运动和活动的信心和兴趣，理解并体验体育活动对健康的益处。

（2）课程内容

达到上述目标时，学生将能够：

- 在个人或团队比赛中（如羽毛球、篮球、板球、足球、曲棍球、无挡板篮球、圆场棒球、英式橄榄球及网球）运用一些战术和策略战胜对手。
  - 在其他竞争性的运动（如田径、体操）中发展技术并提高成绩。
  - 在多种风格和形式的舞蹈中使用高级的舞蹈动作。
  - 参加挑战智力和体力的户外探险活动，加强团队合作，增强自信心，提高

---

① Netball：被俗称为无挡板篮球或篮网球，是一种类似篮球的运动，但没有篮板。

② Rounders：一种类似棒球的儿童游戏。

③ 注：（）中的内容不是法定教学内容。

独自或团队解决问题的能力。

● 与自己之前的表现进行比较，并进行分析，展示自己的进步，从而取得最佳成绩。

● 通过社区网络或体育俱乐部参加校外的竞技运动和活动。

4. 关键阶段 4(ks4)

（1）获得性目标

学会一些高难度、复杂的体育活动，参与一些活动，发展体能并促进积极健康生活方式的养成。

（2）课程内容

达到上述目标时，学生将能够：

● 在个人或团队比赛中（如羽毛球、篮球、板球、足球、曲棍球、无挡板篮球、圆场棒球、英式橄榄球及网球）运用并开发各种战术和策略战胜对手。

● 在其他竞赛运动（如田径、体操）或其他体育活动（如舞蹈）中发展技术并提高成绩。

● 进一步参加挑战智力和体力且需要在团队合作的多种环境下开展的户外探险活动，增强自信心，提高独自或团队解决问题的能力。

● 与自己之前的表现进行比较，并进行评估，能在一系列体育活动（physical activity）中表现出进步，从而取得最佳成绩。

● 进一步通过社区网络或体育俱乐部定期参加校外的各种竞争性体育运动和活动。

（二）对获得性目标与课程内容的分析

获得性目标是对学习目的和学习目标的进一步具体化，每个关键阶段的获得性目标与本阶段课程内容有机结合，既体现了"目标引领内容"的思想，又增强了内容的针对性。目标描述较为具体，多使用"掌握、参与、学会、发展、运用"等词。在目标编排上呈现螺旋式上升的特征，即随着关键阶段的上升对获得性目标的要求、难度系数越来越高，体现了对不同关键阶段差异性的要求。可见，在获得性目标层面上，非常重视目标的层次性和对课程内容的引领。

从四个关键阶段的课程内容来看，呈现出相互衔接、由浅入深的特点，如关键阶段 1—2 侧重于发展学生的基本活动技能，该关键阶段的课程内容主要包括跑、跳、投、接、滚翻、攀爬等简单基本活动技能和多种舞蹈动作。关键阶段 3—4 主要侧重于专项运动技能的发展，该关键阶段的课程内容开始以运动项目来呈现，如球类运动、田径等，对运动技术、战术提出了更高的要求，并非常强调学生在比赛中运用技术、战术和策略战胜对手,同时提出通过团队比赛提高学生的合作意识和能力。此外,还针对关键阶段 1 和关键阶段 2 专门增加了"游泳和水上安全",该内容在形式上独立于其他各项内容,但要求学生必须要在关键阶段 1 或关键阶段 2 学习,体现出《学习纲要》对学生水上运动能力培养的重视。

需要指出的是,《学习纲要》中的课程内容并非具体的教学内容,而只是提出了课程内容框架或内容标准,旨在鼓励学校和体育教师根据《学习纲要》中的课程内容框架和内容构成,结合学校的实际,选择适合学生学习和发展的具体教学内容实施体育教学。这大大提升了学校和教师选择和开发课程的空间,赋予他们充分的课程自主权。

总之,通过对上述英国国家体育课程的学习目标体系和课程内容的分析可以发现:在目标体系方面,从课程的学习目的、学习目标到四个关键阶段的获得性目标,呈现出从宏观到微观、从全面到具体的特征;在课程内容方面,四个关键阶段相互衔接且要求逐步提高。

四、学习评价

如前所述,英国的体育学习评价主要包括针对普通学生的体育学习评价指南,由英国体育教育协会研制;针对有特殊需要学生的体育表现性评价等级,由英国教育部研制。

(一)针对普通学生的体育学习评价

2014 年 11 月,英国体育教育协会组织专家团队根据教育部颁布的国家课程学习评价原则制定并公布了《国家体育课程学习评价指南》,该指南指出:体育课程的有效评价应支持和激励学生成为出色、自信、创造和反思型的运动者;应支持和鼓励年轻人共同合作,在高难度竞技活动中脱颖而出;评价方法要有意义并渗透在高质量的体育课程与教学中,以促进学生进步,提升学生成绩;体育课程由地方决定并且以儿童为中心,但体育课程要从整体上促进和支持学生在整个学校课程中的发展①。

---

① Members of Physical Education Expert Group. Guidance on Assessment:National Curriculum(2014)〔EB/OL〕.〔2017-7-21〕. http://www. afpe. org. uk/images/stories/PE_assessment_booklet_Nov_2014. pdf.

1. 体育学习评价指南的具体描述

（1）评价原则

① 应如实向家长报告学生在学校的表现和学校的评价过程

A. 允许在新课程中对学生每个关键阶段结束时的期望进行有意义的追踪，并定期向家长反馈

在体育学习中，教师应将学生的进步与《学习纲要》中的获得性目标联系起来。每个关键阶段的具体评价表述是对学生的最低要求。《学习纲要》鼓励学校在广泛而均衡的课程中，拓展和提升对学生学习评价的难度。教师应根据获得性目标和内容来追踪学生的进步，这是最低的要求。教师在对学生进行评价时，应该思考的主要问题如下所述：

- 你知道每个关键阶段的主要评价内容吗？
- 在关键阶段中，你的课程是如何让学生实现经常和可持续发展的？
- 你能根据这些内容追踪学生的进步吗？
- 在最低要求之外，你会拓展和提升内容难度以支持贵校的体育教育吗？
- 在你所在的学校，谁会参与对学生进步的追踪（教师、教练、父母、学生等）？

B. 提供可转换的且易于理解的信息，并包含定性和定量评价的信息

体育学习评价应便于学生、家长和同事的理解。定量评价适用于学科考试和正规的国家测验（如 ks4）。在每个关键阶段，都应有追踪每个孩子进步的证据（详见上一原则，每个关键阶段应包含的内容），如 ks1 关键阶段学生的基本活动技能在一年级和二年级是如何发展的？你是如何得知的？教师运用观察工具或视频证据去记录孩子的发展吗？在对学生进行评价过程中，教师应该考虑以下主要问题：

- 你是如何记录学生在体育学习和活动中进步的？
- 你会在广泛而均衡的活动领域中记录学生的进步吗？
- 如何监测学生在体育学习和活动中的进步幅度？
- 你将学生进步的证据与家长、学生及其他教师共享了吗？是如何共享的？
- 记录体系是否易于理解，是否有意义？你是如何得知的？你是如何评估的？

C. 区分不同能力的学生，尽早识别落后和优秀的学生

在体育学习中，制定体育教学计划时要采用全纳性教学方法，回顾和评价学生学习结果时要根据学生的需求和国家课程的指导进行，如在 ks1 关键阶段，对学生进步的评价应该是识别学生跑、跳、投、接等基本活动技能的发展情况。评

价有助于识别没有进步和超预期进步的儿童,即哪些儿童不能平衡、协调地完成动作,哪些儿童运用了更专业的技术完成动作。教师应采取不同的干预措施确保学生获得最大程度的发展。因此,评价应贯穿于课程规划中并确保满足学生的学习需要。教师在对学生进行评价过程中应该考虑以下主要问题:

- 对全体学生而言,学习结果都能达成吗?
- 促进学生的进步时,是否能做到区别对待?
- 如果学生没有进步,如何支持他们?
- 如果学生超过预期结果,如何进一步提升难度?
- 在课程与教学之外,是如何提供多样的机会支持或拓展学生学习的?
- 适用于学生的评价方法受到有效监控吗?

D. 评价信息可信且客观公正

在体育学习中,教师应运用多种评价方法促进学生进步,如以学生为主导的评价、同伴评价、自我评价与反馈、视频的运用、体育日志、全班讨论和教师评价等。收集学生进步信息时应客观公正,并能反映学生体育学习的范围。教师和学生应考虑更全面的评价内容,包括社会、情感、思维、健康等方面。教师在对学生进行评价过程中应该考虑以下主要问题:

- 体育教学中运用了哪些方法来监控和测量学生的进步?
- 学生是否参与了自己和他人的评价?
- 你是如何确保评价的客观公正,又是如何确保评价过程的一致性?
- 在你所在的学校是否进行适度调整以保证评价的一致性与公平?这种调整与同事之间讨论过几次?

② 应有助于学生的进步和教师的发展

A. 与提升教学质量密切相关

体育学习评价应渗透在每堂课之中,并包含清晰的学习目标、达成目标的各种活动和成功的标准。学习进步应体现在整个体育课程中,并有助于其他科目的学习,如识字、算术以及运用排列、组合及测量。教师在对学生进行评价过程中应该考虑以下主要问题:

- 在你的体育课程结束时,一个受过体育教育的儿童是什么样的?你是否思考过这些?你的学生在整个体育学习过程中又会有什么样的体验?
- 实施体育课程与教学时是否有一个清晰的计划?是否能反映出整个学校工作计划安排?
- 每个关键阶段和每个学年中包含了哪些学习内容?
- 学习结果应与每个关键阶段的最低标准的评价重点相关,并能清晰识别每个阶段/年级中的知识、技能和理解力。中长期规划中是否包含了这种清晰的学习结果？

B. 确保反馈有助于学生学习的提升，关注特定和具体的目标

高质量并定期反馈是体育学习评价的特征，它有助于学生了解自己的进步情况及需要提升的方面。学生要通过目标设置来促进个人进步并提升成绩，可以从教师、其他体育工作者（教练、助教和年轻的领队等）、同伴或者从自我反思中（或许会通过利用教育资源）获得反馈。通过反馈，学生知道自己的表现如何以及需要提高的方面。教师在对学生进行评价时应考虑以下主要问题：

- 在学生的学习过程中，你是如何反馈的？
- 反馈的频率如何？
- 反馈的时机和形式是什么？
- 运用哪些资源和工具对学生进行反馈？
- 是否为学生提供机会去进行反馈？ 如果有，是如何及何时提供机会的？

C. 制定记录措施，与预期标准进行比较，并能反映学生的进步情况

在学生的体育学习过程中，学校和教师应通过一系列的记录措施来证明和呈现学生的持续进步，可采用的措施包括移动技术的运用、学生日志、同学的反映、图片证据、实际表现和教师观察等。详细的证据能帮助教师依据每个关键阶段的获得性目标来评判学生的进步情况。

根据清晰的标准和期望，学生对自己的进步就会有清晰的认识。学生取得进步的证据应贯穿于每年或每个关键阶段的学习中。教师在对学生的评价中应考虑以下主要问题：

- 运用哪些形式的证据来展示学生的学习结果和进步情况？
- 随着学生每年、每个关键阶段的进步，对学生的评价在不同的教师之间是如何转换的？
- 学生怎样才能知道他们自己取得了进步？

③ 要确保学校评价在实践与创新方面是最先进的

A. 评价是在咨询当地实施情况最好的学校后开展的

B. 借鉴国际优秀经验，并以国际优秀地区评价为基准

学校和教师有义务为学生提供定期的、持续的体育学习，以提升其对学科知识和有效评价的理解。评价应在学校内和学校间（在可能的情况下）进行回顾、讨论和适度调整。教师在对学生的评价中应考虑以下主要问题：

- 回顾体育评价方法的频率？
- 高质量的体育学习是常规特征吗？ 在校内或校间，谁会参加并传播这种

学习？

- 所有的教职工对体育教学中学生的进步有基本理解吗？是如何举例说明的？
- 在你的学校中，与同事的研讨和专业学习是如何共享与调整的？
- 你会与其他学校的教师进行讨论、共享与调整吗？

（2）评价内容

体育学习评价应根据《学习纲要》中的获得性目标所描述的主要内容进行评价。《国家体育课程学习评价指南》整合了四个关键阶段的获得性目标，制定了各个阶段的学习评价内容（见表 2-3），以便于指导教师进行有针对性的评价。

表 2-3　小学和中学阶段体育学习评价的主要内容

ks1 发展基本活动能力 积极与自信 社会交往	ks2 发展运动能力 有效合作 反思性学习者	ks3 自信 身体技能 丰富的经验 健康与乐趣	ks4 自我挑战 体能 作出决策
基本活动技能	通过不同的方式运用技能	身体能力	复杂性
灵敏性、平衡和协调性	完整的活动和运动	专门技术	难度
自我竞争	交流	广泛应用	活动的广度
与他人竞争	合作	有效表现	体能
与他人合作	竞争	自信与兴趣	健康
自信	在运动和活动中如何提升自我	体育活动的益处	
能评估和认可成功	评估和认同成功		

2. 对体育学习评价指南的分析

课程的学习评价一直是课程专家、一线教师最为关注的话题，2013 年最新版的《课程标准》虽然提出了宏观的评价原则，但并没有制定具体的课程学习评价内容。对普通学生的学习评价，由专业协会来制订评价的相关文件，其核心内容是向各学校提出制定有效评价系统的原则，引导学校制订各学科的学习评价内容。

就体育课程而言,各校的体育学习评价应在遵循相关评价原则的基础上,根据《学习纲要》整理归纳的四个关键阶段的获得性目标中所描述的评价内容(见表2-3),制定适合本校的评价体系。通过对上述英国体育课程学习评价的原则和评价内容的分析可以发现,其具有以下几个方面的特征:

首先,在评价理念方面,重视评价的检查与监控、反馈与交流、导向与激励等作用。尤其是注重学校与家长的交流和沟通,学校一定要向家长说明是如何进行评价的,并如实向家长反映学生在体育学习中的表现。

其次,在评价内容方面,从表2-3来看,英国中小学的体育学习评价内容是依据四个关键阶段的获得性目标概括整理而来的,它既让教师明确了各个阶段的评价重点,即评什么的问题。同时,又使评价的内容紧紧围绕着获得性目标来确定,这使得学习评价有助于促进获得性目标的达成。与我国体育学习评价基本一致,既包括体能和运动技能的评价,也包括态度、情感、合作交流、学习能力等方面的评价。评价内容不仅有利于全面评价学生的体育学习,也有助于促进学生积极学习和获得全面、健康发展。

第三,在评价方法方面,英国体育课程的学习评价倡导多样化的评价方法,如重视定性评价与定量评价、过程性和结果性评价相结合。在具体评价方式方面,强调以学生为主导的评价,综合运用同伴评价、自我评价、反馈、视频、体育日志、全班讨论和教师评价、移动技术、学生日志、图片证据、学生实际表现及教师观察等。

(二) 针对有特殊教育需要学生的体育学习评价
1. 有特殊教育需要学生体育学习评价的具体描述

根据英国教育部颁布的《特殊教育需要学生表现性等级评价》,体育课程与其他课程一样,设有8个表现性等级[1](见表2-4),并据此文件对有特殊教育需要学生的体育学习进行评价。但需要指出的是,体育学科对有特殊教育需要学生的学习评价并不是国家强制要求的,教师可以使用表现性等级评价定期向家长反馈学生的学习情况。

---

[1] Department for Education. Performance-P Scale-attainment targets for pupils with special educational needs [EB/OL]. [2017 - 07 - 22]. https://www. gov. uk/government/uploads/system/uploads/attachment_data/file/329911/Performance_-_P_Scale_-_attainment_targets_for_pupils_with_special_educational_needs. pdf.

表2-4 有特殊需要学生的体育表现性等级表

等级	标准	表现性等级
P1(i)	学生会对一些活动和体验产生抗拒	消极或抵抗 表现出简单的反射反应,如因突然的噪音或动作受到惊吓 参与活动时完全需要他人的提示
P1(ii)	学生能对活动和体验表现出意识	当他们出现警觉或准备对某些人、某些事或某些物体集中注意力时,会出现短时间的特定意识,如由简单的活动转向快速移动的分组活动 可能会表现出间歇性的反应,如会离开靠近他的人或物
P2(i)	学生开始对熟悉的人和事物做出持续的反应	对新的活动和体验做出反应,如进入户外环境时会表现出吃惊的反应 开始对人、事件和物体表现出兴趣,如给他们足球时,他们会去拍球 接受并参与互动性的探索活动,如在教师的帮助下在游泳池中走动
P2(ii)	学生在互动中变得积极主动	表达一致的喜好和情绪,如在舞蹈或动作活动中微笑 认识熟悉的人、事情和物体,如会用特殊的姿势或声音来表示已到达游泳池池边 尝试并改进自己的行为,并记得和表现出短时间内学到的动作反应,如当球不断向他们滚动时,会把球推开 在共同探索活动和支持参与性活动中能相互合作,如在指引下创新动作模式
P3(i)	学生开始有意的交流	通过眼神、姿势或行动来寻求关注 注意一些事物或活动,如会指向体育器械 在较少指导下参与共同探索活动,并保持短时间的注意力 会以越来越复杂的方式进行探索,如会用另一种器械敲击一种器械 会饶有兴趣地观察自己的行动效果,如会在泳池中用手玩水并集中注意力观察此种行为的效果 会记住更长时间内学到的动作反应,如在弹床上跳上跳下
P3(ii)	学生进行日常的沟通交流	与认识的人打招呼,可能发起交流互动或活动,如把球推向同伴或成人 可能记住更长时间内学到的动作反应,可能预知已知的事件,如音乐响起时开始运动 可能会用姿势或行动对一些选择做出反应,如能在两个活动中选择其中之一,如选择户外活动

等级	标准	表现性等级
		在更长时间内积极探索物体或事件,如在一定空间内活动并接触一些物体或障碍物 系统应用潜在的方法去解决问题,如伸出手或脚拦截移动的球
P4	学生的动作模式已建立,并能做一些简单的动作(如滚动、跑、跳或用脚踏)	对简单的命令,如"停"等做出反应 能认出熟悉的器械,如球或圈 对原因或结果表现出思考的意识,如思考九柱游戏中柱子被撞倒的原因
P5	学生能按一定的顺序把两个动作组合起来(如爬行和走路,攀爬和跳跃)	在有符号或者其他提示的情况下,可以遵循简单的指令 探索各种动作并表现出一定的空间意识,理解一些基本概念(如在活动中大步和小步,或把大球和小球放在不同的篮子中),能与同伴或在小组中进行轮换 认识器械,并根据需要收集器械,可以躺着的垫子或者是可以跳进去的圆圈
P6	在别人的指导下,学生能参与两人或多人一组的合作活动	使用不同的运动形式(如快的或慢的),在帮助下使用简单的顺序组合动作 认识大型或小型器械,在使用器械时具备基本的控制能力。可以踢球或投球,但缺乏方向性
P7	学生能通过重复简单的动作模式来表达自己,控制与协调能力得到发展(如能把球踢向目标物或者把球扔给同伴)	听从指令,并对停下和开始等指令表现出一定的准确性 能在两人、三人或多人小组中紧密合作 分享并等待自己的轮次 意识到自己身体在活动时的变化
P8	学生运动时的控制力与协调性进一步发展(如能在一些攀爬设施上面或下面活动)	跟随和模仿动作中的序列和模式 安全地使用小型和大型设备 知道空间、自己和他人 可以玩简单的游戏,但在记分和遵守游戏规则方面可能需要帮助 认识到身体在活动时发生的变化

2. 对有特殊教育需要学生体育学习评价的分析

从表2-4可以看出,等级1到等级3的标准具有普适性,是对所有学科的统一描述,通过列举体育学习中的具体表现,以方便教师根据学生在体育学习中的表现进行评判。经过分析可知,等级 1 到等级 3 关注的是有特殊教育需要学生在活动中的反应和交流互动,而等级 4 到等级 8 描述了有特殊教育需要学生在体育学习中的具体评价标准。在评价内容上,主要关注动作概念、动作组合、器械识别与运用、运动规则、参与活动时的身体变化等。

采用三个等级的普适性评价并结合五个等级的体育学科评价的形式,有助于实现对不同学习需要学生的评价。对于无法完成体育学习的学生,可以根据等级 1 到等级 3 中具体描述的学生表现来判定其所处的等级水平。对于可以参与体育学习的学生,则可根据等级 4 到等级 8 中的表现来确定其等级水平。总之,详细的等级描述可以满足教师对不同教育需要学生体育学习的评价。

第三章

法国国家体育与运动课程纲要解读

　　法国与中国在中小学的学制上略有差异,法国的小学阶段为 5 年,初中阶段为 4 年,高中阶段为 3 年。法国教育部对高中阶段的学生进行了分流,区分为普通高中、技术高中和职业高中。由于高中阶段是学生成人的重要阶段,也决定了每个学生发展的人生导向,所以在高中阶段进行积极主动的职业区分也是促进社会职业分配平衡的重要因素。普通高中和技术高中以准备升入大学或技术学院为主;职业高中以取得职业文凭为主①。在每个阶段和不同的教育层面,法国教育部都设置了层阶递进的教育方案与课程纲要。

　　体育是法国中小学阶段的重要组成学科之一。但由于在法语中,并没有中文广义层面上的"大体育"与狭义层面上的"小体育"概念的区别,而只有狭义上的体育和运动的概念。因此,本章将法国中小学有关体育课程的指导性文件翻译为"体育与运动课程纲要"(以下简称《课程纲要》)。《课程纲要》于 2005 年 4 月 23 号颁布(2005 - 30 号法令),之后进行了修订。目前法国最新的《课程纲要》于 2010 年颁布,划分为小学阶段、初中阶段与高中阶段,分别具有不同的主旨与内容体系。

　　总体而言,法国《课程纲要》既强调身心一统的理念,还蕴含着国家主义理念的渗透。法国体育史研究已印证法国

---

① La ministère d' Éducationde France Programme d'Éducation Physique et Sportive pour les Lyceesd'Enseignement General et Technologique [Z]. 2010.

现代体育教育有两大起源①：首先，法国现代体育教育受皮埃尔·德·顾拜旦力推的"现代奥林匹克运动"影响颇深。毋庸置疑，西方体育教育与古希腊竞技有着密切的关联。而自古希腊时代开始，竞技中运动技能的习得对个人德性的塑造作用已被世人所关注②。故而，强调身心一统是法国现代体育教育的一条思维主线。其次，于上世纪末开始风行的体操等竞技运动也对法国现代体育教育产生了影响。当时的体操运动颇具中国近代时期的强国强种论调，这使得"国家主义"成为法国现代体育教育的主旨。这既是对宗教势力等影响因素的抵抗，也是对"通过体育构建本土、民族乃至全球观念"这一目标的实现。正是由于身心一统的理念和国家主义的论调，使得法国的《课程纲要》具有较为明显的意识形态性。本章将对法国的《课程纲要》进行细致介绍和分析。

第一节　小学体育与运动课程纲要的介绍与分析

一、小学体育与运动课程纲要主旨

(一)《课程纲要》中主旨的具体表述

在小学阶段，《课程纲要》的主旨为："每周三个小时的体育与运动旨在发展学生的运动机能，以及促进学生身体活动、竞技活动和艺术活动的实践。通过让学生更好地了解他们的身体使之实现健康教育，通过体验可控范围内的危险使之实现安全教育。同时它也通过培养学生的社会与道德价值，如对规则、自我和他人的尊重以形成学生的责任意识与自主性。"③

"学校体育旨在促进伦理道德的教育，实现体育的人文价值。它扮演了推动年轻人参与体育的角色，让年轻人能获知'公共生活'的内涵和技能。同时它也积极参与维护学生的健康与整体身体素质。这是每个年轻人获得平等机会和成为公民的良好途径。"④

---

① 季浏.体育课程在继承的基础上改革与发展[J].体育教学,2006(4)：12-14.

② 季浏.论面向学生的中国体育与健康新课程[J].体育科学,2013,33(11)：28-36.

③ La ministère d'Éducationde France Programme d'Éducation Physique et Sportive pour les Lyceesd' Enseignement General et Technologique [Z]. 2010.

④ La ministère d'Éducationde France. Les programme de l'École Élémentaire：Le Sport à l'École Élémentaire [Z]. 2014-02.

（二）对主旨的分析

由上述小学阶段《课程纲要》的主旨可知其具有以下特征：首先，课程主旨明确提出小学生每周进行 3 个小时的体育运动，在时间层面上进行了规定，如果按照一次课 45 分钟计算，则小学阶段的课时数达到了一周 4 课时，课时量较大，显示了法国对小学生体育学习的高度重视；其次，与传统意义上主要通过体育学习来发展学生的身体机能相比，课程主旨提出还要促进学生进行身体活动、竞技活动、艺术活动和安全教育，这极大地拓宽了小学生体育学习的目的，实现了体育学习的多维价值；最后，非常强调通过体育学习实现学生在社会、道德、人文等方面的价值，这可以看出法国的《课程纲要》对文化传播与意识形态灌输的重视，即较为关注学生身心的培养。

二、小学体育与运动课程纲要内容

（一）《课程纲要》中内容的具体表述

在课程纲要主旨的要求下，法国体育与运动课程小学阶段的内容主要包括运动技能、个人和团队意识培养以及社会参与三个方面。

1. 运动技能

在小学阶段，《课程纲要》的主旨指出，要在运动技能方面促进学生发展运动机能以及身体活动、竞技活动和艺术活动的实践。为了实现主旨规定的要求，纲要主要从以下四种能力的角度提出了具体的内容要求：

第一，发展小学生的身体表现能力，主要内容包括田径和游泳运动；

第二，培养小学生对不同环境的适应能力，主要内容包括定向、攀岩、轮滑及结合当地资源的马术、滑雪、帆船、皮划艇等；

第三，培养小学生的团队协作与个人独立能力，主要内容包括双人角力游戏、持拍运动、集体运动（传统或者现代竞技）等；

第四，培养小学生的艺术、审美表达能力，主要内容包括舞蹈、体操运动、技艺活动等[①]。

针对每一种能力中的具体课程内容，课程纲要也提出了循序渐进的技能要求。比如，针对"身体表现能力"中的田径运动，对其中快速跑与耐力跑提出的内容要求见表 3-1。

---

① Hawhee，Debra. Bodily Arts：Rhetoric and Athletics in Ancient Greece ［M］. Austin：University of Texas Press，2004.

表 3-1　小学不同层次快速跑与耐力跑的内容要求

具体内容	能力发展程度		
	初级能力	中级能力	高级能力
快速跑	在指令下快速启动;保持直线行进,目光与摆臂和跑道保持水平;在给定的时间范围(8秒)内保持固定的速度	在给定的时间范围内(8—10秒)保持固定的速度或者完成固定距离(30—40米);采用恰当的起跑姿势;加速冲过终点	快速 40 米跑;学会有效快走,如 10 秒快走
耐力跑	在给定时间调整速度以避免呼吸过于急促;增大步幅;基于医疗诊断确定并实现跑步计划	在可视标记或者哨声的控制下,以规律的步伐和均匀的呼吸进行跑步,不对时间和距离进行规定;进行 15 分钟的耐力跑;调整步伐进行追逐跑;知道如何在两次练习间恢复体力(如两次 8 分钟跑)	改善步伐(如步幅和手臂/肩膀动作)以及控制呼吸节奏;调整步伐以适应同伴的节奏;坚持以一定的规律性节奏,舒缓的呼吸慢跑 8—15 分钟

　　除了快速跑与耐力跑的案例之外,针对小学阶段"身体表现能力"中的游泳运动,《课程纲要》中的内容要求也体现出了非常明显的循序渐进的要求。

　　依照《课程纲要》的安排,小学阶段的游泳项目教学主要分为三个时段,总计 5 年。第一个时段为"准备阶段",为时 1 年;第二个时段为"初级阶段",为时 2 年;第三个时段为"中级阶段",为时 2 年。其中,前三年的两个阶段主要以运动技能的培养为主要目的,后两年的"中级阶段"中贯彻社会知识学习的内容。

　　首先,从"准备阶段"到"初级阶段",强调游泳技能的培养。在游泳项目学习的"准备阶段"中,学生主要以熟悉水性、学习各种入水方式为主,其中主要包含"受助和自主情况下入水"和"水中简单动作的完成"两个阶段:在第一个入水方式学习阶段中,主要分为不同的方式入水(滑入、摔入、跳入),不同的身体部位入水(头、脚),不同的入水位置(对准水上的漂浮物跳入);在第二个水中动作学习阶段中,要求学生能循序渐进地在水中通过漂浮障碍物。在游泳项目学习的"初级阶段"中,第一年基本上是承袭了"准备阶段"的教学要点,但是提高了内容难度,如学生需要在完全自主的情况下用不同的方式、身体姿势入水和出水,并能借助水面和水下器械完成不同的水中动作。

其次,从"初级阶段"到"中级阶段",强调知识与能力并重。在"准备阶段"与"初级阶段"第一年的教学中,更多的是强调对运动技能的熟悉,而从"初级阶段"的第二年开始,《课程纲要》开始将知识与能力渗透到教学过程之中。"初级阶段"第二年与"中级阶段"的第一年和第二年有着共同的学习目标:"了解和应用在水中保持静止和前进的不同方式","能在快速游泳和长距离游泳中协调换气与划水前进",具体体现为以下技能层面上和知识层面上的要求。在技能层面上,主要包含"划水前进与换气"、"动作的串联"两个方面。在第一个方面,运动技能的掌握是循序渐进的,从保持身体在水中的平衡开始,逐渐掌握水中换气,然后结合手臂与腿部的动作形成身体前进与换气的同步进行;在第二个方面,不同的身体动作需要进行重新整合,如可以在水中滑行、同伴间接力等,并可以调整水中动作的作用和目的,如可以进行水中嬉戏和放松等。在知识层面上,《课程纲要》所强调的并非简单的文本性知识而是更偏重于能力培养的"能力之知",这一阶段主要目的是为了实现学生具备在不同环境下调整自己游泳动作的能力。在这一层面上,《课程纲要》对教学内容和教学步骤不作详细安排,只给予了一个较为宽泛和普遍性的说明,即要求学生能够认知不同的自然环境、人工环境与不同身体动作之间的关联,并能够进行适当的调整①。

2. 个人和团队意识培养

在培养个人和团队意识方面,主要以团队体育项目为主。针对团队体育项目,《课程纲要》要求小学生在课程中能够:尊重规则,认识到自己在团队中的角色(进攻、防守、裁判),与同伴配合共同对抗对手,对游戏的物质条件(游戏空间、器材、游戏者的位置)和规则(比赛管理、比赛进程和对器材的使用方法)有充分的认知,根据游戏对游戏者之间的关系有充分的认知,对游戏时的身体接触方式有充分的认知②。

《课程纲要》以手球、篮球、足球、板球和排球五项团队运动为例,具体呈现了个人和团队意识培养的能力要求(见表 3 - 2)。

---

① Hawhee, Debra. Bodily Arts: Rhetoric and Athletics in Ancient Greece [M]. Austin: University of Texas Press, 2004.

② Hawhee, Debra. Bodily Arts: Rhetoric and Athletics in Ancient Greece [M]. Austin: University of Texas Press, 2004.

表 3-2 小学个人与团队意识培养方面的内容要求

具体要求	能力发展程度		
	初级能力	中级能力	高级能力
进攻能力	1. 持球能力：传球、接球、有效控球 2. 投射能力：穿越对手，向前快速跑动 3. 得分计分能力：超越对方站位，设定移动目标，将球投进框等 4. 空间运用能力：运用比赛空间，发展侧向和纵向运动能力	1. 持球能力：将球传给未被对手紧盯的队友，摆脱对方紧盯，在运动中接球 2. 推进能力：根据赛况带球 3. 得分能力：选择合理的战术（向队友传球，运球过防守队员，运动中投篮、打门等）	
防守能力	1. 争球能力：根据一定的策略启动 2. 放缓对手的推进速度：控制持球对手，控制行进中的对手 3. 阻挡能力：控制射手的行为	抢球能力：运球，卡位的能力	

3. 社会参与

根据《课程纲要》主旨的要求，社会道德与人文价值的培育也是体育与运动课程不可或缺的一个方面。为了达成这一方面的要求，《课程纲要》主要要求小学生参与丰富多彩的活动。

（1）参与学校体育社团

正如课程的名称一样，法国是区分体育教育和运动的，所以《课程纲要》规定在小学阶段学校体育社团是学校体育教育的补充，并指出当学生愿意参加更多的体育运动时，可以在他们所在学校的体育社团进行注册。但是在小学，对于每个学校来说成立体育社团并不是必须的，它可以由学校教师、管理者，甚至家长来进行管理。它也需要充分融入学校的规划之中，共同促进学校生活的丰富多彩和帮助学生走向成功①。

在参与学校体育社团的过程中，《课程纲要》要求培养小学生三种个人德性，即责任意识、自主意识和创新意识。

（2）参与体育赛事

参与体育赛事作为学生的一项课外活动，其实是在法国教育部与各种体育运动协会的通力合作下得以实现的。每年各体育运动协会都会提供一定的机会

---

① Hawhee，Debra. Bodily Arts：Rhetoric and Athletics in Ancient Greece [M]. Austin：University of Texas Press，2004.

给中小学,使学生有机会能观摩大型体育赛事。同时,也会提供一些适合小学生的体育比赛,例如,教育部与法国马术联合会在每年的三至四月联合举办"小学校园马术"项目的比赛,往往会鼓励小学生、家长和学校教师共同参与,共同体会马术给他们带来的成功感和快乐。又如,由小学教育体育联合会与法国女子足球队联合举办的"足球小公主"项目的比赛,借此促进学生形成对足球的兴趣,体验奥林匹克主义和身为公民的价值所在。再如,由小学教育体育联合会与法国橄榄球联合会联合举办"校园橄榄球"项目的比赛,希望通过 2011 年新西兰橄榄球世界杯和 2015 年英国橄榄球世界杯培养小学生参与橄榄球兴趣,旨在促进学生的体育意识、公民社会中的社会角色意识及文化意识的形成。还有小学教育体育联合会与法国乒乓球联合会联合举办的"乒乓教育"项目的比赛,并借助2013 年巴黎世界乒乓球锦标赛的影响在学校开展乒乓球运动,旨在推广该运动,让小学生更加了解将乒乓球作为"国球"的中国①。

（3）学校体育日

《课程纲要》规定每所小学在每年九月都要举行学校体育日（又叫"感知体育"）,目的在于让学生、教师、家长以及当地体育界人士了解学校体育社团、联合会的运作,实现其更好的发展。

（二）对内容的分析

1. 三个方面的课程内容目的明确

从上述课程内容可知,小学阶段的课程内容主要包括运动技能、个人和团队意识培养和社会参与三个方面,每个方面的课程内容侧重点都不一样。比如,为了发展学生的身体机能,则主要以田径和游泳等基础性的运动项目内容为主;为了培养学生的个人和团队意识,则以常见的球类如手球、篮球、足球、板球和排球为主要内容,为了培养学生的社会参与能力,则要求学生参加学校的体育社团活动、各级各类体育赛事和学校体育日。这种目的明确的课程内容设置方式,有利于体育教师清楚地知道需要发展小学生哪些方面的能力,也形成了清晰的课程内容板块。

2. 符合小学生的身心发展特点

小学阶段是学生身体素质养成与运动技能培养的基础阶段,同时也是形成个体公民意识的重要阶段,所以《课程纲要》秉承了整体性的要求。法国体育与运动课程的内容设计是多样性的,但在能力要求上进行了相应调整,将身体对抗

---

① Hawhee, Debra. Bodily Arts: Rhetoric and Athletics in Ancient Greece [M]. Austin: University of Texas Press, 2004.

性和运动强度相应降低,这使学生既能感受到运动带来的快乐和合作的必要性,又不困于高强度与高对抗性的艰难。最后,由于小学生的组织能力受到年龄的局限,学校与家长在组织活动上需要发挥主导作用,借此培养社会需要的各种道德和社会能力。

3. 基于能力发展强调课程内容的循序渐进

从上述课程内容可知,《课程纲要》中的课程内容构建是一种典型的"以学生能力发展为中心"的价值观,而不是"学科内容为中心"的价值观。所以,课程内容始终是围绕学生的能力发展而构建的。在基于能力发展的基础上,整个课程内容强调循序渐进。除了表3-1和3-2所呈现的案例之外,小学阶段《课程纲要》中对游泳运动项目的内容要求也充分说明了这一点。由此可见,《课程纲要》在内容方面不仅以能力发展为中心,而且非常强调内容本身的衔接性,这既符合小学生身心发展的阶段性特征,也有利于学生能力的逐渐提升。

第二节　初中体育与运动课程纲要的介绍与分析

一、初中体育与运动课程纲要主旨

(一)《课程纲要》中主旨的具体表述

在初中阶段,《课程纲要》的主旨为:体育与运动课程需要所有学生都发展进行运动的必要能力;通过锻炼获得与身体活动、竞技运动和艺术活动相关的能力和知识;掌握维持运动习惯的相关知识。同时,体育与运动课程也致力于个体的发展。宽泛而言,这是与其他学科学习相关,由于生活环境的多样性,学生既需要个体性的,也需要群体性的生活经验。由此,体育与运动课程通过特定的教育形式使学生获得有关健康、安全、团结、责任和自主的能力与知识;体育与运动课程通过提供协作机会,使学生形成社会与道德价值,尤其是其中与规则相关的方面;体育与运动课程致力于形成公民教育,所以在体育与运动课程中还要求借助体育社团而让初中生获得丰富的相关经验。同时,体育社团也能培养学生深入探究与发现的能力[①]。

---

① Delheye, Pascal. Making Sport History: Disciplines, Identities and the Historiography of Sport [M]. London and New York: Routledge, 2014: 35-37.

(二) 对主旨的分析

初中阶段的《课程纲要》是对小学阶段《课程纲要》的延续和发展，在延续方面，运动技能、健康意识和社会道德等方面的培养得以加强；在发展方面，各种能力都得到了较为明显的细化和分类，强调个体能力和意识的发展。与之相对应，实现的手段也得到了进一步丰富，在学校课程基础上还要求学生在课余时间组建体育社团，促进初中生形成公民意识，即强调深度的社会参与。

二、初中体育与运动课程纲要内容

(一)《课程纲要》中内容的具体表述

初中阶段的课程内容主要由运动技能形成、社会方法论与个人德性培养[①]两个板块组成。

1. 运动技能形成

初中阶段，《课程纲要》在运动技能方面主要要求通过内容的学习实现以下四种能力：首先，在限定时间内实现最大程度身体能力的表现，具体体现为在给定的时间和空间范围内，在不同的地理环境内，在不同的标准和规范下，通过个人的努力以最大程度地发挥自身潜力；其次，对多种、变化的环境的调整和适应能力，具体体现为根据环境（自然环境或熟悉的环境）和已知条件，在安全的前提下进行调整和适应的能力；再次，在艺术和体操活动中实现身体表现能力，具体体现为根据一定的程序和规则，形成在公众和评委面前表现的勇气、感知、形成和掌控表现的能力；最后，形成和掌握个体间对抗和集体对抗的能力，具体表现为在对手、队友、裁判三者之间的关系框架中，呈现出做出决定、获取相关信息、实施有效行为的能力，并最终获得胜利[②]。

与小学阶段相比，《课程纲要》在初中阶段更加明确地提出了对运动技能方面的要求。在运动技能发展要求的基础上，注重实现相关的个人情意表现和不同性质的运动项目的逐渐拓展。下面以竞技体操和游泳项目为例，说明运动技

---

① 本处所言的"社会方法论"与小学阶段的"社会参与"意思相近，"个人德行"与"品德、道德"的意思相近。也就是说，小学、初中和高中不同学段的表述有所区别，为了尊重法文原文，本书尽量按照原文翻译。

② Delheye，Pascal. Making Sport History：Disciplines，Identities and the Historiography of Sport [M]. London and New York：Routledge，2014：35 - 37.

能在具体项目中的横向拓展①(见表3-3)。

表3-3　初中竞技体操和游泳中运动技能形成的横向拓展要求

项目	具体水平②	
	水平一	水平二
竞技体操	在安全措施下,在操练过程中体验多重乐趣,整体性地展现、掌握、整合体操中的一些基本元素,如体操动作中最为基础的从"旋转"到"翻转"动作	在安全措施下,感知、展现一系列体操基本动作,如"展臂、旋转和翻转"动作 根据一定的程序对身体表现进行评价
耐力游	全身浸没在水中保持6分钟,尽量能将身体水平俯在水面,脊柱保持放松与平衡,呼吸平和顺畅	按照指令将全身浸没在水中游25米。原则上尽量能以自由泳的方式形成拐弯,增大游泳摆臂的幅度
速度游	全身浸没在水中保持6分钟,尽量形成自由泳的方式,保持身体在水中的平衡和直线行进	按照指令将全身浸没在水中以两种泳姿游50米,同时保持腰腹部放松。能以放松的方式进行潜泳,水中拐弯时原则上尽量能以自由泳的方式进行,保持游泳摆臂幅度的规律性

从表3-3中有关竞技体操两个水平层次的分析中可见,相对于小学阶段,《课程纲要》在初中阶段对运动技能表现质量的提高并没有太明显的要求,但在内容上进行了拓展,增加了动作的丰富性、成套性,同时要求学生在参与课程的同时能逐渐形成评价的能力。此外,将游泳项目分成了耐力游和速度游,从水平一到水平二也是逐渐拓展开去。

2. 社会方法论与个人德性培养

在社会方法论与个人德性培养方面,其内容区分了正常学生和残障学生。针对正常学生,主要通过社会方法论的培养来促进初中生个人德性的发展;针对残障学生,主要通过教育学干预来进行。

（1）社会方法论:培养正常学生的个人德性

在初中阶段,针对正常学生,《课程纲要》对个人德性的要求已与小学阶段有

---

① Delheye, Pascal. Making Sport History: Disciplines, Identities and the Historiography of Sport [M]. London and New York: Routledge, 2014: 35 - 37.
② 法国体育与运动课程纲要的初中阶段与高中阶段在水平安排上属于同一体系。其中,初中阶段对应水平一与水平二,高中阶段则对应水平三、水平四与水平五。

明显的不同,形成了具体的德性要求,并要求在体育与运动课程中得到明确体现,主要以社会方法论的形式进行呈现,具体包含以下四种社会方法论:

第一种,通过对规则的尊重实现个人与他人和环境之间的关联。

第二种,通过组织和管理体育活动及参与不同角色来形成与发展个人的社会角色和社会责任感。其中包括:如何融入集体、如何使用与安排材料、如何收集信息、如何开展团队工作与训练。

第三种,在体育活动中形成个人认同或集体认同,对行为条件的鉴别,以成败结果对运动过程进行评估和开展下一步行动,进行理性和逻辑的推理,培养欣赏行为,发展坚韧不拔的精神。

第四种,通过对体育资源的管理与参与,了解如何热身、如何全力以赴、如何发现危险、如何发挥个人潜力、如何形成恰当的判断、如何控制自己的情感、如何欣赏运动中的身体、如何掌握健康原则和生活卫生学,从而实现自我认识、自行准备和自我保护①。

实际上,在初中阶段通过社会方法论对学生个人德性进行培养并不是凭空进行,仍然需要借助具体运动项目的课程内容来实现。比如,在篮球运动中,《课程纲要》就对培养学生社会方法论的要求进行了具体呈现(见表3-4)。

表3-4　通过篮球运动体现学生社会方法论方面的要求

项目	具体水平	
	水平一	水平二
篮球	在一个规定的比赛过程中,通过选择适当的动作来得分,其中包括进行过人和传球将球带入规定的场区,同时还需要在不互相接触的情况下,面对一个防守队员完成上述动作	在一个规定的比赛过程中,通过选择适当的行为来得分,其中包括能在适当的情况下进行快速运球,或者组织初步的进攻过程 按照比赛要求设计游戏计划 对比赛过程进行观察,培养裁判能力

(2) 教育学干预: 对残障学生的关注

相对于小学阶段与高中阶段,初中阶段《课程纲要》的一大特色是对残障学生的关注,即进行"教育学干预",这也为残障学生能够积极融入社会、形成健全的人格提供了条件。主要强调以下三点:

一是,为那些进入初中,但是由于身体残障等各方面原因无法参加正常体育

---

① Delheye, Pascal. *Making Sport History: Disciplines, Identities and the Historiography of Sport* [M]. London and New York: Routledge, 2014: 35 - 37.

课的学生而安排特定的课程和教学。

二是，对学生进行增强感觉功能以及强化肌肉力量、心肺功能、放松能力、柔韧性和平衡能力的训练。

三是，引导学生进行有确定目标的练习，发展和保持体力，以便学生能在特定的教学过程（水平三）中完成肌肉与力量练习，从而实现教育学干预的目标[①]。

（二）对内容的分析

1. 强调与小学阶段在内容方面的衔接

初中阶段是学生身体素质、运动技能、认知能力和社会适应能力进一步发展的阶段。相比小学阶段，初中生参与体育与运动课程的主动性和自发性都有了进一步的提高，但尚处于不成熟阶段，仍需学校和教师在课程与活动层面上的安排和指导。《课程纲要》特别强调在课程内容、教学方式和活动安排上与小学阶段的衔接性，突出内容的丰富性，并不加深难度。

2. 根据初中生的能力发展特点进行分层

与小学阶段能力发展导向的课程内容设置一样，初中阶段仍然以能力发展为中心来设置课程内容。由于初中生正处于身体发育的迅猛时期，身体能力发展较快，因此《课程纲要》将初中生分成水平一和水平二两个阶段。在不同的阶段，根据能力的要求提出了不同运动项目的学习要求，注重对运动技能内容上的横向拓展。比如，在初中的竞技体操中，初中阶段的水平二与水平一相比，不仅增加了动作的丰富性、成套性，同时要求学生在参与课程的同时能逐渐形成评价的能力。此外，初中阶段的游泳教学也鲜明地体现了这一特点。

3. 强调通过具体的运动项目来培养学生的个人德性

《课程纲要》对学生个人德性方面的要求体现在：一是与运动技能方面的能力要求一致，注重对内容进行横向拓展而非纵向加深。其内容较为广泛，如个人与集体的认同、推理与分析、欣赏与审美、健康与自我保护等诸多方面。二是强调通过团体项目来发展学生的个人德性，提高学生的社会适应能力，这一思想一直贯彻于《课程纲要》之中，并且是建立在具体运动项目学练的基础上才得以实现的。比如，基于篮球基本技能和战术的学练，加上队友、对方队员和裁判等因素，就会使学生学会尊重规则，增强与周围人配合和对各种行为的判断能力。再

[①] Delheye，Pascal. Making Sport History：Disciplines，Identities and the Historiography of Sport [M]. London and New York：Routledge，2014：35 - 37.

如,游泳运动也在初中不同水平提出了具体的个人德性培养要求,在耐力游和速度游的水平一中,要求学生尊重安全和卫生的规则,能够担当一个观察者角色;在水平二中,要求学生能基于泳姿指定、推进和展开学习计划,基于团队角色,来确定每个人的职能,如发令和计时。

4. 关注残障学生的社会融入

残障学生的体育教育是国际体育教育领域的一个关注焦点,其背后体现了融合的理念和对学生的特殊人文关怀。但在很多时候,残障学生被视为"非正常人",他们被人为地贴上了"另类标签",几乎没有权利体验正常的体育课,这对他们的身心发展造成了极大的伤害[①]。残障学生是一个很重要的群体,《课程纲要》在初中阶段非常注重残障学生的社会融入,这是因为残障学生在运动技能的拓展方面受到了极大的限制,而在《课程纲要》中通过提出专门的身体锻炼活动和技能要求,很大程度上是为了让他们能更好地实现心理素质与社会适应能力的提升,同时也是为了增加非残障学生对社会弱势群体的关注。

第三节　高中体育与运动课程纲要的介绍与分析

一、高中体育与运动课程纲要主旨

(一)《课程纲要》中主旨的具体表述

由于法国在大学阶段不再开设公共体育课,所以在高中阶段,体育与运动课程对小学和初中阶段的各方面内容和要求都进行了整体性的融合和提高,在《课程纲要》的主旨中便得到了明确体现:通过学校式锻炼、思考型锻炼、适应性锻炼,体能的、竞技的、艺术的多种活动以及传统与当代的文化形式,体育与运动将有助于每个学生的成长与完善。体育与运动让学生面对规则、风俗习惯,遵从如何在公共生活下体现独立意志和符合法兰西共和国的价值取向,并在以下两个方面呈现:第一,社会层面上对周围人的尊重,对规则遵从,形成团队中的协作;第二,个人层面上形成顽强拼搏、坚持不懈、自我超越的品质,形成对不同文化、不同种族和不同社会背景的尊重。与之相称,体育与运动在人际关系间构建了

---

① Winnick J. P. History of Adapted Physical Education: Priorities in Professional Preparation [J]. Adapted Physical Education, 1986(3): 112-117.

一个个人化教育的空间①。

（二）对主旨的分析

从高中阶段《课程纲要》的主旨可知，无论是在运动技能，还是社会适应能力和社会德性培养方面，都是对小学阶段和初中阶段的整合与提高，致力于形成整体性的融合。在运动技能培养层次，小学阶段的要求虽然简单，但是已然奠定了多元化、社会化发展的基调：小学阶段的运动技能主要以发展基本动作技能为核心，以一般身体活动、竞技活动和艺术活动为载体；在初中阶段，《课程纲要》沿袭了小学阶段丰富性的特点，锻炼、竞技与艺术同样是运动技能形成的载体，也渗入了终身体育、维持运动习惯的思想和要求；在高中阶段，运动技能的习得方式更加丰富和深刻，如思考性运动与适应性锻炼行为，而实现形式则增加了具有传统与当代文化特色的活动。

与运动技能层面的培养要求相区别，高中阶段《课程纲要》对个人的社会适应能力和德性层面的培养所提的要求更为丰富，比重更大。在个人德性培养层次中，呈现出从简单到多元的发展趋势：在小学阶段，社会适应能力、社会责任感与个人自主意识是要求实现的个人德性；在初中阶段，小学阶段的个人德性内容得以强化和拓展，在安全习惯、个人与集体之间关系的处理、公民意识培养等方面的要求更加深入；在高中阶段，《课程纲要》在个人德性的培养层面逐渐进行了国家意识形态的渗透，同时又致力于实现规则意识、合作意识、拼搏意识和个人主义价值。

在《课程纲要》的主旨中还潜在地对体育与运动课程教学的场所提出了要求，即课堂教学与课外练习是并行不悖与不可缺失的。尤其在实现组织、合作等个人德性方面，课外的社团活动则显得更为重要和关键。

二、高中体育与运动课程纲要内容

（一）《课程纲要》中内容的具体表述

与初中阶段一样，高中《课程纲要》的内容主要包括运动技能形成、社会方法论与个人德性培养两个板块的内容。

1. 运动技能形成

高中阶段的运动技能形成是在《课程纲要》主旨引导下形成明确的目标统

---

① La ministère d'Éducationde France. Les programme de l'ÉcoleÉlémentaire：Le Sport à l'ÉcoleÉlémentaire［Z］. 2014-02.

领,且有着较为细致的区分。根据主旨中对运动技能锻炼和培养的要求,《课程纲要》将其具体为某项运动技能实现目标:

首先,促发学生形成提高运动机能、有效表达和追求成功的能力:体育与运动课程引导学生积极参与到学习过程中,能清醒地认识到自己的运动水平、身体条件及其不利因素。在此基础上,发展运动能力、丰富运动机能、对自身体能做出合理分配,在多种锻炼方式的情境下实现成功。本课程旨在实现学生个人的均衡发展和自我实现①。

在上述目标的统领下,《课程纲要》提出了高中阶段运动技能的五项能力要求:

- 在规定时间的范围内实现可测的最大运动机能表现能力;
- 在多变和不确定环境中的适应能力;
- 为参与艺术和技艺活动提供身体准备能力;
- 增强个体性或集体性对抗能力;
- 不断发展个人身体活动的能力②。

根据上述五项能力,《课程纲要》从身体活动类、竞技类和艺术类三大类运动的角度,提出了高中阶段体育与运动课程整个过程的组织和对学生的内容学习要求。比如,在高中阶段第一项运动技能"在规定时间范围内实现可测的最大运动机能表现能力"中,"掷铁饼"和"游泳"项目就从水平三、水平四和水平五三个层次对高中生提出了循序渐进的要求(见表3-5)。

表3-5　高中掷铁饼和游泳中运动技能形成的要求

具体内容	具体水平		
	水平三	水平四	水平五
掷铁饼	为了体现最佳表现,尽力准备,做足安全预案,实现一个稳定的投掷过程;通过加速旋转的过程以获得铁饼出手时的加速度和飞行轨迹	为了在规定次数的尝试中体现最佳表现,在身体转向的过程中实现身体向前挺转和整体动作的协同配合,以提高转体的有效性,由此提高身体旋转的速度	为了在规定次数的尝试中能形成和保持最佳的表现,进行自主练习,提高旋转发力的速度和向前挺转的有效性

---

① La ministère d' Éducationde France. Les programme de l'ÉcoleÉlémentaire: Le Sport à l'ÉcoleÉlémentaire [Z]. 2014 - 02.

② La ministère d' Éducationde France. Les programme de l'ÉcoleÉlémentaire: Le Sport à l'ÉcoleÉlémentaire [Z]. 2014 - 02.

具体内容	具体水平		
	水平三	水平四	水平五
耐力游	为了形成最佳表现,能自行准备并能进行长距离游泳,注意体力的合理分配,在保证速度的前提下延长距离	为了形成最佳表现,能进行自行准备,注意体力的合理分配,主要采用自由泳,形成相适应的水中呼吸,最后能在保证速度的前提下延长距离	为了形成最佳表现,能自行准备,注意体力的合理分配,用自由泳泳姿在保证速度的前提下延长距离
速度游	为了形成最佳表现,能自行准备并在保证自由泳泳姿的情况下进行呼吸	为了形成最佳表现,能进行自行准备,以合理的转体动作进行快速游泳	掌握其他四种泳姿,并能学会在游泳后进行体力恢复

2. 社会方法论与个人德性培养

与初中阶段一样,高中体育与运动课程强调个人德性的培养主要通过三种社会方法论而体现出来。《课程纲要》明确指出,以个人德性培养为目的的社会方法论与方法、态度和思维密切相关,旨在让学生形成如何理解、如何为人处世的能力。这三种社会方法论的具体体现为:

第一,运动时保持清醒的头脑:能在运动前努力进行准备,了解身体的极限,了解和控制危险的发生,预防运动创伤,正确评估身体活动的效果,进行正确的恢复行为等。

第二,尊重集体生活中的规则及承担其中的不同角色:判断与评价能力、互助与合作能力、观察与欣赏能力、训练能力等。

第三,了解并能运用有效行为的不同方法:观察、定义、分析、评估得与失、构思计划的能力[①]。

与初中一样,上述三种社会方法论的具体落实仍然需要通过具体的运动项目来实现。比如,在高中阶段的游泳项目中,除了表3-5中的耐力游和速度游用来发展身体运动技能之外,还增加了游泳救生,旨在通过落实高中阶段社会方法论的要求而发展学生的个人德性(见表3-6)。

---

① La ministère d'Éducationde France. Les programme de l'ÉcoleÉlémentaire：Le Sport à l'ÉcoleÉlémentaire [Z]. 2014-02.

表 3-6　通过游泳救生来发展高中学生的个人德性

具体内容	具体水平		
	水平三	水平四	水平五
游泳救生	学生能够认知与游泳动作直接相关的身体部位,并能根据自身条件灵活掌握转换速度游、耐力游,认识到游泳的本质所在	学生能够认知不同的个人运动行为能达到不同的效果,能预估和实现不同游泳姿势所带来的不同效果	学生不仅能认知不同的个人运动行为,还能认知到不同的运动背景(如竞赛、训练和健身)为自身带来的效果,能够感受和安排个人游泳训练计划

(二) 对内容的分析

1. 高中阶段注重运动技能内容的纵向拓展

与初中阶段《课程纲要》对运动技能横向拓展的要求不同,高中阶段《课程纲要》中规定的运动项目虽然与初中阶段大同小异,但是在运动技能方面却体现了更为深入的要求。从表 3-5 可知,在高中阶段,《课程纲要》要求在教学过程中更加强调动作技能之间的联系和运动技能的整体配合性,同时强调培养学生自主练习的能力。比如,与初中阶段和小学阶段相比,高中阶段的游泳教学更为注重学生运动技能的专项化及知识与能力层面上的增进,了解和掌握进行游泳训练的方法和思路,同时转变小学阶段和初中阶段进行普及性的运动技能学习思路,以不同游泳方式(如耐力游、速度游)或游泳救生等提高学生对游泳运动的认知,实现坚韧品性的培养。

如果将小学、初中和高中三个阶段进行整体比较,发现在运动技能的内容要求方面具有两大特点:一是从小学阶段、初中阶段到高中阶段,《课程纲要》对运动技能本身的要求呈现出从简单到复杂的特性,且三者实现的方式有所差异,呈现出从活动内容拓展到技能内容的横向拓展再到技能内容纵向拓展的特点。在小学阶段,运动技能的要求比较宽泛,其习得过程在很大程度上是与具体的活动相结合,而不形成体系化的课程,在运动技能的要求上也不十分明显。而在中学阶段,初中阶段与高中阶段虽处于一个整体体系之中,但是运动技能的提高方式得到了较为细致的区分,且在课程体系中体现为环环相扣、有机联系,如在初中阶段更加强调学生获得某项身体活动中的多种运动技能,而高中则是在此基础上不再更多增加运动技能的种类,而是深化对运动技能的要求。二是在运动技能培养的过程中,非常强调个人的参与程度,而且从小学阶段到中学阶段,要求学生实现从参与态度到参与能力的转变和提高。比如,小学阶段在各项能力的要求中并不强调运动技能在学习过程中的巨大转变,而更多地要求学生能在与各项能力相匹配的具体活动中形成积极参与的态势;在中学阶段虽然不再将学生需要参与的活动进行较为明确的规定,但是却体现了更为明显的指向性,旨在培养学生更强的参与能力,其中包含了运动技能、参与方式等诸多方面。

2. 高中在个人德性培养方面注重与社会的关联

由于《课程纲要》初中阶段与高中阶段构成了一个统一的体系,两者整合可以发现,中学阶段的《课程纲要》对个人德性方面的具体要求不仅仅是我们寻常理解的道德品质方面的提升,而是集中在知识、能力和态度三个维度上:在知识维度上,要求学生能了解和掌握体育运动中的规则及其特定的术语结构;在能力维度上,要求学生能在具体、特定的环境中运用学习过的知识与技能,形成一种行为层面上的能力之知;在态度维度上,作为一种"行为的倾向"、对人际关系的思维方式,要求学生形成价值观念、心智增强、自信心提高等价值观层面上能力之知[①]。

由于高中阶段学生的年龄特征与毕业后去向,因此他们会更多地去面对具体的社会现实,所以相对于小学阶段更注重将个人德性的培养与具体的活动相关联,而中学阶段尤其是高中阶段更倾向于将个人德性与学生日后的社会生活习惯的培养相关联,更偏重于社会合作、社会领导和个人生活方式培养等方面,从而形成具体的社会方法论。

从小学、初中和高中阶段个人德性培养的总体上来看,发现《课程纲要》将自主性与社会责任并举,要求学生在适应社会的基础上实现个人德性的塑造。这点主要体现在《课程纲要》将学生的规范意识、群体意识的培养看作是实现个人意识、个人自主性乃至自我实现的基础。《课程纲要》对学生培养的最高目标是成就一个适应社会、掌握社会生存方法、具备个体德性的人,这在很大程度上是一种服务社会观念的导向。

---

① La ministère d'Éducationde France. Les programme de l'ÉcoleÉlémentaire: Le Sport à l'ÉcoleÉlémentaire [Z]. 2014 - 02.

第四章

德国萨克森州体育课程标准解读

　　德国是世界上最早设立国民教育系统的国家之一,其教育体系的演变对整个西方近代教育的发展起到了重要的推动作用。当今德国中小学教育体系主要分为第一级教育层级和第二级教育层级(包括第二级初阶和第二级进阶),为 12 年制免费教育(过去为 13 年制)。第一级教育层级(即小学阶段)一般是指教育体制开始的前四年,这个阶段的最大特点是不使用功利化的分数来评价孩子的成就,而在学校体育方面,其特点主要体现在鼓励学生参与运动并培养他们的学习兴趣。第二级教育层级(即中学阶段①)中的初阶可称为中级阶段,主要分为文理中学初阶、实科中学、普通中学。第二级进阶也可称为高级阶段,分为文理中学和职业学校。一般来说,成绩最好的学生往往会就读于文理中学初阶,此后便自动进入文理中学就读,总共学习八至九年。在文理中学,学生可以依据其爱好与未来发展方向自由选择学习的课程与重点科目,并以此为进入大学学习做准备;成绩相对较次的学生则会进入实科中学,进行大约五至六年的学习②③;成绩

---

① 由于德国并未将初中和高中明确地分开,而是采用第二级初阶与第二级进阶相衔接的方式,即相当于初中和高中。因此,本章也按照德国的实际情况针对整个中学阶段进行解读。

② Freistaat Sachsen Staatsministerium für Kultus. Handreichung zur Leistungsermittlung und Leistungsbewertung im Schulsport [M]. Die Handreichung Sport,2005.

③ 佚名. 德国的教育制度.[EB/OL].[2017 - 07 - 26]. http://www. liuxueroad. com/Article/ShowArticle. asp? ArticleID = 528.

更次的学生则会进入五年制的普通中学与三年制的职业学校就读,总共学习八年。职业学校是为了培养更加符合各种工作领域中专业需求的学生而设立的学校。在职业学校中,主要开设宗教学、德语、地理、历史、音乐、工艺、经济学、英文、数学、理化、生物和体育等课程,且学生们所学的课程内容一般较为简单①。

德国由于各邦(1990 年 10 月 3 日前)长期的自由体制,在学校体育上也存在很多的差异,故德国从 2004 年 9 月开始陆续制定新的国家课程纲要,这些课程纲要对数学、德语、英语、法语等核心课程设定了新的课程标准。在体育课程方面,通过构建统一课程纲要,德国的体育教学水平逐渐提升,在欧洲处于领先地位,并逐步形成多姿多彩的学校体育教学思想②③。虽然如此,德国仍没有设置统一的体育课程标准,取而代之的是放权给各州,各州可以根据其体育教育实际情况制定课程标准。在这一政策导向下,萨克森州以其相对其他州来说较为完备的教育体系,受到了各方的瞩目,自 2007 年起该州在德国全境教育质量排名中持续位居第一④⑤。在体育课程标准的制定与实施方面,萨克森州在德国具有很强的代表性,因此,本章将以德国萨克森州于 2009 年颁布的《中小学体育课程标准》(以下简称《课程标准》)为对象,对其第一级教育层级(即小学阶段)和第二级教育层级中的文理中学初阶和文理中学(即中学阶段)的体育课程标准逐一介绍和分析。

第一节　小学体育课程标准的介绍与分析

一、小学体育课程的目标、任务和发展导向

(一) 小学体育课程的目标和任务
1.《课程标准》中课程目标和任务的具体表述

小学体育教育是儿童青少年全面发展中必不可少的一部分,学校体育教学为他们提供了体育运动与体育学习的场所。随着德国青少年生活条件的不断改

---

① Günter Stibbe. Standards und Kompetenzen für den Sportunterricht [M]. EDucation Physique ET Sportive,2009.

② Grusing S. Movement Culture and Movement Education [M]. Schorndorf:Hofmann,1993.

③ Grusing S. Movement-cultural self-education instead of Ability to Act in sports [M]. Schorndorf: Hofmann,1997.

④ Freistaat Sachsen Staatsministerium für Kultus. Handreichung zur Leistungsermittlung und Leistungsbewertung im Schulsport [M]. Die Handreichung Sport,2005.

⑤ 刘丽丽.德国基础教育的课程改革[J]. 比较教育研究,2005,26(7):23 - 26.

善,家长对于孩子体能培养的意识也在不断提高。在这一意识的导向下,德国小学体育课程主要致力于培养儿童积极的自我概念并倡导健康的生活方式。同时,也确定了发展技能、自主运动、理解运动这三大主要课程目标和任务。

(1)目标和任务一:发展技能

发展技能有助于儿童运动的种类更具多样性和丰富性。通过有针对性的选择,使儿童找到并确定自己专属的运动方式,并把竞技和体育作为自己一种积极的生活方式,由此来发挥体育活动对儿童自我决定能力形成的作用。

(2)目标和任务二:自主运动

在发展儿童运动技能的同时,促使他们进行自主运动是《课程标准》的另一个重要目标和任务。德国萨克森州的《课程标准》倡导在儿童的个人发展过程中鼓励他们自主参与运动,在保证体育运动多样性的前提下让儿童有兴趣地进行体育活动。同时,给予他们足够的自由权,去设计属于自己的体育计划(即为自己量身定制合适的运动、娱乐和体育活动),促使学生积极发挥自主性和进行自我探究,并在体育运动中展示体育文化的内涵。

(3)目标和任务三:理解运动

理解运动是指小学生能够通过不同的主题活动来掌握运动技能。主题活动的范围包括学校日常体育教育和竞技项目的教育,这些活动的内容多样且可以灵活的变动。其目的是鼓励学生更多地参与到运动中,并帮助他们体会运动的乐趣[①]。

2. 对课程目标和任务的分析

德国萨克森州的《课程标准》将发展技能、自主运动、理解运动作为小学体育课程的目标和任务,不仅注重学生体能水平的提高,更重视学生自主锻炼能力、团队合作能力、分析和解决问题能力的培养。这有利于学生在体育习惯初步养成的时期便形成正确的运动方式和习惯,同时也可以通过运动来形成更好的生活习惯与各种能力。

首先,从发展技能来看,体育课程能促进儿童运动技能的发展,运动技能的发展需要本体感受器、中枢神经系统等组织系统的参与,同时体育活动能增强儿童的自我决定能力。因此,在德国萨克森州的整个小学体育课程中,发展技能是重要的目标之一。

其次,从自主运动来看,儿童的发展是以自身为主体与周围的环境相互作用

---

① Günter Stibbe. Standards und Kompetenzen für den Sportunterricht [M]. EDucation Physique ET Sportive,2009.

的过程,自主运动的环境鼓励儿童自主、自立地选择尝试,有利于儿童的自主发展。同时,在自主运动的环境下,儿童可以充分表现自我、自由交往、协作创新,使儿童的运动兴趣得以激发,自我价值得以体现,交往技能得以培养。在推广自主教育的大环境下,体育课将视为一个整体,其中的每一个要素都应该均衡考虑。为了提高儿童的体育学习效果,儿童自身的自主性便是关键的因素之一。

第三,从理解运动来看,目前德国学校体育教育、竞技项目的开展以及体育文化的传播都被严格的测试所限制,各类主题活动原有的灵活性及多样性都不能很好地实现。如果能适当地放宽一些限制,让儿童在拥有一定运动技能的前提下自主选择并完善适合自己的主题活动方式,这不仅能够加深儿童对运动的理解,而且还能为儿童提供更多的自主发展机会。若在制定规则时因为一味地担忧运动中存在的风险而过于严格限制,很有可能会对小学生的运动产生错误导向①。

总的来说,德国萨克森州小学体育课程的三个目标和任务相互联系、相互影响,它们主要聚焦在学生的运动习惯培养方面,通过促进学生自主参与运动,发展学生的运动技能,从而增加学生对运动的理解。

(二) 小学体育课程发展导向

1.《课程标准》中发展导向的具体表述

由于基础设施条件和接受教育的对象存在较大的差异,不同运动项目的目标也存在较大的差别。在发展技能、自主运动、理解运动这三大主要目标和任务的基础上,德国小学体育课程体现出以下五个导向。

(1) 以健康感知为导向

一般来说,环境的改变会对儿童的身心造成影响,并妨碍他们的感官知觉,因此,对学校提出了健康感知的要求。首先,在体育领域中,以促进儿童健康为目的,进一步加强健康教育的引导;其次,在学校体育教育和竞技项目教学的整个过程中,有着多样化的特征,足以支撑整个学习过程,这一特征有助于保持学生对体育运动的高度兴趣,从而提高学生的运动能力,促进学生的身体健康,使其不断适应社会环境并积极发展自我概念②。

这一导向重点在于让学生了解体育运动对健康的重要性,使他们能够尽量

---

① Becher E. On the Education potency of Physical Education [M]. Schorndorf: Hofmann, 1997.
② Günter Stibbe. Standards und Kompetenzen für den Sportunterricht [M]. EDucation Physique ET Sportive, 2009.

有效地完成体育活动。该导向可以通过专业领域的三个关键点来实现：

① 对身体信号的正确理解和采取适当行动

在每次运动后，让学生学会感知身体的不同反应，并感受由此带来的心理状态的变化；引导学生通过对比以往不同的运动经验以及感知身体细微的变化来认知自己运动后的身体信号，并在学生了解自身身体信号含义后，教授相应的处理方法，为下一次更好的运动打下基础。

② 保持和增强生理机能

保持和增强生理机能主要是强调教授儿童健身锻炼的方法，使其了解各项运动对生理机能的影响，从而探索适合自身有效的运动方式。

③ 科学运动和运动损伤评估

引导学生正确了解和评价运动相关的损伤风险，增加其对错误运动所产生的不良后果的认识，并且帮助他们识别自身的身体极限并了解如何避免风险，这有助于学生放松和减轻运动的压力[1][2]。

（2）以能力和成绩为导向

在学习能力方面，学生应该通过努力不断提高体育锻炼和训练中的表现。为实现这一要求，应当关注以下两个方面：

① 了解和提高个人技能

学生应当确立适合个人的目标，在一定时间内结合自身能力，通过学习和练习提升体育成绩。此外，有必要了解体育锻炼和训练的基本原则，尽可能将其独立应用，并表现出参与锻炼的充分意愿。

② 评估自身表现和对待他人的表现

在了解自身成绩好坏的情况下，评价自己在体育课中是否具有满足感和自信心。即使对自身体育测评的成绩不满意，也能够享受在其他方面所取得的效果，并能够以平常心来欣赏他人优异的表现和成就[3]。

（3）以冒险运动行为为导向

冒险运动的特殊魅力就在于成功与失败之间的紧张感、好奇心和恐惧感。许多儿童和年轻人渴望尝试冒险运动，是为了增加快感、刺激和经验。儿童青少年在

---

[1] Freistaat Sachsen Staatsministerium für Kultus. Handreichung zur Leistungsermittlung und Leistungsbewertung im Schulsport [M]. Die Handreichung Sport，2005.

[2] Balz Z, Neumann P. To what Extent shall sports in schools be Education? In Quest of Didactical solutions [M]. Schorndorf：Hofmann，1997.

[3] Freistaat Sachsen Staatsministerium für Kultus. Handreichung zur Leistungsermittlung und Leistungsbewertung im Schulsport [M]. Die Handreichung Sport，2005.

某些情况下,可能希望通过具有一定冒险的体育运动来证明自己。学校体育教育应在避免风险发生的前提下,使学生认识运动的难度和风险,并作出适当的评估。

① 评估自身的能力和发现不足,并采取适当的行动

学生可以通过充分认识自己的技能水平和能力,来预测自身在参加各类运动中可能发生的情况。即使遇到困难,他们也需要学会面对恐惧,避免鲁莽和傲慢的行为。

② 识别和避免可能发生的危害,评估风险并采取措施

学生只有充分了解各项运动的基本设施及设备,并对一些特殊运动(如水上运动、冬季运动、登山运动等)的必要知识有一定的认识,才能更好地评估各种运动的风险状况和可能存在的危害,并采取相应的安全措施。

③ 因地制宜地参与体育运动

因地制宜是学生参与体育运动的一大准则。在认识到自然环境局限性的情况下,学生需要根据自身情况和外在环境做出独立判断,能够利用自然环境,合理地安排体育运动,以防伤害事故和危险的发生。

(4) 以社会和综合运动行为为导向

参与体育运动对学生的社会适应有很大的帮助。通过将学生配对,以小组的形式进行体育运动,能为他们的交流、讨论和合作提供机会,这将对学生们的社会交往和行动(如采取诸多约定和协议以及合作和相互理解等)产生积极的影响。学校体育教育、竞技运动实际上是一种独特的学习方式,通过该方式进行社会互动,能为学生们的社会发展起到引导性作用[①]。

儿童青少年应该认识和理解社会和综合运动行为,这对于成功的体育教学和学生日常参与社会活动非常重要。这一导向主要关注以下几点:

① 遵从、变更和塑造规则

学生要熟悉运动项目的基本规则,了解遵守规则的重要性;认识到需要根据外界条件的变化改变规则,并通过规则意识的形成,了解规则的可变性。此外,有必要与学生就规则方面的问题进行商讨,使他们认识到违规所应受到的处罚,并让他们描述不同规则的适用范围。

② 交流与合作

在体育学习时,无论是在合作还是竞争的情况下,参与各方都应该共同应对所发生的冲突,要使他们认识到每个人参与的重要性。在充满胜负的体育比赛

---

① Hummel A. Physical-sportive Fundamental Education—still Topical? [M]. Schorndorf: Hofmann, 1997.

中,强烈的情感冲突更易被引发,这就需要培养学生交流、合作和解决冲突的能力。

③ 不同的角色定位

要培养学生在体育运动中扮演不同角色的能力。通过体育课的教学,使学生能够完成自己的任务,并扮演好多种角色(如热身指导、比赛组织、裁判、教练等),积累完成不同角色的任务所需要的经验。

④ 承担对自己和他人的责任

让学生学会感知生活中的各种差异(如男孩与女孩的性别差异、个体差异以及个人利益的差异等),并通过各种差异的感知来学会承担责任及面对各种差异的方法。学生需要找到满足自身的期望和需求与尊重他人、珍惜同伴之间的平衡,并与他人共同学习①。

(5) 以竞技运动行为为导向

竞技运动对儿童青少年的个人发展至关重要。竞技运动的特点是紧张、结果不可预知、矛盾但存在规律性,这些特点使得竞技运动更具吸引力。在体育课中教授竞技运动的目的是培养学生通过自身的创造和探索来扮演独立角色的能力,让学生通过经历紧张与快乐、胜利与失败、合作与竞争、封闭与开放、和谐与冲突等过程,体现出个人性格。从这个意义上来说,竞技运动不完全是严肃、公平、刺激、和解和愉快的,它对于其他人来说可能是不公平的、无聊的、冲突的和可耻的,并且具有排他性②。这对体育教学提出了很高的要求:教师必须在体育课上进行有效的组织和管理,使所有学生都具有奉献精神,提高个人参与度,避免冲突,对于不公平的现象要及时予以解决。在竞技运动中,个人的能力发挥主要在以下三个方面得以体现:

① 对竞技运动的认知

拥有不同竞技理念和体力水平的学生需要参与不同种类的体育运动。在参与运动之前,他们要熟悉某项运动的基本知识、技能和战术要求;在运动过程中,他们需要在一个可以观察到比赛情况和过程的位置对比赛的情况进行分析(如控球时间、个别球员的犯规频率等);在运动后,他们需要反思自己在竞赛中遇到的不公平行为及其产生的原因,并能与同伴讨论比赛过程中的相关问题。

---

① 安德利亚斯·科赛尔等. 玩的艺术——德国中小学体育课练习及游戏[M]. 丁鹏,译. 北京:北京体育大学出版社,2001.

② Jens-Uwe Böhme. Leistungsbewertung im Sportunterricht Grundsätze und Anregungen für die Schulpraxis [M]. Landesinstitut für schulqualität und Lehrerbildung,2012.

② 寻找机会并负责任地使用场地

学生要找到合适的地点和环境,如学校、游乐园和其他可以使用的区域来进行运动。当场地条件受到限制时,学生需要学会变通,可以尝试改变运动内容和形式,在保证低风险的前提下,让运动项目去适应不同的环境条件;也可以鼓励学生在校园生活中与其他同学进行合作,组织开展竞赛活动(如校际锦标赛、运动日等)。

③ 竞技、发明和创造性

让学生学会在简单或复杂的运动中进行协商(如分组、游戏室、角色扮演等),设置合理的竞赛规则,正视并解决比赛中出现的矛盾。学生需要知道竞技运动的结构和类型、竞赛规则,并评估自己的能力,凭借此来发明能够使同伴顺利适应的体育竞赛,使他们共同获得充满刺激的竞技体验。这一能力的培养还能使学生在不同的应急情况中找到可替代的方案。

2. 对小学体育课程发展导向的分析

在三大目标和任务的基础上,《课程标准》突出了健康感知、能力和成绩、冒险运动行为、社会和综合运动行为、竞技运动行为这五大方面的课程发展导向。实际上,此处所言的课程导向可以理解为小学体育课程所具有的价值和意义。通过分析小学体育课程的发展导向,发现其非常注重突出"社会化"教育的理念,并渗透到了课程导向的方方面面。其中最有代表性的便是"以能力和成绩为导向"和"以社会和综合运动行为为导向"两个方面。

(1)"社会化"教育在"以能力和成绩为导向"中的渗透

该导向不仅要求学生了解和提高个人技能,而且还需要学生在运动过程中和运动结束后客观地评估自身表现和对待他人的表现。抛开成绩的束缚,培养学生在体育课中的满足感和自信心是小学体育课程的重要追求。即使学生对自身体育测评的成绩不满意,也能够享受在运动过程中的其他方面所取得的成绩和收获,并能够以平常心来欣赏他人优异的表现和成就[1][2]。这样的课程导向对于培养学生以一颗平常心面对成绩,并毫无芥蒂地接受他人的成功有着很好的引导作用。

(2)"社会化"教育在"以社会和综合运动行为为导向"中的渗透

该导向关注学生对规则的遵从和变更、与同伴的交流与合作、在运动中不同

---

① Proh R. A review of literature in German on sport pedagogy [J]. International Journal of Physical Education,1999,27(2):53 - 67.

② Hummel A. Physical-sportive Fundamental Education — still Topical? [M]. Schorndorf:Hofmann,1997.

的角色定位以及承担对自己和他人的责任。通过将学生配对,以小组的形式进行体育运动,为他们的交流、讨论和合作提供机会,这将对学生们的社会交往和行动产生重要的积极影响。而在传统的体育教学过程中,学生所学习与进行的运动往往由教师和学校所规定,很少有机会自主地决定和选择真正适合自己的项目。但《课程标准》则强调通过给予学生足够的自由权利去设计属于自己的学习计划,创造机会将学生配对或以小组形式进行活动,并引导学生在理解运动的基础上,根据不同的环境和条件来设计并完成主题活动。这样的引导能够使学生在单纯的运动方式学习之外,逐渐感受在社会团体生活中所必要的品质,为学生的社会化打下良好的基础。

二、小学体育课程内容

《课程标准》将小学体育课程的具体内容划分为七大运动领域,然后基于七大运动领域提出了相应的课程计划和内容实施要求。

(一) 小学体育课程内容

1.《课程标准》中课程内容的具体表述

《课程标准》将小学体育课程内容划分为七大运动领域,分别为跑、跳、投掷运动项目;水上运动项目;伴器械或在器械上的运动项目;形体塑造、舞蹈、表演运动项目;在特定的规则范围内进行的比赛类运动项目;摔跤、扭打、对抗类项目;在滚动或滑动的器械上的运动项目。每个运动领域所涉及的内容广泛,结构复杂[①]。

(1) 运动领域一:跑、跳、投掷运动项目

跑、跳和投掷属于人类的基本运动能力,它不仅是日常生活和各类运动的动作基础,而且在室外等大自然中,儿童青少年通过跑、跳和投掷还能获得印象深刻的运动经历。田径运动中的跑、跳和投掷特别考验一个人身体协调和条件反射的能力。这一类课程的内容主要包括耐力跑、跳高或跳远、撑竿跳、转身投、投准和推送等。具体而言,该运动领域的具体内容主要包括以下四个方面[②]:

● 跑:包括奔跑(耐力跑)、查找和奔跑(定向越野)、快跑、梯度跑、越过或绕

---

① Günter Stibbe. Standards und Kompetenzen für den Sportunterricht [M]. EDucation Physique ET Sportive,2009.

② Buck,A.,Geissel,B. The education ideal of the democratic citizen in Germany:Challenges and changing trends [J]. Education,Citizenship and Social Justice,2009,4(3):225-243.

障碍跑、节奏跑、变换跑、耐力走（行走）等。

● 跳：包括跳高或跳远、多级跳、撑竿跳、往上或往下跳、有助跑和无助跑跳等。

● 投掷：包括直投、转身投、扔高、投远和推送、投准和推送、运用不同器材开展的投掷和挺举等。

● 比赛：包括跑步比赛、追捕比赛和投掷比赛等田径运动比赛。

（2）运动领域二：水上运动项目

水上运动项目主要是在天然、人工或半人工修筑的水上运动场地所进行的具有安全性、操作性的项目。具体的课程内容主要包括水上救援、自由泳、仰泳、蛙泳、花样游泳、跳水、水中体操、水中慢跑、户外水上活动及水中运动比赛等。

（3）运动领域三：伴器械或在器械上的运动项目

伴器械或在器械上的运动是依靠器械或借助器械上的助力、阻力来进行的运动。利用伴器械或在器械上的重量、杠杆作用、惯性力量和器械的依托来增强肌力，扩大关节运动幅度，发展动作协调性。具体内容主要包括平衡、攀爬和登山、支撑和手倒立、跳跃和空中动作、荡秋千和摆动、旋转、转身、筋斗等。通过教学，使学生熟练掌握不同器械的正确使用方式，安全地进行悬挂和双手交替向前移动（双杠、单杠等）的动作。

（4）运动领域四：形体塑造、舞蹈、表演运动项目

这类运动项目的教学重点在于通过身体表演的美感来展现个人与集体的运动能力以及节奏与音乐配合一致的综合运动能力。具体的课程内容主要包括标准化的体操和舞蹈形式，如伴奏体操、交际舞、民族舞、爵士舞、Hip-Hop、有氧舞步等。一般通过单个动作到动作组合再结合戏剧等具有特色的方式进行动作的教学，如杂技表演、杂技艺术等，这一类运动通常以两人或小组形式组织学生进行学习。

（5）运动领域五：在特定的规则范围内进行的比赛类运动项目

在特定的规则范围内进行的比赛类运动项目通常被称为"小比赛"（如追捕和面对面对抗的球类比赛），"小比赛"可分为竞技比赛、投掷比赛、回击比赛、终点区和击打球类比赛等。竞技比赛指那些将射门进球作为目的的比赛，例如足球、曲棍球等；投掷比赛指手球、篮球/街球、水球、荷兰式篮球等；回击比赛指排球/沙滩排球、乒乓球、羽毛球等；终点区和击打球类比赛指橄榄球、棒球等。通过该类运动的学习，期望学生能够获得一种普遍但专业的比赛能力（需要根据学生在课程中实际的学习情况，从上面各比赛项目中选择，可以选择一项也可以选择多项），引导学生参与比赛、熟悉规则，使学生顺利地完成每场比赛，并具有社

会适应能力(如沟通和协作能力)以及应对不同的目标设定、规则、状况的能力。

（6）运动领域六：摔跤、扭打、对抗类运动项目

摔跤、扭打和对抗指与对手进行公平、公正、负责任的力量角逐。该类运动的特征是参与者能够获得特殊的身体体验，主要是指对个人力量的考验、直接的身体接触、自我感觉、与对手身体接触的感觉。此类运动过程中最需要考虑的因素是控制个人情绪、遵守规则以及不伤害对方的身体。具体课程内容包括摔跤、扭打、无直接身体接触的对抗比赛（如拔河）、有身体接触的对抗比赛（如地面对抗、坐式对抗），以及站立的（如拉锯战）到标准组合的对抗比赛（如柔道、摔跤、击剑）。

（7）运动领域七：借助辅助器械的运动项目

该领域的重点在于提高学生的平衡能力和控制能力。在教学过程中可以带领学生在滚动或有轮的器械上向前运动，或在有滑行辅助器械的雪上和冰上进行运动，或在水上借助向前运动辅助器械进行运动。该类运动对于不同的速度和环境情况，需要掌握不同的控制平衡的方式和能力。这些运动体验可以通过加快运动节奏，保持一定的运动时长或者是加强对周围自然环境刺激的感知加以提高。该类运动的具体课程内容包括三个方面：一是在滚动或有轮的器械上的运动，包括滑滑板/脚踏板、单排轮滑、自行车等；二是在雪上和冰上的有滑行辅助器械的运动，包括滑冰、滑雪板、长距离滑雪等；三是借助水上辅助器械向前的运动，包括赛艇、划船、冲浪、帆船、水上滑板等①②。

2. 对课程内容的分析

通过分析，可将七大运动领域归类为四种类型，即基本型、技巧型、外力结合型和对抗型。

（1）基本型：主要是指运动领域一的跑、跳、投掷运动项目。该领域运动项目作为人类的基本运动能力，是进行日常运动与活动的基础。其内容主要根据四项基本能力进行设计和选择，课程的内容主要为一些基本的身体活动方法，包括耐力跑、跳高或跳远、撑竿跳、转身投、投准和推送等，这为培养小学生的基本身体活动能力奠定了基础。

（2）技巧型：主要是指运动领域二和四，包括水上运动项目，形体塑造、舞蹈、表演运动项目。这两类项目是在跑、跳、投掷运动项目的基础上进行设计，再

---

① Freistaat Sachsen Staatsministerium für Kultus. Handreichung zur Leistungsermittlung und Leistungsbewertung im Schulsport [M]. Die Handreichung Sport，2005.

② Günter Stibbe. Standards und Kompetenzen für den Sportunterricht [M]. EDucation Physique ET Sportive，2009.

融合技巧类动作而形成的运动领域。其中水上运动项目主要是在天然、人工或半人工修筑的水上运动场地所进行的具有安全性、操作性的项目;舞蹈类课程内容主要包括标准化的体操和舞蹈形式,如伴奏体操、交际舞、民族舞、爵士舞、Hip-Hop、有氧舞步等。

（3）外力结合型:主要是指运动领域三和七,包括伴器械或在器械上的运动项目与借助辅助器械的运动项目。这两类项目在前两类的基础上借助器械,即外力,进行运动与拓展,是充分结合了人类自身的运动基础以及外界因素而形成的运动领域。旨在依靠器械或借助器械上的助力、阻力来进行的运动;利用伴器械或在器械上的重量、杠杆作用、惯性力量和器械的依托来增强肌力,扩大关节运动幅度,发展动作协调性,同时提高学生的平衡能力和控制能力。

（4）对抗型:主要是指运动领域五和六,是在特定的规则范围内进行的比赛类运动以及摔跤、扭打、对抗类的运动项目。这两类项目与前几类多有重叠,但强调设置特定规则并进行比赛,相比基本的运动类型更具有竞技性。通过此领域课程内容的学习,期望学生能够获得一种普遍但专业的比赛能力,同时提升社会适应能力。

（二）小学体育课程计划

1.《课程标准》中课程计划的具体表述

根据小学体育课程的七大运动领域,《课程标准》制定了相应的课程计划,从而为体育教师在每个年级开展具体的教学提供参照(见表4-1①)。

表4-1　小学体育课程计划参照表

年级 运动领域	周期一	周期二		
	4 年级	3 年级	2 年级	1 年级
跑、跳、投掷运动项目	☐	☐	☐	☐
水上运动项目	☐	☐	☐	☐
伴器械或在器械上的运动项目	☐	☐	☐	☐
形体塑造、舞蹈、表演运动项目	⟺	☐	☐	☐

---

① Freistaat Sachsen Staatsministerium für Kultus. Handreichung zur Leistungsermittlung und Leistungsbewertung im Schulsport [M]. Die Handreichung Sport, 2005.

运动领域＼年级	周期一	周期二		
	4 年级	3 年级	2 年级	1 年级
摔跤、扭打、对抗类运动项目	☐	☐	☐	☐
在特定的规则范围内进行的比赛类运动项目	☐	☐	☐	☐
借助辅助器械的运动项目	☐	☐	☐	☐
运动领域汇总	☐	☐	☐	☐

备注：实线格(☐)表示最少选择一个(选修)。

虚线格(☐)表示可能的课程安排(必修)。

带箭头的格(◁☐▷)表示至少必选一个学习周期的课程计划。

针对课程计划,《课程标准》做了几点说明：一是每个年级都有规定性的运动领域(即指必修的内容),也有非规定性的运动领域(即指选修的内容)；二是由于各个学校具体的教学计划制定需要考虑自身条件,需要经过完整的规划才能得以实施,因此不同的学校在具体的课程计划方面有很大的差异；三是各个学校在制定课程计划时,应该综合考虑课程的整体发展和课程质量,同时要体现出内容的个性化、组织性和与时俱进。

2. 对课程计划的分析

虽然各个运动领域内容广泛、结构复杂,但是各自目标明确、目的清楚。因此,德国萨克森州在制定小学各运动领域的体育课程计划时,以各运动领域的目标为基本原则,以年级差异为参照,制定了有效的课程计划,有利于帮助体育教师做好前期的教学规划与教学设计。此外,德国萨克森州的体育课程计划还别具匠心,为小学生提供了必修与选修的多重选择。这样灵活的课程设置既保证了学生们能够得到基本而有效的体育锻炼,也为其提供了更多的运动选择,不仅可以满足学生们通过体育学习实现强健体魄和身心健康的基本要求,而且还充分考虑到学生们的广泛兴趣,为其提供了更多的机会,有利于充分发掘学生们的学习潜力。

(三) 小学体育课程内容的教学实施

1.《课程标准》中课程内容的教学实施的具体表述

结合小学阶段的七大运动领域,以及相应的课程计划,《课程标准》还提出了小学阶段体育课程内容的教学实施重点,具体包括运动能力基本测试、课程的技术内容、综合运用、基础知识和社会行为。下面以田径运动、表演和表演形式、体操、高级舞蹈四项课程内容为具体案例,呈现小学阶段3—4年级的教学实施内容①(见表4-2、表4-3、表4-4和表4-5)。

表4-2 田径运动课程内容的教学实施

教学重点	3 年级	4 年级
运动能力基本测试	三级跳 掷实心球 30 秒跳绳 攀爬 9 分钟跑	急行跳远 掷实心球 吊环 30 秒跳绳 跳板 9 分钟跑
课程技术内容	蹲起技术: 　小腿负重 　手臂负重 　立定跳远 　从后往前重心转移 　后腿与地板接触	跳跃技术: 　短距离助跑(3—5 步) 　高抬腿 　腿部力量
综合运用	30—50 米跳跃练习 12 分钟跑 跳远 掷实心球 五项全能	50 米跳 15 分钟跑 跳远 原地掷实心球 跳高 十项全能
基础知识	热身原则 运动服的选取 ABC 跑 简单运动标记 竞赛规则 以口头和书面形式完成作业 (工作表、装饰画、文件夹、拼贴画等) 准备活动、成绩预估和合作	

---

① Freistaat Sachsen Staatsministerium für Kultus. Handreichung zur Leistungsermittlung und Leistungsbewertung im Schulsport [M]. Die Handreichung Sport,2005.

教学重点	3 年级	4 年级
社会行为	自我和他人改正 尊重他人成绩 自我成绩评估	

表 4-3　表演和表演形式课程内容的教学实施

教学重点	3 年级	4 年级
运动能力基本测试	球类反应测试 球类杂技(持 4—6 球) 持球跑(持 4 球) 立定跳远 屈腿腾越	弯道跑 球类杂技(持 8—10 球) 球类反应测试 投掷-传球-力量 9 分钟跑
课程技术内容	**静止水平投掷:** 　精确投掷 　分步投掷 　回弹 　前臂推动 　手环球 　球高齐腰、侧身 　持球	**运动投掷:** 　精确直接的传球 　分步投掷 　带球回转的手势 　带球 　换手 　腰部回弹 　身体持球
综合运用	在复杂的组合中,简化规则完成表演	在复杂的组合中,按照规则完成表演
基础知识	简单的技术标准 了解规则及公平公正的知识 仲裁 安全防护 体育器械运输的建议 准备活动、成绩预估	
社会行为	自我和他人改正 尊重他人成绩 自我成绩评估 掌控表演角色并符合自己的行为 关于胜利与失败的交流	

表 4-4　体操课程内容的教学实施

教学重点	3 年级	4 年级
运动能力基本测试	坐位体前屈 俯卧撑	斜坡练习 引体向上（斜的） 攀登 俯卧撑 吊环
课程技术内容	**前滚翻：** 　手着地 　圆又直的翻滚路线 　保持不倒下的站立 **后滚翻：** 　直翻滚路线 　手着地（正确姿势） 　没有膝盖冲撞（脚放好） **单杠跳栏：** 　身体绷紧 　手臂交叉	**蹲坐倒立：** 　手和头呈三角 　掌握平衡（3 秒） **臀部转：** 　使用支架 　握住器械将交叉的腿慢慢靠 　近支架（正握）
综合运用	**转跳蹲：** 　双腿起跳 　支撑阶段（手位-身体高/臀 　部高） 　负载（方向） **跳箱的练习结合：** 　从弯曲到直身 　跑步姿势 　伸展（选择后补充运动）	**分腿跳：** 　双脚起跳 　较短的利用双脚的支撑时间 　着陆 　地面的练习结合 　单杠或平衡木的练习结合
基础知识	运动描述、简单技术的标志 遵循安全守则 体操器械运输 一定的帮助与安全措施 小测验 准备活动、成绩预估和合作	
社会行为	展示成绩 团队/两人相互合作 通过正确的帮助与安全措施防止事故 器械的正确使用 自我和他人纠正	

表 4 - 5　高级舞蹈课程内容的教学实施

教学重点	3 年级	4 年级
运动能力基本测试	30 秒跳绳 引体向上 攀爬	30 秒跳绳 引体向上 攀爬 俯卧撑 凳上转体
课程技术内容	走、跑、跳(知道节奏) 跳绳(两种不同的技术)	有氧的四个基本步伐(如长凳步、双步触碰、V 字步)
综合运用	不含/包含体操器械的练习结合(16—32 拍)或在简单的舞蹈形式中的节奏能力	有器械体操和音乐的练习结合(32 拍) 现代舞的节奏或 32 拍的有氧运动
基础知识	运动描述 不同形式的运动和练习 连接组合	
社会行为	在个人、搭档、团队练习中的展示 积极协作和实施个人想法 自我和他人修正 团队合作能力 在评价过程中执行相应的标准	

2. 对课程内容的教学实施的分析

针对小学体育课程内容,《课程标准》提出了课程内容的教学实施重点,这对于体育教师实施具体的教学具有较好的参考价值。

首先,在教学之前要对学生的运动能力进行基本测试,主要是考察学生的体能和基本运动能力,是比较基础的考核标准,这为体育教师有针对性地实施教学提供了信息;其次,提出了相应的课程技术内容,主要包括该项目的特定技术动作和要求;再次,提出在实施过程中要强调综合运用,避免碎片化和单个知识的教学,提高学生综合运用所学知识的能力;第四,在学习运动技术的同时,也兼顾基础理论知识的学习、多种形式的作业以及准备活动、成绩预估等内容。此外,在实施过程中还强调培养学生的社会行为,主要考察学生在运动中的人际交往能力、团队合作能力、自我评价能力等。

三、小学体育课程评价

评价既是对学生体育学习能力和学习成绩做出判断的过程，也是对体育教师的教学能力和教学效果进行评价的过程。教学效果既包括学生所掌握的体育知识、技能、技术等认知和技能领域，也包括学生的体育学习态度、习惯、兴趣、意志、品德及个性发展等情感领域。对体育教师进行教学评价时，不仅要对教师的素养和教学技能进行评价，也要对教学的各个环节，尤其是课堂教学质量进行评价[①]。针对评价，《课程标准》提出了三个方面的内容，即评价内容、评价建议、评价原则和意义。

（一）小学体育课程评价内容
1. 《课程标准》中课程评价内容的具体表述
德国萨克森州的小学体育课程评价内容包括基本知识与技能、社会参与、个人表现三个方面。评价的分数高低不仅仅用来确定学生是否达到知识及技能掌握的目标，还要用来评价学生在运动中的合作能力和学习态度，从而多角度地评价学生的体育学习情况。

（1）基本知识与技能的评价

基本知识与技能的评价是指对运动成绩和运用策略能力进行评价。其中，运动成绩评价由运动能力基本测试结果、技术掌握能力和运动进步状况决定；运用策略能力评价则包含在各项体育运动中的运动能力（例如在竞赛情况下所展现的表现能力与身体能力）和掌握并运用所学运动知识的能力（例如运动时所表现出的专业知识）。每个学校的评价过程都应当公开透明，并具有可比性。这就要求每位体育教师对自己所评出的分数负责，并根据学生完成任务的程度将学生的分数分为 A－F 六个等级，具体的评分标准见表 4－6，所有学生都可以比较容易地拿到 C 以上的评分，但如果要获得更高级别的评价，则需要学生付出更多的努力。

---

① Schall，Janice Joan. Rhythm and art in Germany ［D］. Austin：The University of Texas at Austin，1989.

表4-6 小学生体育学习基本知识与技能的评价标准

评分等级	总评	评分的补充解释	具 体 描 述
A	非常好	很好的掌握	圆满完成设置的任务,并达到所设定的学习目标和标准
B	好	掌握	很好地完成设置的任务和目标,但在完成过程中呈现出一些不足
C	令人满意		在粗糙的形式或随意的状态下,基本上完成了预先设置好的任务和目标
D	不及格	接近掌握	不能圆满完成任务,并在完成过程中出现了严重的失误
E	糟糕	掌握不足	尝试完成任务但在完成过程中失败
F	非常糟糕		拒绝完成设置的任务和目标

（2）社会参与的评价

社会参与的评价是指对学生社会交际的表现进行评价。其中,学生的团体协作能力、沟通能力、冲突管理能力以及与他人的交往能力都是影响评分的关键。教师将从学生的公平竞争观念、责任意识、宽容和尊重他人的能力、承认错误的勇气等方面进行评判。

在对学生的社会参与进行评价时,应该遵循参考标准来进行打分,以客观评定学生在每学期的进步。评定标准由最高分值决定,其他同学的分值则由最高分值的前三名来决定。教师之间允许存在平均误差值,但不同教师的分数误差须保持在同一水平范围内。

（3）个人表现的评价

个人表现方面的评价是指对体育课堂的参与程度、个人投入程度和个人进步增幅进行评价。在体育课程的参与程度上,学生的学习态度尤为重要。学生需要采取积极的学习态度,全身心投入课堂学习中,才会充分领会教师所教的技能。因此,学习态度是教师评价学生成绩的重要方面。考虑到各个方面的先后次序,学生的个人表现评价通常采取加权平均的方法来计算[1]。

此外,还需要针对每个学生的个人情况调整体育成绩,这需要学生在学期末

---

[1] Günter Stibbe. Standards und Kompetenzen für den Sportunterricht [M]. EDucation Physique ET Sportive,2009.

填写自评表①(见表 4-7 和表 4-8),这不仅能帮助学生加深自我认识,而且能为教师的评价提供参考。

表 4-7　体育运动日志(自评表)

姓名:　　　　日期:

1. 列出你应该可以改进的体育运动项目。
2. 列出你觉得必须特别提高的体育运动项目。
3. 说出你记忆最深刻的一次成绩进步,并尝试对其加以说明。

表 4-8　自我评价档案:协作/竞赛(社会尺度)

姓名:　　　　日期:

作为学生,我对自身参与的体育运动情况做出以下评价:

☺ ☺ ☺ 为非常满意;☺ ☺ 为满意;☺ 不是很满意

从协作/竞赛的角度出发	☺ ☺ ☺	☺ ☺	☺	评价
我的团队意识				
我的协作意愿				
我在班级竞赛中的角色定位				
我在体育运动时的协作能力				
帮助较弱的同学所付出的努力				
在比赛中付出努力的情况				

2. 对课程评价内容的分析

德国萨克森州小学体育课程评价包括基本知识与技能、社会参与、个人表现

----

① Freistaat Sachsen Staatsministerium für Kulus. Handreichung zur Leistungsermittlung und Leistungsbewertung im Schulsport [M]. Die Handreichung Sport,2005.

三个方面的评价,评价的分数高低不仅仅用来确定学生是否完成知识和技能目标,还用来评价学生在运动中的合作能力和学习态度。这一评价体系比较全面,有利于对学生的各方面进行客观评价,并帮助他们养成正确的运动习惯。对教师而言,良好的评价体系能够使他们得到更精准的课堂教学反馈,使教学更具针对性,更高效[1]。除了基本知识与技能、社会参与两个方面的评价之外,尤其值得注意的是针对学生个人表现的评价,强调学生在团队协作意识、团队角色定位方面的自我评价。这有利于学生在团队合作过程中,有意识地进行自我定位,促使学生多进行交流,更有效地在课程中培养学生的团队意识和社会意识。此外,还强调针对每个学生的个人情况调整体育成绩,这就需要学生在学期末填写自评表,这不仅能帮助学生加深对自己体育学习的全面认识,突出体现"社会化"教育的重要性,更能为教师的评价提供参考。

(二)小学体育课程评价建议

1.《课程标准》中课程评价建议的具体表述

德国萨克森州的《课程标准》提出了体育课程评价的具体建议[2],用于指导体育教师开展评价(见表4-9)。但需要指出该评价建议不仅针对小学,同时也适用于中学。因此,本章第二节不再呈现中学体育课程的评价建议,读者如需了解,请参照小学部分。

表4-9 体育课程评价的具体建议

教学重点	学习项目评价和等级评定的建议
运动能力基本测试	1. 每个年级至少选择两个运动项目进行测试 2. 等级评定须通过客观、社会或个人的参考标准进行
运动技能	每个年级至少对一个运动技能进行检测,通过评定标准的权威进行评价
综合运用能力	每个年级至少对一项运动的综合运用能力(复杂练习或展示能力)进行评定,可通过客观、社会和个人标准评定等级

注:在《课程标准》中,针对运动能力基本测试、运动技能等提出了一些具体的评价标准,限于篇幅,本书未作进一步的介绍。

---

[1] Blair, Paul Franklin. A cross-cultural study of the attitudes of middle school students toward sport and education [D]. Twin cities: University of Minnesota, 1998.

[2] Freistaat Sachsen Staatsministerium für Kultus. Handreichung zur Leistungsermittlung und Leistungsbewertung im Schulsport [M]. Die Handreichung Sport, 2005.

2. 对课程评价建议的分析

小学是学生兴趣培养的关键阶段。在这一阶段,体育教师的目标是让孩子爱上运动,并积极地参与到团队合作中去,而不是用绝对的标准限制学生。小学是学生意志品质的形成阶段,而体育则是非常重要的手段和方法,因此需要用正确的引导方式,借助体育这一载体更好地培养孩子①。因此,德国萨克森州小学体育课程评价中针对运动能力基本测试、运动技能、综合运用能力等方面提出了评价建议,对学生综合能力的培养起到了积极的推动作用。

(三) 小学体育课程评价的原则和意义

1. 《课程标准》中课程评价原则和意义的具体表述

由于体育课程评价是从不同角度做出的多元化评估,因此,教师在评价过程中应该做到以下五点②:

- 评价内容应尽可能简略但不失充分。
- 评价结果应鼓励师生做进一步的提升。
- 评价的时间应当由师生共同决定,一般在获得最终分数之前进行。
- 评价的形式应多样化。
- 评价标准应清晰明了,可以通过口头告知或以书面形式提供。

2. 对课程评价原则和意义的分析

通过提出有关小学体育课程评价的原则和意义,可以为体育教师开展评价提供基本指导。之所以要求教师应遵守这五条原则和意义,是因为学习评价有着多种作用,它不仅是学生学习的反馈,也是学生发展的基础。对于学生而言,既可以得到对自身客观的评价,又为自主选择喜爱的运动项目及培养运动习惯等提供了帮助。对教师而言,良好的课程评价体系能够提供大量的课堂教学反馈,使教学更有针对性,更高效。因此,上述五条评价原则和意义虽然宏观,但对学生和教师都至关重要。

第二节　中学体育课程标准的介绍与分析

由于德国第二级教育层级的第二级初阶和第二级进阶教育是一贯制教育,

---

① Heinemann, K. The Situation of Sport Sociology in the Federal Republic of Germany [J]. International Review for the Sociology of Sport, 1989,3(1): 65 - 80.
② 高振发. 美国、德国体育教学模式的比较研究[J]. 南京体育学院学报: 社会科学版,2004(5): 58 - 60.

其体育教育教学属于同一体系,只是对第二级进阶的要求相对较高。本节将以德国萨克森州第二级教育层级中的文理中学初阶和文理中学(即中学阶段)的《课程标准》进行解读。

一、中学体育课程目标

中学阶段的体育课程目标包括总的目标和任务,以及针对每一种运动项目提出的具体教学目标。

(一) 中学体育课程目标和任务

1.《课程标准》中课程目标和任务的具体表述

中学体育课程目标和任务包括:发展运动能力和专项运动能力,拓宽体育学习的基础知识并掌握运动时间,运用自然科学的知识理解体育运动,深入认识运动的价值并为未来发展做好准备[①]。

2. 对课程目标和任务的分析

德国中学体育课程相比小学来说,对学生运动技能的培养提出了更高要求,在小学的基础上引入科学的练习方法,从而给学生提供更好的运动指导。在精神方面,更加重视学生对体育价值的理解以及提高学生在体育运动中必要的沟通合作能力、抗压能力和对抗能力。

首先,在运动能力和专项运动能力发展方面,德国萨克森州的中学体育课程强调教师加强对学生专项运动能力的培养,帮助学生挖掘自身的运动天赋以及确定未来的运动发展目标,并根据学生的学习基础和学习经验,设计多样化的教学手段和方法,引导学生进行运动创新体验和练习,使学生既掌握专项运动技能,又提高专项运动能力。

其次,在拓宽体育学习的基础知识并掌握运动时间方面,德国萨克森州的中学体育课程认为,运动技能练习是长久而辛苦的,学生容易产生厌恶的情绪而不能坚持下去,因此中学体育课程强调补充运动的基础知识,让学生学会自己把握体育运动的时间。此外,教师会对学生不断地进行鼓励和表扬,促进学生克服心理障碍,全身心地投入到运动中。教师还会根据不同情况,充分地理解、尊重和信任学生,创设轻松、愉悦的课堂氛围,最大限度地激发学生自主学练的积极性。

---

① Freistaat Sachsen Staatsministerium für Kultus. Handreichung zur Leistungsermittlung und Leistungsbewertung im Schulsport [M]. Die Handreichung Sport,2005.

同时,教师还会制定切实可行的目标和任务,使学生经过一段时间的刻苦学练后,能够完成目标和任务。

第三,在运用自然科学的知识理解体育运动方面,德国萨克森州中学体育课程将科学的体育理念引入到体育课堂教学之中,说明自然科学对于体育运动理解的重要性。另外,由于户外运动也是课程内容之一,教师在体育教学过程中往往会加上自然科学知识的内容,让学生在运动中体验自然,在自然中爱上运动。

第四,在深入认识运动的价值并为未来发展做定向准备方面,德国萨克森州中学体育课程的一个重要目标和任务是让学生形成积极的心态,在多样、多变的体育活动中找到自身的定位,并能够主动地制定未来的生活计划,养成独立自主的习惯。了解竞技和体育是新世纪积极生活方式中不可缺少的元素,通过运动、竞技和体育对多样性的体育活动产生兴趣,养成良好的生活方式[1][2]。

(二)中学不同体育运动项目的教学目标
1.《课程标准》中不同体育运动项目教学目标的具体表述[3][4]

(1)田径

田径的教学目标是发展学生的一般运动能力和田径专项运动能力。

(2)竞技体操

竞技体操的教学目标是"以玩代学",让学生在玩的过程中接受这项运动,在玩中学习,在学习中理解难度与美的统一。

(3)体育表演

体育表演的教学目标是发展学生的表演能力。

(4)艺术体操、有氧操和舞蹈

艺术体操、有氧操和舞蹈的教学目标是通过对学生柔韧、灵敏、弹跳等体能的学练,增强他们的力量和耐力,全面发展体能,以此来培养学生良好的身体姿态及动作节奏感、韵律感、美感和表现能力。

---

① Günter Stibbe. Standards und Kompetenzen für den Sportunterricht [M]. EDucation Physique ET Sportive,2009.

② G Si,S Rethorst,K Willimczik. Causal Attribution Perception in Sports Achievement:A Cross-Cultural Study on Attributional Concepts in Germany and China [J]. Journal of Cross-Cultural Psychology,1995,26:537-553.

③ Günter Stibbe. Standards und Kompetenzen für den Sportunterricht [M]. EDucation Physique ET Sportive,2009.

④ Schmidt W. Changed childhood — Changed world of movement:Analyses and results [J]. Sport Science,1997,27(2):143-160.

（5）双人竞技（双人对抗）

双人竞技（双人对抗）的教学目标在于增强体质，锤炼精神，并提高学生的警觉、应变能力、自信心和意志力。

（6）游泳

游泳的教学目标比较灵活，强调根据学生游泳熟练程度进行多重目标的设定，最终使学生在不同的条件下都可以熟练地完成游泳。该课程还要求学生掌握水中急救的知识，增强自我保护能力。

（7）冬季运动

冬季运动的教学目标是增强冬季运动技能及培养安全意识。

（8）健身

健身的教学目标在于学生要学会协调学习、运动、膳食、体态、健康和性格之间的关系，并且批判性地进行评价，找寻出适合自己的合理健身方法。

（9）冒险活动

冒险活动的教学目标是让学生有勇气地去探索和学习，并且在冒险过程中学会团队协作。

（10）定向越野跑

定向越野跑的教学目标在于让学生较好地展现与跑相关的运动技能，提高学生判定方向、识图用图的能力，并培养他们顽强的意志。

（11）单排轮滑

单排轮滑的教学目标在于培养学生应对特殊运动场景的能力、乐于助人的品质和责任心。

2. 对不同体育运动项目教学目标的分析

为了更好地实施高中体育课程教学，《课程标准》提出了田径，竞技体操，体育表演，艺术体操、有氧操和舞蹈，双人竞技（双人对抗），游泳，冬季运动，健身，冒险活动，定向越野跑，单排轮滑等 11 个项目的具体教学目标，进一步强调了发展学生各类运动能力的重要性。

田径作为最传统的体育项目，对于培养学生的速度、耐力、力量等至关重要。由于德国的竞技体操在很早之前就已经被引入中学课堂，才会有"以玩代学"的教学目标。一般来说，德国学校在学生 5—7 年级时更重视基本概念和组合训练的教学，在学生 8—10 年级时强调竞技体操的教学。体育表演则通过多种多样的练习、表演、竞赛形式来提升学生对体育表演的理解和综合表演的能力。艺术体操、有氧操和舞蹈等体育项目是在有节奏的音乐氛围下进行的，并伴有身体的组合动作。通过音乐，学生可以利用体操器械对不同项目进行改编进而更好地学习。艺术体操、舞蹈和有氧操的动作形式使健康形体的塑造成为可能,即兴创作促进了学生的创造性和想象力。这类项目的动作由学生自主设计和练习。5—7年级学生的主动性会体现得更加充分,而随着年龄的增长,学生们在综合性、创造性和塑造性等方面皆获得了锻炼。双人竞技(双人对抗)指的是柔道、摔跤等体育项目。柔道是一种对抗性很强的竞技运动,它强调选手对于技巧掌握的娴熟程度而非力量的角逐。它不仅是一种行之有效的自卫技能,也是一项引人入胜的体育运动。游泳课程致力于使学生在不同条件下熟练地完成游泳目标,并掌握水中急救的知识,增强自我保护能力。由于德国冬季天气寒冷,冬季运动在体育课程教学中显得尤为重要。冬季运动可以有效增强人的免疫能力,提高最大摄氧量和有氧能力,转移压力。健身课程最终目标是要学生找寻出适合自己的合理健身方法。冒险活动重视团队协作和勇敢顽强,成为德国体育教学的又一亮点。定向越野跑通常会以竞赛的方式展开,引导学生能够养成遵守规则、确定目标的运动习惯。单排轮滑作为一种新兴的比赛和运动文化形式,被学生看作是新的运动领域中一种时尚的运动。课程中会有多层次的技巧练习以及关于防护设备和其他安全措施等基础知识的教学,以便尽可能保证单排轮滑项目的安全性,避免事故。

二、中学体育课程内容

德国萨克森州中学体育课程内容主要包括田径,竞技体操,艺术体操、有氧操和舞蹈,健身,游泳,体育表演,双人竞技,冬季项目,定向越野跑,直排滑轮等[1][2]。这些项目应用较为广泛,普及率较高,每个项目都针对学生不同的能力进行培养,而且多样化的选择可以使学生对体育课程产生更为浓厚的兴趣。

(一)《课程标准》中体育课程内容的具体表述
1. 田径
田径项目主要培养学生的节奏感、转换能力、反应能力、移动能力、耐力、手臂和腿的肌肉力量等。田径的主要课程内容见表4-10。

---

① Freistaat Sachsen Staatsministerium für Kultus. Handreichung zur Leistungsermittlung und Leistungsbewertung im Schulsport [M]. Die Handreichung Sport, 2005.
② Günter Stibbe. Standards und Kompetenzen für den Sportunterricht [M]. EDucation Physique ET Sportive, 2009.

表 4－10　中学田径运动项目的主要课程内容

教学重点	中学 5—7 年级	中学 8—10 年级
运动能力基本测试	仰卧起坐、12 分钟跑、支架翻转	攀登、立定跳远、等级跑
技术内容		
跑步	站立起跑开始、接力跑、障碍跑	蹲踞式起跑、接力跑、跨栏跑
跳高	跳高技巧翻转	跳高技巧翻转
跳远	斜跳、跨步跳远	3 级跳、撑竿跳远
投掷	3 步节奏投掷技巧(如棒球)	5 步节奏的投掷技巧(如标枪)、投掷实心球技巧
撞击		撞击技巧、掷球前加速(铅球撞击)
综合运用	竞赛、耐力跑、定向越野的全能运动	竞赛、耐力跑、定向越野的全能运动
基础知识	热身规则、合适的运动服装、简单的运动标记、竞赛规则、以口头和书面形式完成作业(工作表、装饰画、文件夹、拼贴画等)	

2. 竞技体操

竞技体操项目主要是为了培养学生的配合、平衡、定位和反应等能力,同时提高学生的体能水平。除此之外,对学生熟练掌握体操技能、运动连贯性、空中体态、流畅性、安全性、时间和空间上的平衡、空间使用以及动作配合上的创造性和独特性都有一定的要求。竞技体操的主要课程内容见表 4－11。

表 4－11　中学竞技体操运动项目的主要课程内容

教学重点	5—7 年级	8—10 年级
运动能力基本测试	1 分钟跳绳、保持抓挂姿势、快速的仰卧起坐、体操台上旋转	1 分钟跳绳、引体向上、快速的仰卧起坐、爬高
技术内容		
跳马 (鞍马、双人马、跳箱、跳马)	转体屈腿腾越和横马(箱)的屈腿腾越	借助跳板,有节奏的跳跃顺序;连续的团体跳跃;个人组合训练体操;同步和非同步的音乐伴奏;眼神交流及伴随性的谈论;练习的质量;个人器械的挑选

教学重点	5—7年级	8—10年级
单杠/高低杠	膝髋摆动、概念转换的变形、臀部收回动作、屈膝跳下动作、屈膝跃起动作、支撑向下前回环、臀部跃起动作	
双杠	背腾跃(直角腾跃)、支撑后摆转体、侧腾跃、前滚翻、手倒立	
平衡木	侧越木成后撑、变换腿劈叉跳上、单腿跳上、屈膝燕式平衡	
地面项目	前滚翻、后滚翻、侧滚翻、多种形式的俯卧撑、倒立、用手倒立时突然的撒手跳跃和翻滚,以手为支撑的侧空翻	
综合运用	至少拥有一项适用于不同年龄特征器械为基础的跳跃技能(器械有多种选择);组合练习;至少有两件器械在地面的组合练习:双杠、平衡木、高低杠或单杠;至少有四种不同的体操基础技能的组合练习	组合练习的同步性和稳定性,至少两种器械的组合练习
基础知识	热身的原则、功能性运动服装、器械和技术名称、概念分类、运动标志识别、运动描述、比赛规则、安全条例、组织形式、口头和书面形式的项目检查、着眼于个人发展记录	

3. 体育表演

体育表演项目主要通过篮球、足球、手球等运动项目的学习,在音乐伴奏下,对所学的各类动作技术进行创编组合后再进行表演,在提高各类运动技能的同时,提升学生的节奏感、转换和反应能力、运动知觉的辨别能力、移动能力、耐力、手臂和腿的肌肉力量等。体育表演的课程内容见表4-12。

教学重点	中学 5—7 年级	中学 8—10 年级
运动能力基本测试	跑步测试、1 分钟跳绳、仰卧起坐（对角）、等级跑	立定跳远、登山、反应球、等级跑
技术内容		
篮球	双手传球、负荷传球、地板传球、运球、自由跑/防御、简单的虚晃、两次接触节奏、停止、扔球、定点投篮	变化节奏的运球、传球、虚晃、击地回弹接球
足球	接球、抛球、带球、自由跑/防御、简单的虚晃、头球表演、三步节奏、跳转、耍弄	接球、扔球、高脚球、回转传球、虚晃
手球	传/发球、运球、自由跑/防御、简单的虚晃、三步节奏、投掷	间接传球、手势变化的回转传球、在运动中的投掷
曲棍球/单曲棍球	击打姿势、接球、扔、传、绕过射门	顺势传球、球门线击打
综合运用	通过表演提升表演能力，在相对容易的条件下要求表演形式精确和复杂	在不同的情况下，通过表演提升表演能力，在相对容易的条件下要求表演形式精确和复杂

4. 艺术体操、有氧操和舞蹈

这类项目主要培养学生的节奏感以及平衡、反应和配合能力，特定的力量性能力，胳膊、躯干和腿部肌肉力量以及动作、音乐和节奏的配合及协调性等。主要的课程内容见表 4－13。

表 4－13　中学艺术体操、有氧操和舞蹈项目的主要课程内容

教学重点	5—7 年级	8—10 年级
运动能力基本测试	1 分钟跳绳、俯卧撑、跳跃、体前屈、体操板上的旋转	三级跳、引体向上、快速仰卧起坐、体前屈
技术内容		
徒手艺术体操技术和器械艺术体操技术	迈步方式、跳跃、站立、旋转、一种器械（球、橡胶、绳、棒）和一种器械体操技术的组合（摆动、投、平衡、回弹、翻滚、击打、跳动）	地面技术动作、传统器械动作、器械基础技能、甩带动作

教学重点	5—7 年级	8—10 年级
有氧操	基本步伐、横劈、前后劈、高低步	基本步伐的组合,前后、两边、带旋转的混合效果,Hip-Hop,有氧舞蹈
舞蹈	所选舞蹈的基本步伐,如波尔卡、小步舞、Disco、摇滚舞、Hip-Hop,快节奏的电子摇滚舞、爵士舞、现代舞	所选舞蹈的基本步伐组合;舞蹈动作的流畅性,应对能力和节奏把握能力,民族舞、国标舞、古典舞、现代舞、爵士舞
综合运用		
	必选组合(单人、双人、小组)	自选组合(双人、同步和小组练习)
艺术体操	器械使用的熟练程度或现场按照有节奏的方式进行展示,与音乐同步、不同步的动作,有创造性的表演形式	创造性地使用器械,形成多层次的动作;腾空跳跃中搭配动作的变化;徒手或器械体操中的空中动作;徒手或器械体操中基本步伐和跃步等一系列练习;多变的表演形式
有氧操	简单的一系列有手臂动作的有氧操基本步伐,由基本步伐组合的多种动作,混合效果练习	
舞蹈	简单的舞蹈,流畅性动作,合理的肢体语言	舞蹈的连续性,对舞蹈的领会,与节奏相符的动作,队形和多变的空中动作,肢体语言,团体舞、排舞

5. 双人竞技(双人对抗)项目

双人竞技(双人对抗)项目主要培养学生的平衡能力、反应能力、动作鉴别能力和方向感,同时提高发展学生的胳膊、躯干和腿部肌肉的力量,学会摔倒技术等。主要的课程内容见表 4-14。

表4-14 中学双人竞技(双人对抗)项目的主要课程内容

教学重点	5—7年级	8—10年级
运动能力基本测试	俯卧撑、快速仰卧起坐、三级跳、爬升	引体向上、体前屈、立定跳远、体操椅上旋转
技术内容		
柔道的摔技	向后倒、向左侧倒、向前倒、翻滚倒	后倒、左侧倒、右侧倒、向前倒、向前翻滚摔(在特定任务设置中)
抓握时的进攻和防守	双手抓握的基本方法、左、右自护体	双手抓握的基本方法、左、右自护体
投技	浮腰、大腰、大外落	膝车、腰车、背负投或一本背负投、出足扫、后袈裟固、横四方固、纵四方固
摔跤	进攻、腰技、腿绞、腹背锁技、转身、头-胳膊和臀-胳膊绞紧	肩技、缠腿、翻滚、不同形式的抓握
综合运用	柔道:拉锯战、站立-跪式赛 摔跤:练习性对抗赛	有着明确目标任务的双人对抗练习、摆脱被夹锁、练习性对抗
基础知识	热身原理、功能性的运动服装(主要是柔道服和柔道带)、动作标志、动作描述、专业术语、比赛规则、比赛秩序、柔道和摔跤的历史发展、安全规定、事故预防、急救、口语和书面形式的项目检查、编制结果记录(分级)	

6. 游泳

游泳项目主要是引导学生学会三种泳姿即蛙泳、仰泳、自由泳以及潜水技术和跳水技术等。主要的课程内容见表4-15。

表4-15 中学游泳项目的主要课程内容

教学重点	5—7年级	8—10年级
运动能力基本测试	1分钟跳绳、引体向上、分级跑、队列跑	三级跳、俯卧撑、爬、12分钟跑

教学重点	5—7年级	8—10年级
技术内容	一种游泳技术动作(蛙泳或仰泳或自由泳),从池边鱼跃式入水,1米或3米跳板转身或背身入水,潜水	两种游泳技术动作(蛙泳和自由泳的任意组合),示范3米跳板起跳,向前转身和背身跳以及3米跳板的跳跃动作
综合运用	选择25或50米短距离游泳或耐力性的游泳项目,一项运输性和一项急救性的游泳动作	选择50米游泳或者耐力性的游泳项目,至少两项运输性和两项急救性的游泳动作
基础知识	简单或基本的水中急救知识、动作标志、动作描述、安全规定、游泳池规则、比赛规则、游泳项目健康效应、理论检查、成绩记录、结果记录	

7. 冬季运动

冬季运动项目主要目的是培养学生的节奏感、平衡能力、动觉分辨能力、灵活性和耐力,并发展学生胳膊、躯干和腿部肌肉的力量,同时培养学生在特定场景下的技能运用能力。主要的课程内容见表4-16。

表4-16　中学冬季运动项目的主要课程内容

教学重点	初学者	较高等级者
运动能力基本测试	1分钟跳绳、俯卧撑、快速仰卧起坐、长椅上的旋转、等级跑	1分钟跳绳、引体向上、屈腿腾越、攀爬、12分钟跑
技术内容		
带助跑滑雪	行走、起跑、制动、斜步、双层推力	半滑冰鞋滑行、滑冰鞋滑行
高山滑雪	小跳,犁式、越野滑雪,平行基础跳跃	拐弯、滑雪跳跃控制
单板滑雪	基础跳跃、垂直方向的跳跃	滑板滑行、自由式入门技能
滑冰	行走和跑时双腿和单腿滑行,向左向右旋转、洋葱转、制动技术	向后滑行、奔跑、前后横渡、制动技术

教学重点	初学者	较高等级者
滑行助跑	滑雪漫步、单人比赛	速滑比赛(如定向赛、分梯度赛)
比赛形式		
高山滑雪和单板滑雪	组合跑道赛	灵活的利用长距离的障碍物跑道呈队形滑行或在斜坡进行滑道滑行
滑冰	分梯度的不同比赛形式、计时赛	分梯度比赛形式,简化形式的曲棍球,计时赛
基础知识	热身原理、功能性运动服装、符合实际的安全规定、环境规定、滑雪和滑冰事故的应对、急救、动作标志、动作描述、器械概况、器械保养维护、天气和雪崩概况、比赛规则、以口头和书面形式完成作业(工作表、装饰画、文件夹、拼贴画等)、编制结果档案	

8. 健身

健身项目主要教授学生更有针对性的训练内容,对学生的体能进行全面的综合训练。主要的课程内容见表 4 - 17。

表 4 - 17　中学健身项目的主要课程内容

教学重点	8—10 年级		
	三项健康测试	五项健康测试	十项健康测试
健康测试	蛇形跑、1 分钟跳绳、12 分钟跑或俯卧撑等	划船、跳远、30 秒快速仰卧起坐、引体向上、分等级跑或投掷力等	直线跑、标准测试、30 秒快速仰卧起坐、引体向上、直立跳、1 分钟跳绳、三级跳、吊环、投掷力或攀爬等
综合运用			
精选练习	展示与健身项目相关的注重动作质量的运动过程,注重动作的完成度,如体能和拓展训练、单方面或综合性的协作训练、双人搭档练习、编舞(以特定的肌肉群为目的,如胳膊、腹部、腿部、背部、肩部、臀部等)等		
理论/实践	按照理论相关的授课顺序进行教学,如针对不同的主题,进行热身、耐力、灵敏性、健康的脊背、协调性、膳食、体检、休息、健康发展等方面的学习		

教学重点	8—10 年级
计划/塑造	制定个人的练习计划并加以实践(肩胛骨、腹部、下背部、腿部、耐力、平衡、比赛等)
基础知识	深入了解热身、耐力、灵活性、协调性、健康的身体基础、膳食、健康检查、放松、健康发展、运动标志等相关内容;熟知每一个动作相应的练习描述;训练方法、训练法规、训练计划的制定;适当的媒体使用;实施健康的测试规定,将测试结果的分析和测试结果呈现在运动过程中,形成有利于健康的身体支持;课堂可以留有口头或书面形式的作业(工作表、张贴画、文件夹、拼贴画),并编制结果档案

9. 定向越野跑

定向越野跑项目主要教授学生在特定场地内的定向技能(地图和指南针的使用)和跑步技巧。主要的课程内容见表 4 – 18。

表 4 – 18　中学定向越野跑项目的主要课程内容

教学重点	初学者	较高水平者
技术内容	在不同场地的跑步技巧(上下山、短跑),找到并独立确定站位地点	在有或无障碍的不同场地的跑步技巧(上山和下山、短跑),跑步的坡度,找到并独立确定站位地点
综合运用	健身房、学校场地、得分定向跑、道路定向跑	得分定向跑,提高难度等级的道路定向跑(增加位置的数量和距离长度,改变跑步路段的地形),记忆定向跑,等高线定向跑
基础知识	热身原理、功能性运动服装、对身体耐力性和负重能力的认知、地图标志、比例尺、地图类型、指南针、场地类型、等距离、步数、比赛规则、比赛裁判工作、安全规定、使用定位辅助性工具、口头和书面形式的项目检查、画道路和场地草图、受伤的风险、急救、环境规则	

10. 直排滑轮

直排滑轮项目主要教授学生基本的直排滑轮的技巧并学会综合的运用。主要的课程内容见表 4 – 19。

表 4–19　中学直排滑轮项目的主要课程内容

教学重点	初学者	较高等级者
技术内容	基础技巧、坠落和站起、翻转/滑行、制动、速滑步伐、弯道滑行	基础和专门的技巧、多种制动技术、推动技巧、向后滑、攀爬、转向/跳跃
综合运用	展示多种障碍物的组合（也可以是两个人或是小组）以及个人单方面的自选练习，基本的耐力（也可以是在环形路上）	展示简单的表演基础技能（个人、小组、配乐），单腿滑，环形和"8"字形花式，有障碍的无跳跃滑行，检查基本的耐力（制定社会参考标准），在轮滑场上的比赛
基础知识	热身原理、功能性的运动服装、防护装备、运动标志、运动描述、对于安全方面和急救知识的检测、关于历史和道路交通秩序的相关知识、口头和书面形式的作业、编制结果档案	

此外，《课程标准》在中学不同运动项目的教学目标中，还提到了除上述 10 个项目之外的冒险活动，但因为冒险活动本身并不是一种特定的运动项目，其他项目都可以采用冒险活动的形式进行教学，因而此处没有提出具体的课程内容。

（二）对体育课程内容的分析

当今社会发展的影响因素众多，人的参与起到了决定性的因素，而人的生活质量取决于个体身体和心理的状态以及外部因素，这些因素和运动有着紧密的联系。参与各运动项目会对人起到不同的作用，其作用是复杂的且相互影响的。因而，为了达到身心健康及提高社会适应能力的目的，人必须要具备一定的运动能力。许多调查表明，近些年来青少年儿童的身体运动能力在退化，在健康及社会适应能力、团体协作能力、耐力等方面明显下降。基于这些问题，德国萨克森州中学体育课程设置了具体的内容，并具有以下特点：

1. 重视不同课程内容的结合

首先，《课程标准》重视将健康和运动联系起来，学生要能理解运动、膳食、体能、健康之间的关系，并且能对各方面进行评价，这在健身项目中尤为显著，有助于培养学生的运动与健康意识，促进学生形成健康的生活方式。其次，《课程标准》还非常强调不同运动项目之间的结合，如在体育表演项目中，将篮球、足球、手球等运动项目的学习和音乐伴奏、技术创编与身体表演紧密结合起来,培养学生的表现能力,这有利于不同运动项目之间的融合和相互促进。

2. 分层教学理念的渗透

由于学生的运动能力和基础的不同,各课程内容设置时强调了对学生进行分层教学,这充分体现了《课程标准》尊重学生的个体差异,强调因材施教和区别对待,并根据学生的个体差异调整教学环境使之能与学生特点相适应,可使每一个学生都学有所成,个性得到充分的发展。

3. 以基本技能教学为抓手,发展运动能力和专业素养

发展学生的运动能力和专业素养是德国萨克森州中学体育课程内容设置时考虑的重点之一,也是体育教育目的最大化的体现。学生通过基本技能的学习,提升运动能力,从而使得体质得到增强,心理素质得到改善。专业素养是学生通过学习所形成最基本、最重要的素养,是学生在课程学习和实践活动中养成的具有特征性的基础知识、基本技能、基本品质和基本经验的综合。运动能力的提高与专业素养的发展能培养学生自主锻炼和终身体育的意识,提高学生的社会适应能力等。这在以上 10 个项目中都有具体的体现。此外,《课程标准》还充分考虑了体育教学的竞争性特点,这是对先前运动技术学习内容的延伸与提升,运动技术的学习成果通过竞赛的方式得到提高与巩固,这是各课程内容所共有的特征。

三、中学体育课程评价

(一) 中学体育课程评价内容

1.《课程标准》中课程评价内容的具体表述

德国萨克森州的中学体育课程评价与小学课程评价一样,主要包括基本的知识与技能、社会参与、个人表现三个方面(因为前面在小学部分做了详细介绍,此处仅对中学阶段有进一步提升的评价做介绍)。评价的分数高低不仅用来确定学生是否完成知识和技能的学习目标,也是评价学生在运动中的合作能力和学习态度的标准。

(1) 基本知识与技能的评价

与小学一样,基本知识与技能的评价是指对运动成绩和运用策略能力进行评价(见表 4 - 20)。

评分细则	总评	评分的补充解释	具 体 表 现
AA	非常好	很好的掌握	圆满完成设置的任务,并达到所设定的学习目标和标准
AB			
BB	好	掌握	很好地完成设置的任务和目标,但在完成过程中出现一些不足
BC			
CC	令人满意		在粗糙的形式或随意的状态下,基本上完成了预先设置好的任务和目标
CD			
DD	不及格	接近掌握	不能圆满完成任务,并在完成过程中出现了严重的失误
DE			
EE	糟糕	掌握不足	尝试完成任务但在完成过程中失败
EF			
FF	非常糟糕		拒绝完成设置的任务和目标

（2）社会参与的评价

社会参与方面的评价是指对学生社会交际的表现进行评价。其中,学生的团体协作能力、沟通能力、冲突管理能力以及与他人的交往能力都是影响评分的关键。

（3）个人表现的评价

个人表现的评价可以通过建立系统的管理方案而实现,即设立健身、学习、成绩等目标,并建立个人发展档案。为了达到这些目标,学生编制自己的个人发展档案,帮助自己在学习过程中做出客观的评价。该档案袋的具体设置和作用如下[1][2]：

① 档案袋的内容

档案袋的内容包括学生个人竞技能力展示、自评和他评、对运动成绩提高的说明、自觉学习的能力、对不同学习条件进行的公正评价、掌握适用于个体的学习方法、正确地对学生的天赋和才能进行评价等。

② 档案袋的体现

档案袋中可以体现学生各方面的变化,如学生总的进步和变化过程,学生竞

---

[1] Freistaat Sachsen Staatsministerium für Kultus. Handreichung zur Leistungsermittlung und Leistungsbewertung im Schulsport [M]. Die Handreichung Sport, 2005.

[2] Grupe O. Kruger M. Introduction into Sport Pedagogy [M]. Schorndorf：Hofmann, 1997.

技能力的提高和进步,学生表现出的竞技能力和拥有的竞技潜能,学生的学习能力和学习潜能等。

③ 档案袋的作用

首先,档案袋可以帮助学生在学习过程中进行自我批判性的评价,获得持续学习的动力;其次,档案袋可以全面地展示学生在体育课中的所有发展过程,这一步步的积累有助于帮助学生达到预期的发展目标。

④ 档案袋的呈现形式

档案袋的呈现形式多种多样,如活页夹、卷宗、宣传画、图表、技术、比赛规则、竞赛规定工作表、证明、证书、成绩证书、成绩卡片、训练记录、观察记录、小组评分记录、个人评估的评定标准概要、照片、视频材料(针对技术分析和综合练习)、体育日志、思维导图、专题报告评论、电子文献资料等。

⑤ 档案袋使用过程的前期考虑

在档案袋使用过程的前期,应考虑到主题选择的合适性、应达到的学习目标、达到目标的时间和方式、对任务进行登记的方式、可能达到的学习成果等。

2. 对课程评价内容的分析

与小学阶段一样,德国萨克森州中学阶段的体育课程评价比较全面,其具体的作用和价值与小学阶段是一样的,既评价学生学习的结果,又评价学生学习的过程;既评价学生的学习能力,又评价学生的学习态度和情意表现等。

与小学阶段不同的是,中学体育课程评价强调档案袋的使用,赋予了学生充分的知情权和自我评价的能力。档案袋评价的好处是整个过程非常清晰,为中学生的体育学习提供了良好的自我反思平台,这有利于中学生在心理成熟期内养成正确、积极的人生观,也让他们对学校教育教学有更多的参与感,并有利于帮助教师改进和完善教学方法。

(二) 中学体育课程评价目的

1.《课程标准》中课程评价目的的具体表述

(1)判断学生的体育学习状况,进行成绩评定

课程评价的目的是判断学生的体育学习状况,评定学生的成绩。评价的过程是以教学目标为依据,对全体学生的学习态度、学习效果等进行评价。

(2)反馈学生的体育学习进步,起到激励学生的作用

课程评价的目的是为了反馈学生学习上的进步,从而激励学生更好地学习。特别是学生在学习中获得的自信和成功,可以帮助学生发掘自身的学习潜能,明确自身的努力方向。

（3）发掘学生体育学习潜力，并对其进行选拔性评价

由于德国的体育行业发展得十分成熟，许多教师都会选拔出优秀的学生并鼓励他们进入体育行业。教师会根据选拔要求和标准对学生进行选拔性的评价。但这种评价不是体育教学中主要的部分，只是德国体育教育评价的一个独特之处①。

2. 对课程评价目的的分析

从德国萨克森州中学体育课程评价的目的可以看出，课程评价非常注重评价的过程，关注学生的进步和发展。在中学体育课程评价中，教师更多关注的是学生求知的过程、探究的过程和努力的过程，关注学生在各个时期的进步状况。只有教师关注过程，评价才可能深入到学生学习的各个方面，并有助于及时了解学生在发展中遇到的问题、所做出的努力以及获得的进步②。

（三）中学体育课程评价的构成比例

1.《课程标准》中课程评价构成比例的具体表述

德国各校为了在体育课程评价中有一个相对公平的评价体系，纷纷制定了统一的体育课分数的权重比例标准，萨克森州更是走在了前列。在其中学体育课程评价中，根据不同的评价内容形成了不同的权重比例（见表 4 - 21）。根据不同的比例标准，学生可以估算自己的分数，并针对自己的薄弱环节加以改进。教师也可以选择不同的权重比例对学生进行学习评价。

表 4 - 21　中学体育课程评价中的不同权重比例

类型	具体比例
类型 1	运动能力基本测试(25%)；运动技术(25%)；综合运用(25%)；社会行为(25%)
类型 2	运动技术(25%)；综合运用(50%)；知识和社会行为(25%)
类型 3	健康测试(30%)；综合运用(40%)；知识和社会行为(30%)

教师除了遵循以上权重比例对学生进行打分外，也可让学生提前知晓评价标准，给学生自由发表意见的空间。总之，评价应尽可能简略但不失充分，让学生尽可能对自己的成绩满意。

---

① Kruger M. ，Grupe O. Sport and movement Pedagogy［J］. Sport science，1998,21(3)：180 - 187.
② Balz E，Brodtmann D，Dietrich K，et al. Physical Education — where to Fundamental Questions of Sport Pedagogy［J］. Sport Science，1997,2(1)：14 - 18.

2. 对课程评价构成比例的分析

德国萨克森州在中学体育课程评价上给出了不同的权重比例,可以供体育教师参考。之所以提供不同的参考比例,是因为学生在身体条件、运动技能、体能、运动兴趣爱好等方面存在差异,为了保证评价的公平公正,通过不同权重比例的评价,有助于激发每一位学生体育学习的积极性,发掘每一位学生体育学习的潜能,通过有针对性的评价来促进全体学生的进步和发展。此外,从每一种类型内部来看,可知德国萨克森州的中学体育课程评价非常注重评价内容的综合性,如在类型 1 和类型 2 中,运动技术均只占 25%,其余的内容则以知识和技能的综合运用以及社会行为为主,甚至在类型 3 中未给予运动技术单独的评价比例,而是纳入综合运用之中,另外更多的比例则给予健康测试,体现了对学生全面健康发展的重视。

(四)中学体育课程评价建议

德国萨克森州的《课程标准》针对中学体育课程评价的建议与小学阶段完全相同,在此不再赘述,读者如需了解,可参见小学体育课程评价建议部分的内容。

第五章

俄罗斯国家普通教育体育课程标准解读

俄罗斯教育有着悠久的历史,在历时几个世纪的发展进程中,在教育理论、课程设置、教学方法、教学手段等众多方面都取得了举世公认的成就,对世界教育事业的发展和进步做出了巨大的贡献。几百年来,俄罗斯教育为世界输送了众多的科学家、文学家、艺术家和教育家等,这一切都与俄罗斯教育,尤其普通教育所做出的贡献密不可分。因此,认真研究和把握俄罗斯普通教育改革与发展的新动向具有非常重要的意义。

第一节　俄罗斯普通教育《国家教育标准》的概况

20 世纪 90 年代初苏联解体之后,俄罗斯在社会政治、经济、文化等各个领域开始了全方位改革。其中最有影响力的事件就是普通教育《国家教育标准》的制定和颁布,它取代了以往苏联时期全国统一的教学大纲和教学计划,该《国家教育标准》受到了俄罗斯联邦法律的保障。

一、俄罗斯普通教育《国家教育标准》的制定背景

俄罗斯普通教育《国家教育标准》的出台缘起苏联解体后教育的无秩序性和无规则性,由于没有统一的标准,各地区自主开设了大量的新课程,导致学生的学习负担加重,这

一方面损害了学生的身心健康；另外一方面也使教育教学质量下降①，而制定普通教育《国家教育标准》是俄罗斯进行教育改革、提高教育教学质量的必然选择。

进入新世纪，俄罗斯提出了教育现代化的口号，并制定了《2010 年前俄罗斯教育现代化构想》②，描述了俄罗斯在新世纪实现教育现代化的理想蓝图，并确定了教育优先发展的战略，制定普通教育《国家教育标准》是俄罗斯完成教育现代化使命的需要。

当今世界国际化的影响渗透到了社会生活的每一个方面，俄罗斯也深刻意识到很多国际化问题需要世界各国共同解决，这就需要培养具有国际意识和国际合作能力的公民，因此，需要对原有的教育内容进行改革，增加体现国际化思想和全球意识的教育内容③，制定普通教育《国家教育标准》是俄罗斯适应教育国际化需要而做出的抉择。

进入 20 世纪 90 年代，俄罗斯社会发生了重大变化，思想大统一的时代一去不复返，开始注重教育的民主化、个性化和区别化，关心学生的个性发展。受此影响，俄罗斯在制定《国家教育标准》的过程中充分考虑了这一点，增加了选修课比例、增设选修课科目；将《国家教育标准》分为两个层次：联邦层次、学校层次，规定学校有权开设反映各个学校特色的科目，这为激发学生的兴趣和发展学生的特长提供了条件。因此，制定《国家教育标准》是俄罗斯适应民主化、个性化要求而进行的改革④。

二、俄罗斯普通教育《国家教育标准》的结构与内容

在俄罗斯的教育体系中，普通教育包括初等普通教育（1—4 年级）、基础普通教育（5—9 年级）和中等（完全）普通教育（10—11 年级）三个阶段，相当于我国的小学、初中和高中阶段。俄罗斯的教育领域没有"课程"的概念，作为纲领性文件的《国家教育标准》是指导课程的基本文件，亦是编写教学计划、课程示范纲要和教科书的依据。

---

① 张男星.俄罗斯国家课程标准述评[J].课程·教材·教法,2005,25(6)：90 - 96.
② 张男星.试析俄罗斯课程内容和评价手段的变化[J].俄罗斯研究,2006,35(1)：75 - 78.
③ 单春艳.俄罗斯普通教育国家教育标准的嬗变与创新[J].新课程教学(电子版),2013(1)：12 - 15.
④ 石少岩.俄罗斯普通教育国家教育标准研究[D].北京：首都师范大学,2007.

2004 年，俄罗斯颁布了第一版普通教育《国家教育标准》①。第一版标准主要包括三部分内容：教育目标；各学段基础教育纲要必修内容的最低限度；对毕业生培养质量的要求，在联邦法律层面上保障了学生获取知识的标准。从 2006年开始，俄罗斯启动了第二版标准的修订工作，与第一版标准小学、初中、高中在一起的模式不同，第二版标准按照小学、初中和高中三个学段进行单独设计。2011 年开始在小学开始推行新的教育标准，2012 年开始在初中推行新的教育标准，2013 年开始在高中推行新的教育标准。

第二版普通教育《国家教育标准》②不仅更新了教育内容，而且与第一版《国家教育标准》相比，在结构上有了较大改变，主要包括三部分内容：第一部分，对各学段学生掌握基础教育纲要结果的要求（即教育目标）。要求学生不仅要掌握具体的学科知识，而且要形成在日常生活和未来学习中运用知识的能力；培养学生形成完整的世界观，帮助他们认识大自然、民族、文化、宗教的统一性与多样性，为此，要求不同学科教师共同努力。第二部分，对基础教育纲要结构的要求（即培养方案）。规定学校的教育纲要由国家统一的必修课程和学校制订的校本课程两部分构成，年级越高，选择性越大。另外，还要求学校要向学生提供各种课外活动，包括体育、艺术和各种形式的创造性活动。第三部分，对学校实施基础教育纲要条件的要求。学校应该加强人力、物质、技术、经费及其他条件保障；逐渐实施"以人头原则为基础"的拨款机制，经费的划拨与教育机构的所有制形式无关③。

与第一版标准相比，第二版标准的"教育目标"稍显细致，不仅有教育总目标，还包含个性、能力、学习三个方面的具体要求和具体课程目标。但在第二版标准中删除了第一版标准中的后两个部分，即"必修内容的最低限度"和"对毕业生培养质量的要求"，前者改为由课程示范纲要来确定，后者则由国家统一的考试纲要来规定。

同我国一样，俄罗斯普通教育早期也是直接采用教学大纲。而从第一版《国家教育标准》开始，在教育标准的基础上又制定了课程示范纲要。《国家教育标准》比较宏观，只有教育总目标及三个方面的要求和各学科领域与课程的目标；在《国家教育标准》基础上制定的课程示范纲要则要求较为细致，包括课程目标（同第二版《国家教育标准》中的课程目标）、课程任务、课程内容、学时安排等。

① Министерство образования и науки Российской Федерации. Государственные образовательные стандарты общего образования [EB/OL]. [2004 - 3 - 10]. http://www. edu. gov. ru.

② Министерство образования и науки Российской Федерации. Государственные образовательные стандарты общего образования [EB/OL]. [2009 - 09 - 22]. http://www. edu. gov. ru.

③ 李艳辉. 俄罗斯基础教育创新发展动向及启示[J]. 中国教育学刊,2013(2)：89 - 92.

第二节　1—4年级《体育课程综合示范纲要》的介绍与分析

在俄罗斯，初等普通教育相当于我国的小学教育，包括1—4年级，是义务教育的第一个阶段。就1—4年级的体育课程而言，俄罗斯第二版普通教育《国家教育标准》主要是规定了该学段教育总目标和体育课程的目标。在此基础上，《体育课程综合示范纲要》则规定了该学段的体育课程任务、体育课程内容与学时安排、4年级毕业生体能应达到的标准。

一、1—4年级《国家教育标准》

《国家教育标准》规定俄罗斯1—4年级学生的必修课程包括：俄语、文学和阅读、外语、数学和信息、周围世界、俄罗斯思想道德文化、美术、音乐、技术、体育。规定小学阶段学生的必修课程应占总课时量的80%，选修课程应占总课时量的20%，选修课程由学校根据地域特色、民族风俗等情况自行安排。要求在小学四年的时间里，在学校完成的总教学时数不能少于2904小时，也不能多于3345小时。针对具体的学科领域与每门必修课程，《国家教育标准》又给出了具体的课程目标。在1—4年级的《国家教育标准》中，教育总目标和针对体育课程的目标如下所述：

（一）1—4年级的教育总目标
1. 《国家教育标准》中教育总目标的具体表述
- 培养学生热爱自己的国家和民族。
- 尊重和接受家庭和社会的价值观。
- 对周围世界充满好奇心和兴趣。
- 具备基本的学习能力和组织活动的能力。
- 能够独立面对家庭和社会中的问题，并能够对自己的行为负责。
- 善于倾听他人的意见，能够表达自己的观点与立场。
- 养成健康和安全的生活方式。

在教育总目标之外，《国家教育标准》还对各学校自行制定的基础教育纲要的掌握程度从三个方面提出了具体要求：

首先，在个性方面，要求学生有自我发展的能力与意愿，有正确的学习动机、认知和价值观念,能够表达个人观点与立场,具有社会交往能力,能够表现出个体的个性特征,基本形成公民身份。

其次,在能力方面,要求培养学生掌握一般的学习策略,具有基本学习能力和跨学科学习能力等核心竞争力。

第三,在学习方面,要求培养学生掌握获取学科新知识的经验以及熟知这些学科知识的应用与转化的方法,掌握促进现代科学发展的科学知识的基本要素。

2. 对教育总目标的分析

首先,从 1—4 年级俄罗斯《国家教育标准》的教育总目标来看,俄罗斯在小学阶段强调对学生爱国精神、民族情怀、家庭与社会价值观的培养,鼓励学生具有探究周围世界的好奇心,这是因为小学生正处于情感、态度、价值观形成的起步阶段,引导其形成正确的价值观念非常重要,这可以保证小学生能够按照正确的方向发展。

其次,在俄罗斯教育中非常重视学生能力的培养,每个阶段的知识学习最终也是为能力养成而服务的。在小学阶段对学生能力的要求主要体现在学习能力和组织能力上,具体是指基本学习能力、跨学科学习能力等。同时,重视小学生对问题的解决能力,要能够对自己的行为负责,以及善于倾听他人和表达自己。这些要求对于小学生而言相对较高,完全突破了传统教育目标主要强调对知识的掌握,而是侧重于培养学生的实际能力。

此外,近年来世界各国对于儿童青少年的生活方式非常关注,俄罗斯也不例外,在小学阶段的教育总目标中将"养成健康和安全的生活方式"作为其中一个目标明确提出,意味着俄罗斯对于儿童青少年健康问题的重视。

(二)1—4 年级的体育课程目标

1.《国家教育标准》中体育课程目标的具体表述

体育是 1—4 年级学生的必修课程之一,俄罗斯《国家教育标准》规定小学阶段体育课程的目标是:

第一,初步形成体育能够增进身体、社会与心理健康的认知,了解体育对人的发展(身体、智力、情感、社会)的积极影响,知道体育是促进学业水平和社会化发展的积极因素。

第二,学会各种运动项目和体育锻炼技能,包括日常体育锻炼、晨练、休闲娱乐活动和运动竞赛等,养成健康和安全的生活方式。

第三,能够观察和监控自己的身体状况(身高、体重等)、运动负荷和主要的体能(力量、速度、耐力、协调性和灵活性等)。

2. 对体育课程目标的分析

与俄罗斯第一版《国家教育标准》相比,第二版《国家教育标准》仅对某门课程做了宏观的目标要求,而没有像第一版标准那样对目标、内容进行具体的规定,进一步提升了《国家教育标准》的宏观指导。之所以第二版《国家教育标准》发生这样的变化,是因为在国家层面的标准中过于细致的规定,会导致各地各校的空间和灵活性较小,不利于体育教师根据《国家教育标准》的精神进行自主性和创新性的体育课程实施。

从上述 1—4 年级的体育课程目标可知,它概括性地规定了该阶段小学生在学习体育课程时要达到的认知、能力以及技能与知识水平,具体包括对体育的基本认知、常见的运动与锻炼技能掌握、对个人整个身体情况的了解三个方面。1—4 年级体育课程目标是对该阶段教育总目标的具体化,体现了体育学科在达成教育总目标时所体现出来的学科独特作用和价值。该阶段体育课程目标不仅重视学生个性的全面发展、能力的形成以及对知识和技能的需求,同时还关注学生在实际生活中应用这些知识和技能的能力。总体而言,俄罗斯《国家教育标准》对 1—4 年级体育课程目标的规定为该阶段小学体育课程的内容构建和具体实施指明了方向。

二、1—4 年级《体育课程综合示范纲要》

体育课程示范纲要确定了体育学科必学的课程内容,是编写教科书和教学计划的指南,供不同地区、不同学校的体育教师在开展体育教学时使用,同时也为教学法研究者提供参考。自俄罗斯第一版《国家教育标准》颁布实施以来,每门课程都编制了一系列的课程示范纲要,以适合不同地区和不同人群使用。课程示范纲要为各学校教学大纲的编写提供了指导,从而在《国家教育标准》和学校教学大纲之间建立联结,为《国家教育标准》在基层学校的具体实施起到了承上启下的重要作用。

当前,在俄罗斯普通中小学体育学科中,大多数学校使用的是俄罗斯教育科学院利亚赫博士主持编写的《1—11 年级体育课程综合示范纲要》(以下简称《综合示范纲要》)。该《综合示范纲要》包括体育课程任务、体育课程内容与学时、毕业生体能应达到的标准等几个部分。该《综合示范纲要》已进行了多次修订,本书中所呈现的是 2016 年的最新版本。

《综合示范纲要》将体育课程内容分为两个部分:必修部分与选修部分。其中,必修部分规定了体育课程必修内容的最低限度,选修部分可以根据各个地区和学校的特点自行选择。

（一）1—4年级的体育课程任务

1.《综合示范纲要》中体育课程任务的具体表述

● 增进健康，改善身体姿态，预防扁平足；促进身体协调发展，提高对不良外部环境的适应能力。

● 掌握主要的运动技能。

● 发展协调性和与年龄相符的速度、力量、耐力和柔韧体能。

● 学会简单的个人卫生知识和生活制度，知晓身体练习对健康和工作能力的影响。

● 知晓主要的运动项目。

● 能够在课余时间独立从事体育锻炼，进行体育比赛。

2. 对体育课程任务的分析

首先，从上述体育课程任务可以看出，相较课程目标而言更加的具体，如体育课程目标中的"学会各种运动项目和体育锻炼技能，包括日常体育锻炼、晨练、休闲娱乐活动和运动竞赛等，养成健康和安全的生活方式"，在体育课程任务中就体现为"掌握主要运动技能"和"能够在课余时间独立从事体育锻炼，进行体育比赛"。因此，可以看出《综合示范纲要》中的体育课程任务是根据《国家教育标准》中的体育课程目标而提出的，从而将宏观的课程目标细化为能够在学校具体实施的课程任务。

其次，俄罗斯1—4年级的体育课程任务强调学生掌握体育的基本知识、基本技能和与年龄相适应的体能。小学阶段是儿童青少年身体发育的基础阶段，要想成为健康的个体，必须要在该阶段打下扎实的基础。比如，强调改善身体姿态和预防扁平足等，这不仅是学生今后获得良好运动能力的基础，更是生存和生活的基础。除此之外，还突出强调了对不良环境的抵抗能力和实践应用能力。

第三，强调尽早让学生能够在课余时间独立从事体育锻炼，进行体育比赛，这一体育课程任务似乎有悖于"常理"，特别体现在"独立"和"体育比赛"方面，但可能在俄罗斯的体育教育理念中更加强调独立性以及进行比赛的能力要从小抓起。

（二）1—4年级的体育课程内容与学时安排

1.《综合示范纲要》中体育课程内容与学时安排的具体表述

在《综合示范纲要》中，将体育课程内容划分为三个部分：体育文化知识、体育实践方法和体育运动技能，这三部分内容与此阶段的课程目标和课程任务紧密对应。

（1）体育课程内容

① 体育文化知识

● 自然科学：健康与人类发展，人体结构，心血管系统和呼吸器官的功能，运动中视觉和听觉的作用，主要的运动形式，完成动作时肌肉的紧张与放松，完成各种运动的速度，肌肉群的工作，身高、体重和肌肉力量的测量。

● 社会心理：体育锻炼对个人卫生和健康促进的影响，体能与身体发育的关系，纠正姿势和发展肌肉的练习方法，体能发展的练习方法和规则，动作学习，运动过程中的情绪及其调节，不同形式的重要生活技能，体育锻炼方法和体能测量方法。

② 体育实践方法

● 锻炼方法：空气浴，日光浴，冷水浴。

● 自我调节和监控方法：测量体重、脉搏，专门的呼吸练习，掌握肌肉紧张和放松的调节方法，运动控制与调节，体能测试。

③ 体育运动技能

体操（垫上运动、平衡、队列队形、支撑跳跃、攀登、悬垂），田径（走、跑、跳、投），耐力训练或滑雪，活动性游戏。

（2）学时安排（见表 5-1）

表 5-1　1—4 年级体育课程的学时安排

板块	模块与主题	年级			
		1	2	3	4
必修部分	体育文化知识	随堂进行，无具体课时			
	体操	17	18	18	18
	田径	21	21	21	21
	耐力训练或滑雪	21	21	21	21
	活动性游戏	20	18	18	18
	小计	79	78	78	78
选修部分	篮球游戏	22	24	24	24
总计		101	102	102	102

2. 对体育课程内容与学时安排的分析

根据《综合示范纲要》的安排，俄罗斯小学阶段每周共三次体育课，其课程内容和学时安排有以下特点：

首先，从1—4年级的课程内容来看，包括体育文化知识、体育实践方法和体育运动技能三部分。其中，体育文化知识主要包括自然科学和社会心理方面的内容，体育实践方法则包括锻炼方法与自我调节和监控方法，但这两部分都没有设置单独的课时，而是采用随堂教学的方式，将这两部分内容与体育运动技能的学习充分融合在一起。体育运动技能是体育课程的重点学习内容，必修部分包括了体操、田径、耐力训练或滑雪、活动性游戏。这些内容与学生的身体基本活动能力紧密相关，为今后的运动项目学习和提高打下了良好的基础。

其次，从1—4年级体育课程的学时安排来看，除了1年级的体育课程为101学时之外，2—4年级均为102学时，从学时数量的角度来看差别并不大。但从不同年级的不同内容的学时分配来看，与2—4年级相比，1年级非常注重学生开展活动性的游戏，虽然整个学年只多了2个学时的活动性游戏，但却体现了对低年级学生身心发育特点和学习兴趣的关注。在选修部分，1年级的篮球游戏比2—4年级少2学时，这是因为与需要一定运动技能的篮球游戏相比，1年级的学生更加适合学习纯粹的活动性游戏。实际上，儿童过早的学习运动项目并不适合其身心发展，由此可见俄罗斯在小学体育课程的学时安排方面充分考虑到了这一点。

（三）4年级毕业生体能应达到的标准

1. 《综合示范纲要》中毕业生体能应达到的标准的具体表述（见表5－2）

表5－2 4年级毕业生应达到的体能标准

体能	测 试 项 目	男	女
速度	30米跑（蹲踞式起跑）	6.5（秒）	7.0（秒）
力量	立定跳远	130（厘米）	125（厘米）
	俯卧撑	5（次）	4（次）
耐力	1000米跑	不计时	
协调	3×10米往返跑	11.0（秒）	11.5（秒）

2. 对毕业生体能应达到的标准的分析

首先，从4年级毕业生体能的测试指标来看，具体包括四个方面：速度、力量、耐力和协调。该体能测试指标体系有别于我国的《国家学生体质健康标准》，俄罗斯对学生速度的测试采用的是 30 米跑,而我国的速度测试指标是 50 米跑。对学生力量的测试,我国力量测试指标是仰卧起坐,旨在检测腰腹核心力量;俄罗斯对学生力量的测试采用的是立定跳远和俯卧撑,测量的是下肢力量和上肢力量。耐力方面俄罗斯采用的是不计时的 1000 米跑,我国则用 1 分钟跳绳来评价学生耐力。两个国家对小学生的协调性都非常重视,分别采用的 3×10 米往返跑和 50 米×8 往返跑(亦可作为耐力的测试指标)。虽然俄罗斯对学生体能的测试指标与我国不同,但都体现出了对学生体能发展的全面要求和高度重视。

其次,青少年学生的体能下降是当今世界各国都面临的现实问题,每个国家都在采取措施,俄罗斯通过《综合示范纲要》对 4 年级毕业生的体能提出明确的要求,设置 4 年级毕业生体能的达标标准,这不仅体现了该国对学生体能的重视,更重要的是为教师的教学和学生的学习都提供了参照标准。对于教师而言,可以明确地知道学生在 4 年级毕业之时应该要达到什么样的体能水平,他们就会根据要求在 1—4 年级的教学中采取相应的措施。对于学生而言,可以对照体能标准,通过自己的努力或在家长的帮助下有针对性地开展体育学习和体能锻炼,从而在体育学习方面成为一个合格的毕业生。

第三节　5—9 年级《体育课程综合示范纲要》的介绍与分析

俄罗斯的 5—9 年级称之为基础普通教育,相当于我国的初中教育,是义务教育的第二个阶段。但该学段的时长要比我国初中阶段长两年,而小学阶段则较我国短两年。与小学一样,俄罗斯第二版普通教育《国家教育标准》主要是规定了该学段教育总目标和体育课程的目标。在此基础上,《综合示范纲要》则规定了该学段的体育课程任务、体育课程内容与学时安排、9 年级毕业生体能应达到的标准。

一、5—9 年级《国家教育标准》

俄罗斯普通教育《国家教育标准》规定学生在 5—9 年级必须学习的学科领域与课程包括:语言(俄语,方言,文学,本地文学,外语,第二外语)、社会科学(俄罗斯史,世界史,社会学,地理)、数学和信息(数学,代数,几何,信息学)、俄罗斯思想道德文化、自然科学(物理,生物,化学)、艺术(美术、音乐)、技术、体育与生命安全教育(体育,生命安全教育)。规定必修课程应占总课时量的 70%,选修课程应占总课时量的 30%,选修课程由学校自行安排。要求在初中五年时间里,在学校完成的总教学时数不能少于 5267 小时,也不能多于 6020 小时。针对具体的学科领域与每门必修课程,《国家教育标准》还给出了具体课程目标。在5—9 年级的《国家教育标准》中,其教育总目标和针对体育课程的目标如下所述:

(一) 5—9 年级的教育总目标
1.《国家教育标准》中教育总目标的具体表述
- 培养学生热爱自己的家园,熟悉自己的国家和国家语言,尊重俄罗斯人民、文化和精神传统。
- 理解并接受个体、家庭、社会、俄罗斯各民族及人类的价值观。
- 积极主动地了解世界,认识到劳动、科学和艺术的价值。
- 通过学习能够认识到教育和自我教育在生活和实践中的重要性,并具有在实践中运用这些知识的能力。
- 积极参与社会交往,尊重法律和规则,能够按照道德规范调整自己的行为,并能够意识到自己对于家庭、社会和祖国的责任。
- 尊重别人,能够进行有建设性的对话,以达成相互理解,并且可以为了实现共同的目标而合作。
- 自觉遵循健康的、对人类及生态环境安全的生活方式。
- 能够进行职业选择,并明白该职业活动对于社会与自然的可持续发展的价值与意义。

除了教育总目标之外,《国家教育标准》还对各学校自行制定的基础教育纲要的掌握程度从三个方面提出了具体要求:

首先,在个性方面,要求学生有自我发展和自我决定的能力与意愿;有成熟的学习动机和学习目的;具有稳定的社会人际关系;目标远大;在社交活动中善于表达个人的立场,具有正义感;能够设定目标,制定生活计划,认同俄罗斯的多元文化。

其次,在能力方面,要求培养学生掌握跨学科学习的能力和一般学习技能(监管、认知和交流),在学习过程、认知活动和社会实践中运用这些能力;能够独立地规划和实施教育活动,与老师、同学一起进行教学合作,并且可以规划自己的学业生涯。

第三,在学习方面,要求培养学生掌握学科领域的专业技能和获取此领域新知识的方法与手段,在学习过程中和毕业后可以转化与运用这些学科知识,形成科学的思维方式,知晓学科的重要理论和分类,了解其科学术语、关键概念、方法和手段。

2. 对教育总目标的分析

教育总目标是国家对于未来一代公民的培养定位,是国家教育理念的体现。俄罗斯《国家教育标准》5—9年级的教育总目标体现了三个特点:

第一,《国家教育标准》聚焦于对未来一代公民的精神道德教育,旨在促进学生形成和谐的个性,树立正确的价值观,传承精神道德,使学生在精神价值观的规范下正确理解处理人与人、人与家庭、人与社会之间关系的原则和规范,明辨是非与善恶①。

有俄罗斯学者认为,学校不仅是传授人文和自然科学知识的场所,更是青少年价值观引导,促进其精神道德发展的主要阵地。当今世界是一个价值多元的时代,青少年正处在价值观形成的关键时期,精神道德教育能否为青少年提供精神、思想的正确引导,关乎青少年的健康成长,关乎国家、民族,甚至世界的未来。在俄罗斯,学校在进行精神道德教育的同时还肩负着重塑民族精神,建构新的价值认同的重大使命②。

从上述《国家教育标准》可知,精神道德教育的内容涵盖了个人、家庭、民族、国家和全人类的价值观,俄罗斯学校精神道德教育的内容包括:爱国主义、法律法规、伦理道德和生态环境等方面。学校应设立相应的课程把精神道德教育的内容传授给学生,从而实现此阶段的教育总目标。

第二,重视对初中阶段学生社会适应能力的培养,使学生能够积极主动了解世界、积极参与社会交往、自觉遵循健康的、对人类及生态环境安全的生活方式,从而使青少年学生与周围世界、周围社会、周围人主动建立起联系。在重视培养学生的社会适应能力过程中,尤其强调学生积极主动精神的形成,而这又是一种态度的培养。初中阶段正处于青春发育期,也是个人对待周围世界和周围社会态度养成的关键期,积极主动精神的培养使得个体能够更好地适应社会,这关乎个人未来对待周围世界和周围社会的态度与适应能力,决定着个体的未来发展。

第三,逐渐强调学生的职业意识与职业选择能力。《国家教育标准》在教育

---

① Хаблиева А. Т. Духовно-нравственное воспитание на уроках осетинской литературы [J]. научные проблемы гуманитарных исследований, 2009(12): 103 - 108.

② 王春英. 俄罗斯学校精神道德教育重建之路[J]. 比较教育研究,2016(3): 54 - 60.

总目标中提出,初中阶段学生能够进行职业选择,并明白该职业活动对于社会与自然的可持续发展的价值与意义。实际上,绝大多数国家对学生职业意识和能力的培养集中在高中阶段,在初中阶段相对而言关注较少,这是因为高中毕业意味着部分学生要进入社会开始就业,而初中还是一个打基础的阶段。俄罗斯通过在初中阶段培养学生的职业选择能力,并让学生意识到职业活动特有的价值和意义,有利于学生更早地与社会接触,这在某种程度上体现了俄罗斯教育的"实用主义"思维。

(二) 5—9 年级的体育课程目标

1.《国家教育标准》中体育课程目标的具体表述

在俄罗斯第二版《国家教育标准》中,初中阶段是将体育和生命安全教育放在一起形成体育与生命安全教育学科领域,并提出了针对整个体育和生命安全教育学科领域的目标,然后在领域目标基础上提出了分别针对体育课程和生命安全教育课程的具体目标。鉴于本章的内容主要是针对体育课程,且基于《国家教育标准》而制定的《综合示范纲要》也是将体育和生命安全教育两门课程完全分开,所以,此处只介绍体育课程的目标,而不再介绍生命安全教育课程的目标。

(1) 5—9 年级体育和生命安全教育学科领域目标

第一,发展身体、情绪、智力和个性,学习该学科领域的历史和共同的文化价值。

第二,树立积极的目标,养成健康安全的生活方式。

第三,认识到健康和安全的现代化生活对于个人和社会的意义。

第四,知晓健康和安全的现代化生活的基本知识,理解生态环境保护对于生命安全的价值。

第五,理解国家和现行法律在国家安全和保护公民方面的作用。

第六,积极地参加体育运动,发展基本体能,具备良好的体能水平,养成定时参加体育运动和体育娱乐活动的良好习惯。

第七,在生活经验与不同领域知识之间建立紧密的联系。

(2) 5—9 年级的体育课程目标

第一,明确体育在个性品质形成中的重要作用与价值,养成健康和安全的生活方式,增进与巩固身体健康。

第二,掌握身体健美的系统知识,广泛和深入地了解体育运动发展史和奥林匹克知识,能够根据个体的机能特点和个人的需求(健身、训练、矫正、娱乐和医疗)选择运动项目和运动负荷,制定一天和一周的运动计划。

第三,能够自行安排系统的运动计划,并遵守安全规则,预防伤害事故;能够进行轻伤急救;具有丰富的组织开展体育活动和文娱活动的经验。

第四,具有较丰富的促进身体发育和进行体能监测的经验,学会动态监测体能的相关基本技能,包括评估机体当前的机能状态,利用运动负荷标准和功能测试仪确定体育运动的影响效果和个人的体力状况,根据不同需求自我调控运动负荷,以促进身体和体能的发展。

第五,能够根据个体的机能特点、健康状况和教育活动模式选择并掌握促进身体发育、健身和进行身体矫正的技能;学会主要运动项目的基本技术,掌握技术动作的基本知识,能够在各种游戏和竞赛中应用这些技术;拥有发展体能的丰富经验,能够改善身体机能状况。

2. 对体育课程目标的分析

首先,从体育与生命安全教育学科领域来看,《国家教育标准》从顶层设计的角度确立了该领域的目标,整体上注重学生的全面健康发展,包括身体、心理和社会适应等多个方面。体育作为其中的一门课程,不仅在学科领域的目标中占据了重要的分量,而且也在领域目标的指引下设立了自己的课程目标。俄罗斯采用这种方式来设定目标,体现了国家在宏观层面的整体设计,即将相关学科融合在一起体现跨学科的共同价值。

其次,与小学阶段相比,初中阶段的体育课程目标在广度和深度上都有了很大的拓展。随着学生生理和心理的成熟,对体育的功能和价值有了更加深入的认知。从《国家教育标准》来看,对初中生需要掌握的体育运动知识有了较高的要求,既有关于体育功能和价值的知识,也有运动技能和运动实践的知识;既有关于体育运动发展的知识,也有运动伤害和预防的知识。知识的学习和运用在此阶段占了很大的比重,通过知识的学习和运用可以使学生正确认识和评价体育,从而为积极参与运动打下良好的基础。

第三,《国家教育标准》的另一个特点就是重视能力的培养,主要通过体育运动实践方法的掌握来实现。初中阶段需要掌握的体育运动实践方法包括:制定运动计划、能够进行运动轻伤急救、学会组织体育活动和文娱活动、进行身体机能评估、完成运动负荷的自我调控等,这些方法的掌握是学生进行自我体育锻炼的必需方法,并有助于提高学生的学习能力。此外,初中阶段还非常强调学生在各种游戏和竞赛中运用所掌握的技术,以提高发现问题和解决问题的能力。

二、5—9 年级《体育课程综合示范纲要》

根据俄罗斯《国家教育标准》的精神和要求,《综合示范纲要》中确定了 5—9 年级的体育课程任务、课程内容和学时安排、9 年级毕业生体能应达到的标准。

(一) 5—9 年级的体育课程任务

1.《综合示范纲要》中体育课程任务的具体表述

- 促进身体协调发展,巩固健康,保持正确的身体姿态,提高机体对不良外部环境的抵抗力,培养健康的生活方式,养成良好的个人卫生习惯。
- 学习主要的运动项目及其运动技术原理。
- 继续发展协调性和与年龄相符的速度、力量、耐力和柔韧体能。
- 学会个人卫生知识,执行科学健康的作息时间,了解身体练习对健康的影响。
- 深入了解主要的运动项目。
- 能够在课余时间独立从事体育锻炼,进行体育比赛。
- 具备合理的评价个人身体的能力。
- 促进心理过程的发展,学习心理自我调节方法。

2. 对体育课程任务的分析

首先,5—9 年级正处于学生的青春发育期,在此阶段学生的身体和心理都处于一个快速增长期,因此,体育课程在此阶段肩负着重要的责任,需要促进学生身体与心理的健康发展。5—9 年级的体育课程任务是根据《国家教育标准》中 5—9 年级的体育课程目标而确定的,课程任务紧密围绕着课程目标,是对课程目标的进一步细化。课程任务具体包括学习技能、发展体能、进行体育锻炼和比赛、学会自我评价和心理自我调节、养成健康的生活方式等,突出了对学生的知识与技能、过程与方法、情感态度与价值观方面的整体要求。

其次,与小学阶段相比,初中阶段的体育课程任务体现了较好的递进性,对任务的难度要求逐渐提升。比如,小学阶段要求学生"掌握主要的运动技能",而初中阶段则要求学生"学习主要的运动项目及其运动技术原理",运动技术原理则体现了更多的科学知识,这对学生的知识基础提出了更高的要求。再如,小学阶段要求学生"知晓主要的运动项目",而初中阶段则要求学生"深入了解主要的运动项目"。通过提出循序渐进的课程任务,既有利于各学段体育课程与教学相互之间的有效衔接,也有利于逐步提高学生的学习能力。

第三,开始强调学生的心理发展。在小学阶段,体育课程任务中并未明确提出要通过体育学习发展学生的心理,但在初中阶段则明确提出要求学生能促进心理过程的发展,学习心理自我调节方法。心理发展既是体育课程的目标之一,也是体育学习的重要基础。初中生的身心发育逐渐开始成熟,通过学会在体育运动中进行自我心理调节的手段与方法,将对他们的体育学习产生更好的促进作用。

(二) 5—9 年级的体育课程内容与学时安排

1. 《综合示范纲要》中体育课程内容与学时安排的具体表述

（1）体育课程内容

5—9 年级的体育课程内容同样包括三个部分:体育文化知识、体育实践方法和体育运动技能,这三部分内容较 1—4 年级有了较大的变化。此外,由于俄罗斯初中阶段包括 5 个年级,所以此阶段的体育课程内容最为丰富。

① 体育文化知识

● 自然科学:机体年龄和运动对身体发育程度和身体训练的影响,体能训练中机体保护和预防伤害的方法,肌肉和骨骼在运动中的作用,神经系统在运动控制、呼吸调节、循环和能量供应系统中的作用,心理调节过程在运动中的作用,基本运动和身体练习的年龄和性别特征,运动负荷的监控和调节。

● 社会心理:借助于体育竞赛活动完成游戏和竞赛的任务,预防伤病和恢复健康的生理卫生知识,动作技能分析,身体机能状态监测,动作技能学习对注意、记忆和思维的影响,改善体能对身体发育的影响,运动对人格等心理品质的影响。

● 历史文化:奥林匹克运动的产生与发展,体育与全民运动,体育在健康生活方式中的重要性,体育的物质与精神价值。

② 体育实践方法

锻炼方法:空气浴,日光浴,冷水浴。

③ 体育运动技能

体操(垫上运动、支撑跳跃、队列队形、攀登、悬垂),田径(短跑、接力跑、中长跑、跳远、跳高、投掷),越野训练(登山、各种耐力跑、足球)或滑雪,球类运动(篮球、排球)。

（2）学时安排(见表 5 - 3)

表 5 - 3 5—9 年级体育课程的学时安排

板块	模块与主题	年级				
		5	6	7	8	9
必修部分	体育文化知识	随堂进行，无具体课时				
	体操	18	18	18	18	18
	田径	21	21	21	21	21
	越野训练或滑雪	18	18	18	18	18
	球类运动（排球）	18	18	18	18	18
	小计	75	75	75	75	75
选修部分	篮球	27	27	27	27	27
	总计	102	102	102	102	102

2. 对体育课程内容与学时安排的分析

首先，从 5—9 年级的体育课程内容组成来看，与小学体育课程内容的组成相差不大，必修部分都包括体育文化知识、体操、田径、越野训练或滑雪、球类运动等内容，而选修部分也同样是篮球。由此可以看出，俄罗斯学校体育课程非常强调几个基础性的体育运动项目，在新兴体育运动项目开发、普及与推广方面还有较大的发展空间。

其次，从 5—9 年级体育课程的具体内容来看，体育文化知识和体育实践方法同样没有专门的课时，而是渗透在体育运动技能学习之中。但与小学相比，体育文化知识中的自然科学和社会心理部分不仅更加深入，而且还新增加了体育历史文化部分，旨在让学生更加深入地理解体育。此外，在体育运动技能部分，初中阶段较小学阶段所学内容已经有了进一步的深化与拓展。以"田径"运动为例，小学阶段只进行了走、跑、跳、投等基本运动技能的初步学习，到初中阶段则开始接触田径的具体分项，如短跑、接力跑、中长跑、跳远、跳高、投掷等。此外，越野训练或滑雪部分并非我们通常认为的越野跑或者越野滑雪，该部分涵盖了一些发展心肺耐力的运动项目。需要指出的是，从整个 5—9 年级的具体课程内容可以看出，俄罗斯的学校体育课程内容还有较浓的竞技体育"味道"。

第三，从 5—9 年级体育课程的学时安排来看，虽然俄罗斯初中阶段体育课程也是每周三次，与小学阶段相比，选修部分的课程内容比例进一步增大。虽然从总体的学时数量来看，初中和小学阶段基本一样，但小学阶段选修内容共22—24 学时，而初中则增加到了 27 学时，且选修内容由小学阶段的篮球游戏变成了初中阶段的篮球运动。体现了随着学段的升高,对学生学习运动项目的要求更加突出的特点。

(三)9年级毕业生体能应达到的标准

1.《综合示范大纲》中毕业生体能应达到的标准的具体表述(见表5-4)

表5-4　9年级毕业生应达到的体能标准

体能	测 试 项 目	男	女
速度	60米跑(蹲踞式起跑)	9.2(秒)	10.2(秒)
力量	立定跳远	180(厘米)	165(厘米)
	爬6米长的绳	12(秒)	
	仰卧起坐		18(次)
耐力	2000米跑	8.50(分)	10.20(分)
协调	连续5个滚翻	10.0(秒)	14.0(秒)
	往标准靶上掷小球	12.0(米)	10.0(米)

2. 对毕业生体能应达到的标准的分析

首先,从9年级毕业生体能的评价指标来看,还是速度、力量、耐力和协调四个部分。但是,与4年级毕业生的体能标准相比,评价的指标数量增多,标准提高。在力量方面,对男女学生进行了区分,女生采用的是仰卧起坐评价力量,男生采用的是用爬长绳的方式评价力量;在耐力方面,男女采用的都是2000米跑,而我国对男生测试的是1000米,女生测试的是800米。因此,相对而言俄罗斯对9年级毕业生的心肺耐力要求更高。

其次,从9年级毕业生体能应达到的标准本身来讲,与小学阶段一样发挥着重要作用。该标准一方面能够为体育教师开展初中阶段的体育教学提供清晰的参照标准,引导体育教师开展有针对性的教学;另外一方面,也为初中生自主地开展体育学习和身体锻炼提供了明确的目标。

第四节　10—11年级《体育课程综合示范纲要》的介绍与分析

俄罗斯的10—11年级称之为中等普通教育,相当于我国的高中教育,但该学段只有两年。与小学和初中阶段一样,俄罗斯第二版普通教育《国家教育标准》主要是规定了该学段教育总目标和体育课程的目标。在此基础上,《综合示范纲要》则规定了该学段的体育课程任务、体育课程内容与学时安排、11 年级毕业生体能应达到的标准。

一、10—11 年级《国家教育标准》

俄罗斯《国家教育标准》规定学生在 10—11 年级阶段必须学习的学科领域与课程包括:语言学与外语、第二外语、社会科学(历史,社会学,地理,经济,法律)、数学和信息学、自然科学(物理,生物,化学,自然科学)、体育与生命安全教育(体育,生命安全教育)。其中,高中阶段的数学、物理、化学等课程分为基础水平和深化水平,而体育课程则只有基础水平。

(一) 10—11 年级的教育总目标

1.《国家教育标准》中教育总目标的具体表述

- 培养学生热爱自己的家园,尊重俄罗斯人民、文化和精神传统。
- 了解并接受家庭、社会、俄罗斯各民族及人类的传统价值观,意识到国家命运应该由本国人民掌控。
- 具有创造性思维和批判性思维,能够主动积极地了解世界,认识到教育和科学、劳动和创造对个人和社会的价值。
- 掌握认识周围世界的主要科研方法。
- 积极地开展创造和创新。
- 愿意与他人合作开展学习、科研、设计和信息资料收集活动。
- 有较强的自我意识,积极参与社会交往,尊重法律和规则,能够意识到自己对于家庭、社会、祖国和人类应承担的责任。
- 尊重别人的意见,能够进行建设性对话,以实现相互理解,并成功地进行互动。
- 能够自觉遵循健康、安全、对生态无害的生活方式。
- 做好职业选择的准备,理解个人的职业活动对个人和社会的重要性。
- 愿意终身接受教育和开展自我教育。

除了教育总目标之外,《国家教育标准》还对各学校自行制定的基础教育纲要的掌握程度从三个方面提出了具体要求:

首先,在个性方面,学生有自我发展和自我决定的能力与意愿;有成熟的学习动机和学习目的；具有稳定的社会人际关系；目标远大；在活动中善于表达个人的立场，具有正义感；能够设定目标，进行生活规划，认同俄罗斯的多元文化。

其次，在能力方面，掌握跨学科学习的能力和一般的学习技能（监管、认知和交流），能够在认知活动和社会实践中运用这些能力；能够独立地规划和实施教育活动，与老师和同学一起合作进行教学，有能力规划个人的学业生涯，具有学习能力、科研能力和社会活动组织能力。

第三，在学习方面，掌握学科领域专业技能和具有获取新知识的能力，在学习、项目设计和社会活动中能够转化与运用这些学科知识，形成科学的思维方式，了解学科领域的科学术语、关键概念、方法和手段。

2. 对教育总目标的分析

首先，从俄罗斯《国家教育标准》10—11年级的教育总目标来看，与5—9年级的教育总目标内容大部分相近，只是在几个方面稍微有些不同。但是，在高中阶段将创造和创新作为一个具体的目标，开始强调创造和创新能力的培养。创造和创新能力是近些年世界各国都重点强调的一种能力，对于促进科技发展，推动社会进步具有重要意义。高中生毕业之后面临着进入高等教育阶段，其创造和创新能力如何是高等教育阶段能否取得成功的关键因素之一。

其次，高中阶段强调学生与教师和同学之间的合作，如要求学生在学习、科研、设计和信息资料收集等各项活动中开展合作。高中生相对比较成熟，因此在学习过程中教师应积极引导学生进行合作，设计各种教学方式和方法培养学生的合作精神。

第三，高中阶段更加强调为职业选择做好准备，这是因为高中阶段是基础教育的最后一个阶段，与高等教育或者职业生涯直接对接，所以在初中阶段培养学生职业意识和职业选择能力的基础上，高中阶段着重强调学生要为未来的职业选择做好准备，从而为今后进入社会之后更好地适应社会打下良好的基础。

（二）10—11年级的体育课程目标

1.《国家教育标准》中体育课程目标的具体表述

与初中阶段一样，在俄罗斯第二版《国家教育标准》中，10—11年级将体育和生命安全教育放在一起形成体育与生命安全教育学科领域，并提出了针对整个体育和生命安全教育学科领域的目标，然后在领域目标基础上提出了分别针对体育课程和生命安全教育课程的具体目标。鉴于本章的内容主要是针对体育课程，且基于《国家教育标准》而制定的《综合示范纲要》也是将体育和生命安全教育两门课程完全分开，所以，此处只介绍体育课程的目标，而不再介绍生命安全教育课程的目标。

（1）10—11 年级体育和生命安全教育学科领域目标

第一，养成健康安全的生活方式，了解当今世界存在的风险和威胁。

第二，在遇到自然、社会和人为灾害等危险紧急情况时，懂得相关的知识和行为规范。

第三，能够在危险紧急情况下保持稳定的情绪，同时为受害者提供紧急救助。

第四，在危险和紧急情况下，具有个人或者团队工作的能力。

（2）10—11 年级的体育课程目标

第一，能够进行各种方式的体育锻炼，养成健康和安全的生活方式，并进行积极的娱乐和休闲活动。

第二，有能力增进与巩固身体健康，保持较高的工作效率，能够预防学习和生产活动中的伤害和疾病。

第三，能够对个人的健康、智力、体力和身体机能等指标进行监测。

第四，掌握各种运动技能，并能够利用这些运动技能防止疲劳和保持高效率的学习和生产活动。

第五，学会主要运动项目的基本技术，能够在各种游戏和竞赛中应用这些技术。

2. 对体育课程目标的分析

首先，与小学和初中阶段相比，高中阶段的体育课程目标有了更高的要求，不再只是要求学生学习体育运动的基本知识和基本技能，而是要求学生学会并应用所学的知识和技能，通过应用体育运动方法和手段来实现增进健康、保持旺盛精力、养成健康和安全生活方式的目标。此外，高中生还要学会对个人的健康、智力、体力和身体机能等指标进行监测，自主地了解自己的身心情况，这是一项要求较高的目标，对于高中生而言具有一定的挑战性。

其次，在高中阶段，《国家教育标准》提出通过体育运动不仅仅要增进健康，更重要的是通过体育运动而保持高效率的学习和工作，防止疾病与疲劳；将体育运动与未来的职业相联系。很显然，高中阶段对体育课程的目标定位完全超出了体育的范畴，已经上升到了人类生产、生活、工作的层次，体现了体育课程长远的重要价值。

二、10—11 年级《体育课程综合示范纲要》

根据俄罗斯《国家教育标准》的精神和要求，《综合示范纲要》中确定了 10—

11 年级的体育课程任务、课程内容和学时安排、11 年级毕业生体能应达到的标准。

（一）10—11 年级的体育课程任务

1.《综合示范纲要》中体育课程任务的具体表述

- 促进身体协调发展,掌握巩固健康、对抗压力的体育锻炼技能和卫生知识。
- 学习新的运动技能与能力,拓展运动的相关经验。
- 继续发展协调性和与年龄相符的速度、力量、耐力和柔韧体能。
- 知晓有关体育活动和运动训练规律性的知识,懂得体育对未来生活的价值。
- 深入了解主要的运动项目。
- 养成在课余时间进行体育锻炼的习惯。
- 学会对运动能力进行自我评价,了解运动对心理发展的影响,能够进行自我心理调节。

2. 对体育课程任务的分析

首先,从 10—11 年级体育课程任务的内容来看,与初中阶段大致相同,涵盖了身体发展、知识学习、体能发展、运动技能学习、锻炼习惯、心理发展等方面,体现了对高中生全面发展的要求。这些体育课程任务是对《国家教育标准》中 10—11 年级体育课程目标的进一步细化,为推进《国家教育标准》在基层学校的落实起到了桥梁的作用。

其次,由于高中阶段学生的身体发育基本成熟,要求学生在前期体育课程学习的基础上进一步拓展相关的运动经验,着重强调自主锻炼,尤其是要求高中生养成课余时间从事体育锻炼的习惯,能够进行运动能力、体能和心理方面的自我评价,积极进行心理调节。

第三,随着高中生认知水平的不断提高,对高中生的体育认知有了更高的要求,如充分认识到体育运动在增进健康、对抗压力与疲劳、体育活动与运动训练的规律等方面的意义,尤其是强调学生要理解体育对未来生活的价值。教师在体育教学过程中应该融入相应的知识,引导学生更深入地理解体育的价值,提高学生的体育认知水平。

（二）10—11 年级的体育课程内容与学时安排

1.《综合示范纲要》中体育课程内容与学时安排的具体表述

（1）体育课程内容

10—11 年级的体育课程内容包括三个部分：体育文化知识、体育实践方法和体育运动技能。

① 体育文化知识

● 社会文化：社会体育与人,人的身体文化概念,体育活动对个人的价值,巩固健康、身体完善和形成健康的生活方式,现代奥林匹克运动与群众体育,国内与国外运动健康体系的目的、任务、基本内容与组织形式。

● 教育心理：体育锻炼的组织、计划、调整和监控运动负荷的方法,运动的基本形式与类型,体型的分类与特点,现代体育锻炼方式,主要运动项目的基本技术和战术,群众性体育竞赛的组织与运行。

● 生物医学：体育运动在预防疾病、健康促进中的作用,个体锻炼习惯、锻炼形式的选择取决于个人学业特点和个人身体健康的自我感觉,安全技术和预防伤害的特点,群众性体育竞赛活动中预防措施和康复手段。

② 体育实践方法

自控训练,心理训练和瑜伽。

③ 体育运动技能

体操(垫上运动、支撑跳跃、攀登、悬垂),田径(短跑、障碍跑、跳远、跳高、投掷),越野训练(登山、各种形式的耐力跑、足球)或滑雪,球类运动(篮球、排球)。

（2）学时安排

表 5-5　10—11 年级体育课程的学时安排

板块	模块与主题	年级	
		10	11
必修部分	体育文化知识	随堂进行,无具体课时	
	体操	21	21
	田径	21	21
	球类运动（排球）	21	21
	小计	63	63
选修部分	篮球	21	21
	越野训练或滑雪	18	18
	小计	39	39
	总计	102	102

2. 对体育课程内容与学时安排的分析

首先,从 10—11 年级体育课程内容的组成来看,还是包括必修部分和选修部分。其中必修部分的体育文化知识包含社会文化、教育心理和生物医学等几个部分,这些内容与初中阶段相比更加深入,在文化知识内容方面体现了随着学段升高而不断深入的特点。而体育实践方法部分的内容变化较大,高中阶段要求学习自控训练,心理训练和瑜伽等内容。在体育运动技能部分,田径、体操、篮球、排球等仍是高中学生体育课程学习的主要内容。此外,从选修和必修的内容构成来看,高中阶段将越野训练或滑雪调整到选修部分,进一步加大了高中生选修的范围和自主性。

其次,从10—11年级体育课程的学时安排来看,高中阶段选修部分所占比重有了明显的加大,初中阶段选修课程的学时为每年27学时,到了高中阶段则增加到每年39学时。与初中相对于小学阶段增加的选修学时幅度相比,高中阶段相对于初中阶段增加的选修学时幅度大幅增加,这为高中生的体育学习提供了更大的空间。

(三) 11 年级毕业生体能应达到的标准

1.《综合示范纲要》中毕业生体能应达到的标准的具体表述(见表 5‑6)

表 5‑6　11 年级毕业生应达体能标准

体能	测 试 项 目	男	女
速度	100 米跑	14.3(秒)	17.5(秒)
	30 米跑	5.0(秒)	5.4(秒)
力量	高杠引体向上	10(次)	
	低杠悬垂臂屈伸		14(次)
	立定跳远	215(厘米)	170(厘米)
耐力	3000 米跑	13.3(分)	
	2000 米跑		10.0(分)

2. 对毕业生体能应达到的标准的分析

首先,从11年级毕业生体能测试的指标来看,与初中和小学阶段相比,只对速度、力量和耐力提出了要求,而未在协调性方面提出要求。在具体的测试项目上,与9年级毕业生的体能标准相比,只保留了立定跳远和女生2000米跑两个项目,其他测试项目都进行了调整,以更好地符合高中生体能测试的实际要求。小学、初中到高中毕业生体能测试指标的改变既适应了各年龄阶段学生身体发育的特点,也有利于通过测试来促进学生体能的全面发展。此外,在具体的体能水平要求上,由于 11 年级的毕业生即将高中毕业而升入大学或者步入社会,所以此阶段学生的体能标准已基本接近成人。

其次,从 11 年级学生体能应该达到的标准本身所起的作用来看,该标准不仅可以像小学和初中那样为教师的教学提供一定的参考标准,而且也可以为学生思考自己在进入社会并适应社会时应该具备什么样的体能水平提供指导,因为良好的体能水平是个体在社会中提高生活质量和工作效率的基础。

第五节　《体育课程综合示范纲要》实施建议的介绍与分析

在俄罗斯第二版普通教育《国家教育标准》中,并没有就具体的体育课程实施提出建议,只是规定了在编写《综合示范纲要》时应该涵盖三个部分:即目标、内容和实施建议。在俄罗斯教育科学院利亚赫博士主持编写的《综合示范纲要》中,对小学、初中和高中阶段体育课程的实施建议提出了共性的要求。

一、《综合示范纲要》中实施建议的具体表述

(一)教学目标设置的建议

每节体育课都应该要有清晰的目标和具体明确的教学任务,根据教学任务选择课程内容、教学方法、教学手段和教学组织形式。一般而言,每节体育课都要设置教育、教学和健康三个方面相互关联的任务;保障体能的全面发展;发现学生的运动天赋。

(二)教学内容选择和设计的建议

教学内容的前后要遵循一定的逻辑顺序;根据学生的年龄、性别、健康状况、体能、心理和身体发育状况等提供差异化和个体化的教学内容;应将运动技能学习与体能发展巧妙结合;经常进行一般和专项体能练习;注意从早期基本动作技术的学习尽快转入体育锻炼方法的学习;体育课程的实施应该在户外进行,学生的运动服装和运动鞋应符合气候特点。

(三)教学方法选择与运用的建议

给学生提供一定的自由空间,让学生自主完成体育学习行为与任务,以

激发学生的创造力和主动性；引导学生学会利用非正式的设备和教学技术手段在课堂上获得最合适的运动密度与运动负荷；教授运动技能时可采用多种教学方法，包括预习和导入教学法、分解和完整教学法、问题和程序教学法等。

（四）学生成绩评价的建议

定性评价与定量评价相结合，着重于评估学生对身体自我完善的追求、运动技能的提高程度、运动能力的发展程度、运动知识的掌握程度、参与运动的积极性、健康生活方式的养成情况；对学生的评价应以激发学生的体育锻炼兴趣，提高运动技能水平，完善自我，形成健康的生活方式为导向。

二、对实施建议的分析

《综合示范纲要》提出的体育课程实施建议重点关注了四个方面：一是关注学生的差异性，不仅注重学生的年龄、性别差异，还考虑了学生的身体发育水平和身心健康状况；二是将教学任务区分为教育、教学和健康任务，关注三个任务的完成；三是注重选择和运用丰富多样的教学方法，给学生提供足够的自我学习空间，通过合适的运动密度和运动负荷提高学生的运动水平；四是在体育学习评价中，强调多种评价方式的结合，形成自我完善和养成健康生活方式的评价导向。尤其是非常强调对学生进步幅度的关注，如运动技能的提高程度、运动能力的发展程度、运动知识的掌握程度、参与运动的积极性、健康生活方式的养成情况等，这非常有利于激发不同层次学生体育学习的积极性。

第六章

澳大利亚国家健康与体育课程标准解读

    2008 年颁布的《墨尔本宣言》,确立了澳大利亚的两大教育目标,即"促进公平,追求卓越"和"使所有澳大利亚青少年成为成功的学习者、自信且富有创造力的个体以及积极明智的公民"。为了达成上述教育目标,《墨尔本宣言》将学习领域的知识、技能和理解力,通用素养和跨学科素养作为国家课程设计的基础,拉开了澳大利亚新一轮课程改革的帷幕。

    在《墨尔本宣言》的指导下,澳大利亚采取了一系列有效的措施,以确保澳大利亚第一个真正意义上的国家课程标准顺利诞生。2008 年 4 月,国家课程委员会(National Curriculum Board)成立,对国家课程进行了三个批次四个阶段的制定①;2009 年 5 月,澳大利亚课程、评估与报告管理局(Australian Curriculum, Assessment and Reporting Authority,简称 ACARA)正式成立,主要负责监督国家课程的制定、评价和报告,并通过颁布多个版本的《国家课程纲要》和《国家课程开发指南》来确保多阶段的学科课程开发。2015 年 9 月,澳大利亚国家课程标准(F② – 10)颁布,其中健康与体育课程是澳大利亚国家课程的八大学习领域之一。同时,澳大利亚教育委员会也于 2015 年 9 月份颁布了《澳大

---

① 张文军,李静潇. 澳大利亚新一轮课程改革(上)[J]. 基础教育课程,2010 (10):51 – 53.

② F,即 Foundation,中文可翻译为预备班,在澳大利亚指的是介于幼儿园和小学一年级之间的预备年级。

利亚课程：健康与体育(F‑10)7.5 版》(以下简称《课程标准 7.5 版》)。经过短时间的初步实施、反馈与修订,澳大利亚教育委员会于 2016 年 6 月通过了《澳大利亚课程：健康与体育(F‑10)8.2 版》(以下简称《课程标准 8.2 版》),该版本精简了课程标准的呈现方式,增加了对素养的关注,提升了课程标准本身的可操作性与易管理性[1]。为了使各州和地区顺利向《课程标准 8.2 版》的实施过渡,ACARA 规定在 2016 年 12 月之前,仍然可以继续使用《课程标准 7.5 版》,但各州和地区均应制定新的课程计划,准备并开始实施《课程标准 8.2 版》[2]。本章主要对《课程标准 8.2 版》进行解读,但需要指出的是,《课程标准 8.2 版》只针对F‑10 年级,没有颁布高中阶段的课程标准,因此本章所阐述的内容不包括高中阶段。《课程标准 8.2 版》主要包含健康与体育课程性质、课程目标、课程理念、课程内容结构、通用素养和跨学科素养六个方面。

第一节　健康与体育课程性质、理念与目标的介绍与分析

一、课程性质

(一)《课程标准 8.2 版》中课程性质的具体表述

21 世纪是一个日趋复杂、变化迅猛的时代,澳大利亚的年轻人不仅要应对生活的各种挑战,还要成为健康、安全和积极的公民。

科技的发展改变了人们的生活和沟通方式,但也导致了各种健康问题的出现。随着科技的发展,各种新型的身体活动大量涌现,这就要求学生应具备批判探究的能力去研究和分析出现的健康问题,并理解健康、安全、幸福和参与身体活动的影响因素。同时,学生还需要具备适应能力、同情心,积极关注个人和他人幸福,学会利用健康、安全和身体活动等方面的资源,促进个人和社区健康。

健康与体育课程应发展学生的知识、技能和理解能力,增强学生的自我意识,促进学生建立并维系良好的人际关系;提升学生的安全和健康意识;培养学

---

① Australian Curriculum, Assessment and Reporting Authority [ACARA]. Tracked changes to F‑10 Australian Curriculum [EB/OL]. [2016‑3‑1]. http://www. acara. edu. au/verve/_resources/Changes_to_the_F-10_Australian_Curriculum. pdf.

② Australian Curriculum, Assessment and Reporting Authority [ACARA]. Version implementation advice [EB/OL]. [2016‑3‑1]. http://www. australiancurriculum. edu. au/curriculum/overview.

生的质疑和批判传统的思维方式;引导学生学会利用多种与健康有关的资源、服务和组织。

健康与体育课程的核心是运动技能和概念的获得,促进学生自信、出色、创造性地参与多种身体活动。学生要理解身体活动并形成积极的态度,从而为终身参与身体活动和提高运动能力奠定基础,并重视身体活动、户外休闲和竞技运动对澳大利亚社会及全球的意义。运动是学生学习的重要媒介,通过运动可以促进学生的个人技术、行为、社交技能和认知技能的提高。

健康与体育课程是一门具有现代性、挑战性,相互关联且充满活力的体验性课程。

(二) 对课程性质的分析

《课程标准8.2版》是基于《澳大利亚国家课程纲要4.0》和《澳大利亚国家课程开发指南3.1》的课程理念研制的。前者指出,各科课程标准中的课程性质部分一般要说明学科性质,解释学科的地位、目的、价值及与国家教育目标的联系等[①]。后者提出,课程性质还要说明课程内容选择的缘由并概括F-10年级学生的学习内容[②]。可见,该部分在《课程标准8.2版》中起着"定调"的作用,为健康与体育课程的改革和发展指明了方向。具体来看,健康与体育课程性质呈现以下特征:

1. 体现了健康与体育课程的综合性

社会的发展不仅对人才的培养提出了新的要求,也对健康与体育课程提出更高要求。健康与体育课程的价值和内容均呈现综合性。首先,健康与体育课程提出不仅要培养健康的公民,还要培养安全和积极的公民。具体来说,健康与体育课程不仅要培养学生的批判探究和适应能力,还要重视培养学生健康意识、实践和行为的养成以及运动能力、运动习惯和运动品格的形成,体现了健康与体育课程价值的多维性。其次,健康与体育课程不仅涉及自我意识、人际关系、安全和健康等方面,还涉及运动技能和概念、身体活动和运动文化等,体现了健康与体育课程内容的综合性特征。

---

① Australian Curriculum, Assessment and Reporting Authority [ACARA]. The Shape of the Curriculum V4. 0 [EB/OL]. [2016 - 04 - 12]. http://acaraweb. blob. core. windows. net/resources/The_Shape_of _the_Australian_Curriculum_v4. pdf.

② Australian Curriculum, Assessment and Reporting Authority [ACARA]. Curriculum Design PaperV3. 1 [EB/OL]. [2016 - 04 - 12]. http://acaraweb. blob. core. windows. net/resources/07_04_ Curriculum_Design_Paper_version_3_1_June_2012. pdf.

2. 突出了健康与体育课程的实践性

与其他课程相比,健康与体育课程突出的特点是学生主要在运动中进行学习,具有鲜明的实践性。健康与体育课程明确指出其核心是运动技能和概念的获得,促进学生自信、出色、创造性地参与多种身体活动。只有通过参与多种身体活动,才能促进学生运动技能的形成、运动能力的提升和运动习惯的养成。此外,健康与体育课程还强调学生的健康实践能力,要求学生要使用健康、安全和身体活动等方面的资源,促进个人和社区健康。只有身体力行,在日常生活中运用各种健康知识和技能,才有利于个人健康行为和习惯的养成和社区健康的促进。

二、课程理念

(一)《课程标准 8.2 版》中课程理念的具体表述

健康与体育课程标准研制专家组通过对教育、健康、竞技运动等方面研究成果的梳理,明确了面向未来的健康与体育课程的价值和方向①,形成了《课程标准 8.2 版》的五项相互联系的理念。

1. 聚焦教育性目的

健康与体育课程的首要任务是说明健康与体育课程的学科知识、技能和理解力的发展,学生该如何理解并在运动和健康生活中进行应用。除了教育性目的之外,健康与体育课程还有多个目标,但最重要的目标是为学生提供有关健康和运动的持续的、适宜的外显学习机会。基于其多学科基础,健康与体育课程为学生提供多种学习机会去实践、创造、应用和评价本学科的知识、技能和理解力。

2. 采取积极取向方式

澳大利亚健康与体育课程采取积极取向的方式,也就是说,与其关注潜在的健康风险,不如更加关注为学生提供健康、安全和作出积极决策的知识、技能和理解力,以提升其个人和他人的健康和幸福。该理念认为,在增进健康、幸福、提升运动能力和促进身体活动参与等方面,所有的学生都能够发挥其长处,并利用其所在社区的资源。

3. 重视运动

澳大利亚健康与体育课程是学校课程的重要学习领域,其重点是发展学生

---

① Doune Macdonald. The new Australian health and physical education curriculum: A case of/for gradualism in curriculum reform? [J]. Asia-Pacific Journal of Health, Sport and Physical Education, 2013,4(2): 95 – 108.

的运动技能和概念,促进学生自信、出色地参加运动。学生在运动中获得的知识、技能、理解力和态度情意,将鼓励他们终身参与身体活动,从而对健康形成积极的影响。运动能力和自信心对个人和社区而言都是一项重要的财富,应该重视并积极发展学生的运动能力与自信心。健康与体育课程可以从多个方面促进学生理解运动的重要性:从满足个体功能性需求和提供积极生活的机会到理解参与身体活动和竞技运动是有意义的文化和社会实践。而运动学习所需要的广泛的科学、社会、文化和历史等方面的知识基础,也增进了人们对运动方式、产生原因及提升身体表现的理解。同时,运动学习也会提供多种机会和挑战,促进学生个人技能的提高及健康行为的养成。

4. 发展健康素养

健康素养可以理解为个人获取、理解健康信息,并运用这些信息维护和促进健康幸福的能力。健康与体育课程关注健康素养三个维度的相关知识、技能和理解力:

- 功能性维度——学习并利用相关的知识和服务来解决健康方面的问题。
- 互动性维度——需要更高水平的知识、技能和理解力来主动而独立地解决健康问题,将新信息运用到各种不同的环境中。
- 批判性维度——从各种资源(包括科学信息、健康手册或媒体信息等)中选择性获取和批判性分析健康信息的能力,从而采取行动提升个人和他人的健康和幸福。

与积极取向方式一样,个人与社区的健康素养是个人和群体的财富,健康与体育课程应积极发展、评估、丰富和传递健康素养。

5. 包含批判探究方式

健康与体育课程为学生提供了批判探究的过程,以帮助学生学习、分析、应用和评价健康与运动领域的知识,因此学生将会批判性地分析和评价影响个人决策、行为和行动的因素,并将探讨包容性、权利不平等、权利获得、权利多样性和社会公正等问题。

健康与体育课程认为与健康和身体活动相关的价值观、行为、优先事项和行动是影响人们生活方式的因素。该课程重点在使学生理解个人和社会群体的健康实践、参与身体活动的方式和兴趣的多样性,需要采取不同的方法和策略去促进学生的健康和参与身体活动。

长期以来,人们已经意识到校园环境能促进健康与体育课程的实施。健康与体育课程学习可以帮助学生对他们的健康、幸福、安全和身体活动参与等作出决策。如果学校和学区存在一致的信息,那么健康与体育课程的学习就是有效的并且会得以强化。如果所有课程的教学以及整个学校环境都能反映健康与体育课程所传达的知识、技能和理解力,那么学生就可以更好地践行和强化健康与体育课程的学习。

(二) 对课程理念的分析

基于坚实的研究基础,健康与体育课程在结合课程特征和学生发展需求的基础上提出了五大理念,具有很强的时代性和针对性。五项课程理念相互联系、相互渗透,为课程内容制定和课程实施指明了方向。下面对各项理念逐一解读分析。

《课程标准 8.2 版》将"聚焦教育性目的"作为首要理念,足见其重要程度。Maree Dinan Thompson[1]认为应将该理念作为一种"黏合剂"贯穿于其他四项理念中。"聚焦教育性目的"这一理念重申了健康与体育课程作为澳大利亚国家课程众多学习领域的一门课程,应该重视学生的学习和发展,为学生提供学科知识、技能和理解力,促进学生和他人的健康、幸福和参与身体活动。健康与体育课程不应该通过一些非教育性的目的,如国家在竞技体育领域获得的成绩来体现自身的价值[2],也不应该为儿童青少年的健康问题承担全部责任[3]。只有明确健康与体育课程的性质和定位,才有利于课程内容体系的构建和实施。

"采取积极取向方式"这一理念是健康与体育课程基于本国学生的实际健康状况以及积极心理学中"有益健康"概念而提出的。澳大利亚 2011 年的一份全国性调查报告指出:澳大利亚多数青少年评定自己的健康状况等级为比较好、好和非常好[4],而这正好与积极心理学中的有益健康概念不谋而合,即强调"是什么保持人的健康和活跃"。采取积极取向方式不仅可以发挥学生的个人优势,还可充分利用学生所处社区的各种资源,构建社区资源导向和个人能力提升的

---

① Maree Dinan Thompson. Claiming 'educative outcomes' in HPE: The potential for 'pedagogic action' [J]. Asia-Pacific Journal of Health, Sport and Physical Education, 2013,4(2): 127 - 142.

② Richard Tinning. Aliens in the gym?: considering young people as learners in physical education [J]. ACHPER Australia Healthy Lifestyles Journal, 2007,54(2): 13.

③ Australian Curriculum, Assessment and Reporting Authority [ACARA]. The shape of the Australian curriculum: Health and Physical Education [EB/OL]. [2016 - 9 - 20]. http://acaraweb. blob. core. windows. net/resources/Shape_of_the_Australian_Curriculum_Health_and_Physical_Education. pdf.

④ Australian Institute of Health and Welfare [AIHW]. Young Australians: Their healthand wellbeing. [EB/OL]. [2016 - 09 - 21]. http://www. aihw. gov. au/publication-detail/? id = 10737419261.

学习方式。该理念的提出不仅可以促进学生的健康、幸福和身体活动参与,还对整个国家的健康有着重要价值①。

"重视运动"这一理念是基于 Arnold② 的有关运动的三个维度提出的,即运动中的教育、关于运动的教育和通过运动的教育。重视运动不仅强调学习与运动有关的知识、技能和方法,还重视学生通过运动学习获得心理健康(运动自信和积极态度)和社会健康等方面的技能。此外,与运动有关的文化价值也是该理念所重视的。

关于"发展健康素养"的理念,有其重要的研究基础。国际关于未来健康的研究显示:健康素养是健康促进的重要策略,对于学生健康发展有重要价值。健康与体育课程有责任与其他机构一起共同促进学生健康素养的形成③。健康与体育课程可以发展功能性、互动性和批判性三个维度的健康素养。从功能性到批判性维度,对学生的批判探究能力和健康实践能力的要求逐渐提升,这对学生的发展均有重要价值。

"包含批判探究方式"是基于《墨尔本宣言》对批判探究能力的要求而提出的,该宣言认为批判探究能力是学生作为 21 世纪成功学习者必备的能力,每一门课程都应积极发展学生的该种能力。《课程标准 8.2 版》也指出学生在学习各种知识和技能,解决各种健康问题时,需要探究并批判性分析各种知识和问题。该理念也与发展健康素养理念中的批判性健康素养维度相互联系,旨在共同提高学生的批判探究能力。

总之,健康与体育课程的五大理念特色鲜明,有助于实现课程的功能和价值。

三、课程目标

(一)《课程标准 8.2 版》中课程目标的具体表述

澳大利亚健康与体育课程(F-10)从发展学生的知识、技能和理解力出发,

---

① Louise McCuaig, Mikael Quennerstedt, Doune Macdonald. A salutogenic, strengths-based approach as a theory to guide HPE curriculum change [J]. Asia-Pacific Journal of Health, Sport and Physical Education,2013,4(2):109-125.

② Peter J. Arnold. Education, movement and the curriculum [M]. London:Falmer Press, 1988.

③ Doune Macdonald. The new Australian health and physical education curriculum:A case of/for gradualism in curriculum reform? [J]. Asia-Pacific Journal of Health, Sport and Physical Education,2013,4(2):95-108.

确立了五个方面的目标,以确保学生能:

- 获取、评价和综合运用信息,采取积极行动去维护和促进自己和他人的健康、幸福与安全,并提倡终身参与身体活动。
- 发展并运用个人、行为、社会和认知等方面的技能和策略,提升个人的认同感和幸福感,建立并维系良好的人际关系。
- 习得、应用和评价运动技能、运动概念和策略,能自信、出色和创造性地参与各种身体活动。
- 参与并享受有规律的运动学习体验,理解并重视其对个人、社会、文化、环境和健康的实践和结果等方面的意义。
- 分析个人和环境因素在地方、区域乃至全球范围内对健康和身体活动产生的影响和带来的机遇。

(二) 对课程目标的分析

课程目标是教育目标的明确化、具体化,健康与体育课程作为澳大利亚国家课程的一门重要学科,在体现国家教育目标,即"使所有澳大利亚青少年成为成功的学习者、自信且富有创造力的个体以及积极明智的公民"的基础上确定了五个方面的具体目标。总体来说,澳大利亚健康与体育课程的目标体现了以人为本的价值取向,以促进学生健康、安全和参与身体活动为最终目的,主要体现出以下两个方面的特点:

1. 强调培养学生的健康素养

健康素养可以理解为:个人获取、理解健康信息,并运用这些信息维护和促进健康幸福的能力。健康素养包含功能性、互动性和批判性三个维度。"获取、评价和综合运用信息,采取积极行动去维护和促进自己及他人的健康幸福"这一目标正是健康素养的体现。健康素养不仅是一种认知技能,更是一种社会技能。健康素养的培育,不仅要求学生能通过各种信息解决个人健康问题,还重视发挥学生的健康实践能力去促进与其密切相关的社区或群体(家庭、学校、同伴及社区等)健康。根据健康生态学理论,人群健康是个体因素、卫生服务,以及物质和社会环境因素相互依赖和相互作用的结果[①]。通过加强学生健康素养的培养,有利于加强学校与学生所处的社区或群体紧密联系,共同提升学生和他人的健康水平。

---

① 郑频频,史慧静.健康促进理论与实践(第二版)[M].上海:复旦大学出版社,2011:283.

2. 重视培养学生终身参与身体活动的能力

学生要形成终身参与身体活动的意识和能力，必须要理解运动的多元价值，对运动形成积极的态度，并具备运动的相关知识、技能和能力等。《课程标准8.2版》指出，健康与体育课程重视学生运动技能的形成、概念和策略的学习，重视学生的运动参与和获得积极的运动体验，重视学生对运动概念和策略的理解和运用等，旨在促进学生身体活动参与行为的形成，培养学生终身参与体育活动的能力和习惯。

第二节　健康与体育课程内容的介绍与分析

《课程标准8.2版》首先构建了健康与体育课程的内容结构，然后制定了F-10年级共六个水平段的内容体系。下面首先对健康与体育课程的内容结构进行介绍与分析，然后列举F-10年级健康与体育课程的具体内容并进行分析。

一、课程内容结构

（一）《课程标准8.2版》中课程内容结构的具体表述

《课程标准8.2版》根据五大课程理念和课程目标设置了两条主线、六条支线、十八条线索和十二项重点内容的课程内容结构（见图6-1、表6-1和表6-2）。健康与体育课程内容的两条主线是：个人、社会和群体健康，运动和身体活动。这两条内容主线相互联系、相互支撑。两条内容主线又分别下设三条支线，其中个人、社会和群体健康主线包含的三条支线是：成为健康、安全和活跃的人，为了健康幸福进行交流互动，促进健康活跃群体的形成；运动和身体活动主线包含的三条支线是：身体运动，理解运动，通过运动进行学习。每条支线又包含多个内容线索（见表6-1）[①]。下面主要对健康与体育课程支线内容和课程重点内容进行介绍与分析。

---

① Australian Curriculum，Assessment and Reporting Authority［ACARA］. The Australia Curriculum：Health and Physical Education version 8.2［EB/OL］.［2016-03-01］. http://www.australiancurriculum. edu. au/health-and-physical-education/structure.

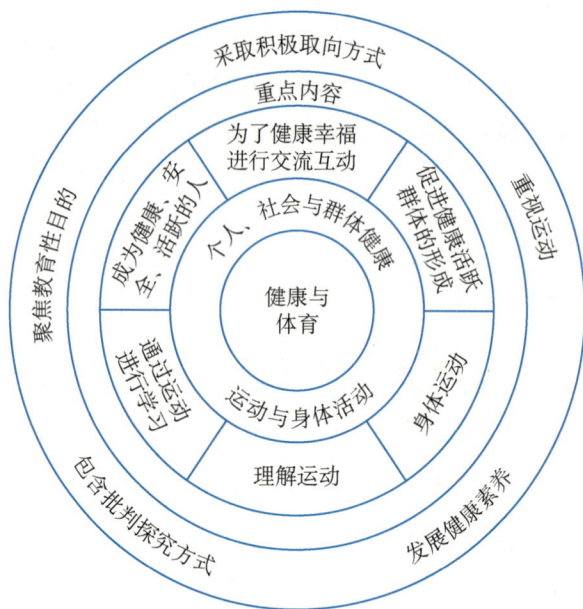

图6-1 澳大利亚健康与体育课程的内容结构图

表6-1 澳大利亚健康与体育课程内容线索表

主线	个人、社会和群体健康	运动与身体活动
支线和线索	成为健康、安全和活跃的人	身体运动
	身份 改变与转换 寻求帮助 做出健康、安全的决策	提高运动技能 发展运动概念和策略
	为了健康幸福进行交流互动	理解运动
	与他人互动 理解情绪 健康素养	体能和身体活动 运动要素 身体活动的文化意义
	促进健康活跃群体的形成	通过运动进行学习
	群体健康促进 联系环境 重视多样性	团队协作和领导力 运动中的批判和创新思维 运动中的道德行为

1. 支线内容

（1）成为健康、安全、活跃的人

该内容的重点是帮助学生做出有益于个人健康、安全和幸福的决定。该内容可以发展学生的知识、技能和理解力，增强其适应能力，使学生获取并理解相关的健康信息，引导其做出有益健康、安全和积极的选择。另外，该内容还包含个人身份和个人情绪，以及影响学生健康、安全和幸福的环境因素。同时，还关注学生定期进行体育锻炼的行为和积极品格的养成。

（2）为了健康幸福进行交流互动

该内容重在培养学生的知识、技能和理解力，使其对健康的知识领域和问题进行批判性地讨论和实践，并将新信息运用到影响个人和他人健康、安全和幸福的各种环境中。

（3）促进健康活跃群体的形成

该内容重在培养学生的知识、技能和理解力，使其批判性地分析影响群体健康幸福的环境因素，能够选择性地获取相关的信息、产品、服务和环境，采取行动增强群体健康幸福。

（4）身体运动

该内容是游戏和基本运动技能的重要基础，重点是一系列运动技能的获得和提高。该内容可以培养学生应用运动概念和策略来提升自己的运动表现并增强其运动能力和自信心，同时还可以发展其终身参与身体活动所需的技能和品格。

（5）理解运动

该内容关注身体为什么会运动、怎样运动以及运动时身体的表现等方面的知识和理解力。参与身体活动时，学生能分析并评估可用于理解和改善运动质量以及身体活动表现的理论、技术和策略，探索身体活动、户外休闲和竞技运动在个人生活、各个时期和各种文化中的地位和意义。

（6）通过运动进行学习

该内容侧重于通过参与运动和身体活动来提高学生的个人和社会技能，主要有沟通交际能力、决策能力、问题解决能力、批判性和创新性思维能力以及合作能力等。可以在学生以个人、小组或团队形式完成运动任务或应对运动挑战时发展这些技能。通过运动体验，学生可以发展自我意识、自我管理、坚持挑战、力争上游等重要的个人和社交技能。同时，他们还可在有组织的竞技运动与休闲娱乐中体验不同的角色。

2. 重点内容

《课程标准 8.2 版》规定了 F－10 年级必须要学习的十二项重点内容（见表

6-2),并将其排列到各个内容线索中。《课程标准8.2版》还为每项内容提供了详细举例,为教师制定教学计划提供参考。此外,《课程标准8.2版》详细规定了各水平段应开设的重点内容(见表6-2),但每个重点内容在每个水平段中的具体教学时间(如在3年级或4年级,还是在两个年级都开安全方面的内容)则由学校和教师来确定。另外,《课程标准8.2版》还指出,健康与体育教学计划的制定应考虑本地需求、可利用的资源、学生的意愿和社区的重点等。

表6-2 澳大利亚健康与体育课程各水平段重点学习内容

十二项重点内容	F—2年级	3—6年级	7—10年级
酒精及其他药物	√药物	√	√
食物和营养	√	√	√
身体活动的健康益处	√	√	√
心理健康与幸福	√	√	√
性与人际关系	√人际关系	√	√
安全	√	√	√
游戏和小型比赛	√	√	
挑战与冒险活动		√	√
基本运动技能	√		
比赛与竞技运动		√	√
终身身体活动		√	√
韵律与表现性活动	√	√	√

注:"√药物"和"√人际关系"是指F—2年级,学生只需学习药物和人际关系方面的内容。

(二) 对课程内容结构的分析

澳大利亚健康与体育课程构建了纵向衔接、横向贯通、重点突出、均衡发展的课程内容结构。具体来说,该课程内容结构主要有三个方面特点:

1. 体现了课程内容的均衡性和选择性

健康与体育课程整体上设置了健康与运动两条主线内容,如何确保这两条主线内容的均衡发展是首要解决的问题。《课程标准8.2版》在健康和运动主线下分别设置三条支线和六项重点内容,从而在纵深和广度上体现了健康和运动两条主线内容的均衡性。选择性一方面是指学校和教师在确定各项重点内容的具体教学时间上享有自主选择权;另一方面是指健康与体育课程内容提供了很多内容举例,可供教师选择。

2. 减少学习广度,加大学习深度

日本课程论专家佐藤学认为,课程改革应从"广而浅"向"少而深"转型[①]。健康与体育课程是健康与体育的融合,如何处理两个领域广泛的内容是一个重要问题。《课程标准8.2版》首先从健康和运动两条主线入手,从个人、社会和群体健康三个方面下设了三条健康内容支线;并基于Arnold关于运动的三个维度分析,即运动中的教育、有关运动的教育和通过运动的教育构建了三条运动内容支线[②]。其次,规定六条支线内容范围,确定十二项重点教学内容,限定了课程内容的广度。最后,在学习深度方面主要是对不同学段学生的学习要求和期望不断提高。

3. 根据学生身心发展规律,确定重点内容

学生的身心发展规律是课程内容设置的重要依据,这在健康与体育课程重点内容的设置与编排中得到充分体现。从重点内容在F-10年级的排列来看,虽然健康主线方面的内容在所有水平段都要开设,但酒精和性关系等知识不在F-2年级开设,这是符合学生身体发育规律的。运动主线方面的内容除韵律与表现性活动要在F-10年级全部开设外,其他五项内容均有所侧重,如基本运动技能以及游戏和小型比赛适合在整个小学阶段开展,而挑战与冒险活动、比赛与竞技运动、终身身体活动等适合在小学中段和初中阶段进行学习,这种内容排列非常符合学习者的身心发展规律。

二、水平段内容体系列举

《课程标准8.2版》基于上述内容结构构建了预备班、1—2年级、3—4年级、5—6年级、7—8年级和9—10年级六个水平段的课程内容体系,主要采用"水平段总体内容描述——重点内容介绍——具体内容体系——成就标准"的形式,对学生学习的知识、技能和理解力进行了编排。其中,"水平段内容总体描述"介绍了该水平段内容设置的目的和价值;"重点内容介绍"主要列出了该水平段学生要学习的重点内容;"具体内容体系"则以支线和具体线索内容为主进行呈现,同时对每个具体线索内容列举了多项详细内容,以便教师更好地理解具体内容,但

---

① 佐藤学.学习的快乐——走向对话[M].北京:教育科学出版社,2004.

② Trent D. Brown. 'In, through and about'movement: is there a place for the Arnoldian dimensions in the new Australian Curriculum for Health and Physical Education? [J]. Asia-Pacific Journal of Health, Sport and Physical Education,2013,4(2): 143-157.

这并不是指所有的详细内容都要教授给学生,而是依据成就标准进行教学。"成就标准"是指学生在每个水平段结束时预期的学习结果,它强调了学生预期要达到的理解深度、技能的成熟度、应用知识的能力水平等。鉴于重点学习内容已在前文中阐述,因此,下面主要对各水平段内容总体描述和具体内容体系及成就标准进行介绍和分析。

(一) 水平段总体内容

1.《课程标准8.2版》中水平段总体内容的具体表述

表6-3 各水平段总体内容描述

水平段	总体内容描述
F(预备班)	预备班课程为学生形成健康、安全、积极的生活方式奠定基础。本水平段内容主要为学生提供多种机会了解个人的优势,并采取简单行动促进自己和同学的健康和安全 在预备班,学生主要探索哪些人对自己重要,并发展在不同的环境中(学校、家庭、课堂和参与身体活动时)建立并维持相互尊重的人际关系的能力。预备班为学生通过运动进行学习提供多种机会,使学生通过参与积极游戏和结构化的活动来练习和发展基本运动技能,提高运动能力和自信心。当学生参与不同环境中的身体活动时,学生还有多种学习和理解运动的机会
1—2年级	1—2年级课程建立在预备班学习的基础之上,主要支持学生做出健康、安全和参与身体活动的决策。学生主要探索个体自我意识及其影响因素,学习有关情绪、人际交往以及身体和社会性变化等方面的内容 本水平段内容主要包括健康信息及其与健康决策和健康行为的关系、学生可利用的求助策略等。本水平段为学生通过运动进行学习提供多种机会,以支持学生做出更多、更复杂的基本运动技能,学会选择、改变和应用简单的运动技能 学生可通过在各种身体活动和比赛中学习简单的规则和安全使用器械来进一步发展运动方面的知识、技能和理解力。通过积极参与身体活动,学生可以调查身体对不同类型活动的反应。此外,学生还可通过运动发展合作、决策、解决问题和坚持不懈等个人和社会技能
3—4年级	3—4年级课程进一步发展学生健康、幸福、安全和参与身体活动的知识、技能和理解力。在本水平段,学生开始探讨影响自身身份和情绪变化的个人和社会方面的有利因素,并进一步理解身体的发育和变化 本水平段内容主要包含以下方面的知识、技能和理解力,支持学生建立并维持相互尊重的人际关系,做出健康、安全的决策,通过不同的资源解释健康信息并采取行动促进个人健康和幸福

水平段	总体内容描述
	3—4年级课程可帮助学生提高多种基本运动技能。学生可以通过组合运动动作创编出更复杂的运动模式和序列。通过参与身体活动,学生可进一步掌握身体运动的知识,探索能满足个人需求和兴趣的身体活动特征,并了解定期参与身体活动的价值 3—4年级课程能为学生提供多种机会发展领导力、交流、合作、问题解决、坚持不懈和做出决策等个人和社会技能
5—6年级	5—6年级课程进一步促进学生创造机会并采取行动促进个人和他人健康、幸福、安全和参与身体活动方面的知识、技能和理解力。学生将发展对自身情绪的管理能力、对自己身体和社会性变化的理解能力以及对人际关系发生变化的探究能力 本水平段内容为学生提供多种机会为建立积极校园环境做出贡献,以促进每个学生做出健康、安全和积极决策。学生也会探讨健康、安全和幸福的行为和影响因素 学生在更复杂的运动模式和条件下进一步提高更广泛的基本运动技能。在组合与创新运动序列及参与比赛和竞技运动时运用运动概念和策略。在学习监测身体对不同类型身体活动的反应时,进一步增强对运动的理解。另外,学生在参与身体活动时会进一步学习公平运用规则和表现出道德行为。学生也会在团队或小组运动中学习有效的沟通技能和问题解决技能
7—8年级	7—8年级课程进一步扩展学生的知识、技能和理解力,帮助他们在课堂、休闲、社交、运动和网络在线情况下获得成功。学生学习如何采取积极的行动来提高自己和他人的健康、安全和幸福,探究人际关系的性质以及影响人们信仰、态度、机会、决定、行为和行动的其他因素,展示一系列可支持他们获取和评估健康和身体活动信息及寻求帮助的策略 7—8年级课程支持学生完善一系列与健康、安全、幸福、运动能力和自信有关的专业知识、技能和理解力。学生在一系列身体活动中培养专项运动技能和理解能力,分析身体控制和协调对运动的组成和运动表现的影响,并学会将运动技能和概念运用到各种身体活动中。学生探讨比赛和竞技运动、户外娱乐、终身体育活动以及韵律和表现性活动在塑造文化和身份方面所起的作用。他们会在参与一系列身体活动中反思并完善个人和社会技能
9—10年级	9—10年级课程支持学生在不同的休闲、社交、运动和网络环境下改进并应用策略以保持积极的观点。学生学会批判性地分析和应用健康与身体活动信息,制定并实施个人计划,以保持健康和积极的习惯。学生体验有助于成功参与身体活动的不同角色,提出策略来制定预防和保健措施,以建立和优化社区健康和幸福 学生学习在不同的运动环境中应用更专业的运动技能和复杂的运动概念和策略。学生探讨运动的概念和策略,以评估和改善自己和他人的运动表

水平段	总体内容描述
	现。学生分析参与身体活动和运动对个人身份的影响,并探讨参与身体活动在文化塑造中的作用。9—10 年级课程还为学生提供了改进和巩固个人和社会技能的机会,在一系列身体活动中展示出领导能力、团队精神和协作能力

　　根据各水平段总体内容的描述和重点学习内容,《课程标准 8.2 版》详细描述了每个水平段各支线下的内容。由于篇幅有限,本文主要以 F—10 年级的"为了健康幸福进行交流互动"和"身体运动"两条支线的内容(见表 6-4)为例进行介绍和分析。

表 6-4　澳大利亚健康与体育课程各水平段的内容

线索	F(预备班)	1—2 年级	3—4 年级	5—6 年级	7—8 年级	9—10 年级
为了健康幸福进行交流互动支线内容						
与他人互动	练习个人和社会技能,与他人积极互动	描述包容他人并让其感到归属感的方式	描述尊重、同情和学生差异对人际交往的积极影响	练习个人和社会技能,建立和管理人际关系	调查人际关系的益处,考查其对健康和幸福的影响	调查同情和道德决策对良好人际交往的促进作用
理解情绪	识别并描述人在不同情境中表现出的情绪反应	识别能引发自己和他人情感的情绪反应,并进行练习	调查情绪反应的深度和强度的变化	考查情绪反应对行为和人际关系的影响	分析情绪的影响因素,培养策略去展示同情和体贴	评估情绪反应产生的情境,提出不同情境下应表现出的适宜的情绪反应,反思不同情绪反应可能导致的结果
健康素养		考查健康信息及其与健康决策和健康行为的关系	讨论并解释媒体和网络上的健康信息	识别社区中的媒体和重要人物对个人态度、信念、决策和行为的影响	评估健康信息并就健康问题进行交流	批判性分析各种健康信息并将其应用于健康决策和健康情境中

线索	F(预备班)	1—2年级	3—4年级	5—6年级	7—8年级	9—10年级
身体运动支线内容						
提高运动技能	使用身体不同部位练习基本运动技能和运动序列	按照多种运动序列、在多种情境下表现基本运动技能	练习并改善不同运动序列和情境下的基本运动技能	练习专项运动技能并在多种运动序列和情境下应用	在不同运动情境中做出专项运动技能时,使用反馈来提高身体的控制能力和协调性	提供并应用反馈来发展和改善不同运动情境中的专项运动技能
发展运动概念和策略	参与比赛	参与并创造比赛	练习并应用运动概念和策略	提出并应用运动概念和策略	练习、应用并变换运动概念和策略	发展、实施并评价运动概念和策略以获得成功

2. 对水平段总体内容的分析

健康与体育课程以健康和运动为两条主线内容,以六条内容支线为抓手,分别概述了 F—10 年级六个水平段的课程内容,并基于此构建了具体的课程内容体系。总体来看,健康与体育课程内容设置呈现"螺旋式上升"的特征,综合反映了学生思维发展与理解水平的阶段性[①]。

螺旋式上升是螺旋式课程编制的重要特征,主要是在不同学习阶段重复呈现特定的学科内容,同时利用学生日益增长的心理成熟性,使学科内容不断拓展与加深,从而呈现出螺旋式上升的态势[②]。该种形式有助于将健康与体育课程内容与学生的身心发展规律统一起来,有助于学生获得深刻的学习经验。螺旋式上升在健康与体育课程内容设置中,一方面体现在学习相同内容的广度和深度的递进;另一方面体现在随着层次的提升,课程内容深度和广度适度加深,且两者相互联系、相互影响。如 F—10 年级都要学习运动技能,但课程内容的深度和广度在逐渐加深,F—4 年级主要学习基本运动技能,而 5—10 年级主要学习并应用专项运动技能。同时,在学习相同内容的广度和深度方面也呈现出递进

---

① 孔凡哲. 基础教育新课程中"螺旋式上升"的课程设计和教材编排问题探究[J]. 教育研究,2007,28(5):
62-68.

② 张华. 课程与教学论[M]. 上海:上海教育出版社,2000.

的特征,如预备班要求学习简单的基本运动技能,1—2 年级要求在多种情境中表现基本运动技能,3—4 年级要求改进不同情境的多种基本运动技能。

具体来看,健康与体育课程内容中健康和运动方面的内容设置重点突出,有助于促进学生健康、安全、幸福和参与身体活动目标的最终达成。其具体特征有以下两点:

(1)以个人健康为中心促进社会和群体健康,突出个人健康决策、健康素养培养和群体健康促进

健康是健康与体育课程的最终目标之一。健康教育与健康促进是健康与体育课程的重要方面。健康与体育课程不仅重视学生个人健康促进,还重视通过学生带动其所在群体的健康促进,旨在提升整个国家的健康水平。具体来看,健康与体育课程在个人健康方面要求 1—10 年级学生重点学习人的身体-心理-社会性的发展和变化并作出健康、安全的决策;在社会健康促进方面要求 F—10 年级学生重点学习良好人际关系的建立和维持及健康素养的培养;在群体健康促进方面要求 1—10 年级学生重点学习对所处的班级、学校、社区等群体健康促进的知识。

(2)以运动技能、运动概念和运动策略的学习为核心,重视对身体活动价值的理解和育人功能的体现

身体活动是体育的本质属性,也是健康与体育课程要达成健康、安全、积极公民这一最终目标的重要载体。《课程标准 8.2 版》在课程性质部分明确提出,健康与体育的核心是运动技能和概念的获得,促进学生自信、出色、创造性地参与多种身体活动。这一内容在各水平段课程内容体系中得到充分落实,如 F—10 年级的总体和具体内容描述显示:基本运动技能和专项运动技能的学习与应用是其重点内容,并要求学生在 F—4 年级学习多种基本运动技能,5—10 年级学习专项运动技能,3—10 年级学习运动概念和运动策略。

在学习上述内容的同时,还应重视学生对身体、文化和历史价值的理解,这有助于增强学生参与身体活动的动机,促进学生体育锻炼行为和习惯的养成。健康与体育课程要求 F—10 年级学生学习运动和身体活动对个人健康的价值,尤其是在 7—10 年级要学习体育锻炼计划的制定与实施,以促进学生体育锻炼习惯的养成。此外,健康与体育课程还要求学生从 5 年级开始探讨身体活动的文化价值,以促进学生对运动文化的鉴赏与传承。

健康与体育课程作为国家课程的重要学习领域,应充分发挥其在育人方面的价值与功能。这一价值诉求与 Arnold 提出的"通过运动进行学习"的哲学思想相一致。健康与体育课程非常重视通过运动促进学生个人和社会技能的发展与

养成,如 F—10 年级重视合作能力、坚持不懈、遵守规则、公平意识等能力和品德的形成;1—10 年级重视在解决运动问题过程中批判性和创造性思维的培养等。

(二) 各水平段成就标准

1.《课程标准 8.2 版》中各水平段成就标准的具体表述

成就标准可以帮助体育教师设计具体的教学计划、监测学生的学习进步情况和对学生的学业成绩进行评价。《课程标准 8.2 版》分别制定了六个水平段的成就标准,本节以预备班、1—2 年级、3—4 年级三个水平段的成就标准为例进行呈现(见表 6-5)。

表 6-5　澳大利亚健康与体育课程水平段的成就标准列举

水平段	成就标准
F（预备班）	预备班结束时,学生能认识自己的成长和变化;识别和描述不同的情绪体验;识别促进健康、安全和积极参与身体活动的行动;识别可以开展体育活动的场所,并能展示如何安全地进行运动与玩耍;描述身体在运动中的反应 学生在各种合作的活动中能够使用个人和社会技能;在教师指导和多次练习后,能展示出在不同运动中保证自身安全和健康的保护行为;能展示基本运动技能,以应对运动挑战
1—2 年级	2 年级结束时,学生能描述出自身随年龄的增长所发生的变化;认识个体的优势和成就对个人身份的影响;识别情绪反应对他人感受的影响;调查与健康决策相关的信息,描述如何促进个人和他人的健康、安全和积极参与身体活动;识别可以开展体育活动的场所,以及身体在不同身体活动中的反应 学生能展示与他人积极互动的方式;选择和应用不同的策略来保证个人的健康和安全,并学会向他人寻求帮助;在各种运动序列和情境中展示基本运动技能,能够采用不同方法应对运动挑战;能够展示包含一系列运动要素的运动序列
3—4 年级	4 年级结束时,学生能认识管理自身变化的策略;识别增强个人身份的影响因素;研究情绪反应的变化,理解如何在多种情境下与他人积极互动;解释健康信息,讨论健康和安全决策的影响因素;理解健康和身体活动的好处;描述自身与所处社区的联系,并识别用来维持健康、幸福、安全和身体活动的本地资源 学生能运用合作的策略,并公平使用规则;运用决策和问题解决技能选择和展示保持健康、安全和积极参与身体活动的策略;通过多种身体活动改善基本运动技能、运动概念和运动策略;使用基本运动技能和运动要素来创编和展示运动序列

2. 对各水平段成就标准的分析

《课程标准 8.2 版》中的成就标准的要求随着学生身体、认知、社会和情感方

面的变化而不断提高,对学生的知识、技能和理解力等方面也有不同的预期结果(见表 6-5)。具有以下两个方面的特点:

（1）成就标准和内容标准协调衔接,评价更具针对性

成就标准以运动和健康两条主线来描述,与内容标准相呼应,如在预备班的成就标准中,"学生在各种合作的活动中能够使用个人和社会技能"就与"练习个人和社会性技能与他人积极互动"、"参与身体活动时与他人合作"、"参与身体活动时,遵守规则"三条内容标准相呼应(见表 6-6),实现了教学内容与教学评价相衔接,评价更具针对性。

表 6-6　预备班内容标准与成就标准的呼应

	健康主线: 发现自己的优势 说出身体部位名称,描述身体的成长 与变化 认识他人并做出保护性行为和有助于 安全和健康的行动 练习个人和社会性技能与他人积极 互动 识别并描述人在不同情境中表现出的 情绪反应 识别健康、安全和幸福促进的行动 参与户外和自然环境中的游戏	运动主线: 使用身体不同部位练习基本运动技能 和运动序列 参与比赛 探索规律的身体活动对个体健康和幸 福影响 识别并描述身体运动与力道、空间、时 间、物体和人的关系 参与身体活动时与他人合作 通过试误来检验解决运动问题的可能 方法 参与身体活动时,遵守规则
内容标准		
成就标准	1. 学生能认识自己的成长和变化 2. 识别和描述不同的情感体验 3. 体会促进健康、安全和积极参与身体活动的行动 4. 识别可以开展体育活动的场所,并能展示如何安全地进行运动与玩耍 5. 描述身体在运动中的反应 6. 学生在各种合作的活动中能够使用个人和社会技能 7. 在教师指导和多次练习后,能展示出在不同运动中保证自身安全和健康的保护行为 8. 能展示基本运动技能,以应对运动挑战	

（2）成就标准层层递进,符合认知水平的不断提高

随着年龄的增长,对学生预期获得的成就标准的难度也呈现上升趋势,如预备班对学生学习水平要求较低,多采用"认出"、"描述"、"做出"等行为动词进行

表述;3—4年级对学生学习水平有了一定要求,多采用"理解"、"解释"、"应用"等行为动词进行表述;9—10年级对学生学习水平有较高要求,多采用"批判性分析"、"综合"、"评估"、"应用"等行为动词进行表述。可以说,健康与体育课程各水平段的成就标准层层递进,呈现出要求不断提高的趋势,这完全符合学生的认知发展规律。

第三节 国家课程标准对健康与体育课程的要求介绍与分析

在《墨尔本宣言》确立的"使所有澳大利亚青少年成为成功的学习者、自信且富有创造力的个体以及积极明智的公民"这一教育目标的引领下,澳大利亚国家课程标准采用学习领域、通用素养、跨学科素养相结合的三维设计理念,重视通用素养和跨学科素养在所有学科中的渗透。作为澳大利亚国家课程中八大学习领域之一的健康与体育课程,在其课程实施中也积极落实通用素养和跨学科素养的要求。

一、对健康与体育课程落实通用素养的要求

(一)国家课程标准中落实通用素养的具体表述

通用素养在国家课程标准中扮演着重要角色,是学生在 21 世纪工作与生活中所必备的知识、技能、行为和品格的统称,包括读写、计算、信息和通信技术(Information and Communication Technology,简称 ICT)、批判性与创造性思维、个人与社会、道德理解、跨文化理解等七种素养。国家课程标准要求将七大通用素养贯穿于八大学习领域的课程标准中,并指出要在校内外的学习和生活中,引导学生在复杂多变的环境中自信、有效且恰当地运用知识和技能,培养学生的通用素养。

国家课程标准中详细阐述了健康与体育课程对发展学生每种通用素养的具体内容(见表6-7),为通用素养在健康与体育课程中的落实与培养提供了指导。《课程标准8.2版》使用七种图标对课程具体内容和内容举例中要培养的通用素养进行了标注(见表6-8),为教师教学提供了明晰、具体的指导。此外,国家课程标准还要求教育者要积极为学生提供大量的个人和社交环境,帮助学生通过多种有效的方式实践并发展上述七种通用素养。

表 6-7　通用素养在健康与体育课程中落实的具体要求

通用素养	具体要求
读写	通过介绍健康与身体活动中的特定术语,来帮助学生发展读写素养。学生需要理解与他人进行良好沟通和交流的语言,理解描述自身健康状况、产品、信息和服务的语言,还要发展技能使自己成为批判性的消费者,能够获取、解释、分析、质疑并评价健康与体育领域中不断发展变化的知识基础及其带来的影响。同时,学生在身体活动中体验消费者、表演者和观众等多种角色时,还需提升自身对运动和运动科学语言的理解,这对于分析个人和他人的运动和体能水平非常必要 　　学生要学习领会并组织和健康与体育课程相关的语言,如在不同的社会与身体活动环境中,为了不同目的与他人如何进行有效沟通,如何表达自己的想法和观点,如何评价他人的观点,如何获取帮助,如何恰当地表达自己的情感等
计算	为学生提供多种机会,使他们学会使用计算、估算和测量等方法来收集和理解相关信息(如营养、体能、户外航行或不同技能表现等)。学生在一般活动、竞技运动或娱乐消遣活动中学习运动概念和策略时,要学会运用空间推理能力。学生会使用统计推断、识别数据模型和数据之间的关系等方法来解释、分析健康与身体活动的相关信息,从而能够了解发展趋势、得出结论、做出预测、表现出健康行为和实践活动
信息和通信技术(ICT)	帮助学生有效、安全地获取健康与身体活动的在线信息和服务,协助学生管理自身健康,进而促进学生的 ICT 学习。学生应进一步加深对 ICT 的理解,明白 ICT 在儿童和青少年的生活和人际交往中所处的重要地位;探讨该能力的本质及其在 21 世纪对于建立和维持人际关系的意义;理解在线行为的伦理要求(良好人际沟通中使用的 ICT 礼仪和实践);建立互相尊重的人际关系,使用伦理道德规范自己的网络行为;在健康与体育领域,要将 ICT 作为沟通、合作、创新内容、寻求帮助、获取信息和分析表现等方面的重要工具;在使用多种与健康有关的应用程序时表现出自信和批判性 　　学生要使用多种 ICT 来分析、测量和提升运动表现,获取并批判性地评估健康信息、产品和服务,制定营养、身体活动参与和幸福的个性化计划
批判性与创造性思维	学生通过回应各种和健康与体育相关的问题、观念和挑战来发展自己的逻辑性思维、批判性思维和创造性思维。学生要学会批判性地评估健康与体育课程中广泛的媒体和其他信息等证据,以创造性地探索新的选择和可能性。健康与体育课程可以通过为学生提供多种学习体验来发展学生的批判性思维和创新性思维,这些学习体验鼓励学生提出问题,并通过探讨和设计合适的策略来解决问题,以促进个人、社会和社区的健康和幸福。学生也需要使用批判性思维来看待自己的信仰以及对个人和他人的身份、健康和幸福产生消极影响的社会因素 　　健康与体育课程为学生提供了多种学习机会(舞蹈编排、游戏创作和技术改进),以培养学生的创造性思维。学生可以理解运动产生的过程,并能思考自己的身体反应和对运动体验的感受。包含批判探究方式是健康与体育课程的五大理念之一

通用素养	具　体　要　求
个人与社会	学生在参与运动过程中发展个人和社会技能,知晓并欣赏个人和他人的优势和能力。采取积极取向的方式是健康与体育课程的五大理念之一。学生学会发展多种人际交往技能,如沟通、协商、团队合作和领导力以及对不同观点的评价等 　　健康与体育课程为学生提供多种机会,引导他们去探索个人身份,深入理解影响和塑造个人身份的因素;学会恰当地认识情绪、理解优势和确认价值观,并对其做出恰当的反应;学习并实践个人和社会技能,并通过反馈来改善个人和社会技能;发展学生的知识、技能和理解力来设置并监控个人和学业目标,有效管理时间,有效处理重要任务和各种责任,从而平衡学校、家庭、工作和社会责任之间的关系
道德理解	注重尊重、正直、公平和富有同情心,并重视学生的多样化和人人平等的理念。学生需要审视不同环境(如在学校、家庭、社区、运动场乃至各种自然环境下,人际交往过程中和使用社会化媒体等数字技术时)所适用的道德准则和行为守则。在探讨各种观念及其重要价值(如公平竞争、平等参与以及人际交往过程中互相尊重、互相理解等)的过程中,学生要注重培养自己的道德判断能力,并了解自己的行为可能造成的后果。在日常生活或运动环境中,也要注意对道德判断能力的培养
跨文化理解	为学生提供多种机会,引导他们来认识并尊重个人、家庭和社会健康方面的不同思考方式。学生要理解不同信仰和观念对烹饪食物、健康选择和身体活动参与的影响 　　学生要学会维持个人和团队的完整性,尊重所有人的权利;研究不同社会和文化团体在社区健康问题、运动参与观念和身体活动选择中的典型表现。这样,学生就能理解文化对塑造个人观和社会观的作用,也能理解健康与身体活动在家庭、社会团体、社会机构以及其他文化中的价值

表 6-8　通用素养与预备班健康与体育课程身体运动支线内容的融合列举

线索	具体内容	内容举例	图标含义
发展运动概念与运动策略	参与比赛	参与需具有安全意识和规则的比赛	读写
		参与蕴含其他文化的比赛	计算
			信息和通信技术
			批判性与创新性思维

线索	具体内容	内容举例	图标含义
		参与具有一定要求的比赛,如音乐椅、韵律动作和字母形状等	个人与社会 道德理解 跨文化理解

(二) 对落实通用素养要求的分析

核心素养集中反映了 21 世纪对人才培养的要求,在联合国教科文组织(UNESCO)、欧盟(EU)、经济合作与发展组织(OECD)等国际组织推动下,基于通用素养的课程标准研制成为落实通用素养的主要途径。澳大利亚国家课程标准要求通用素养必须与每个学习领域的课程内容紧密衔接,从而构建跨学科共育模式,形成全科育人合力,共同促进学生通用素养的发展。健康与体育课程采用通用素养与课程内容深度融合的形式,旨在确保学习本学科知识、技能和理解力的基础上,有效落实通用素养的培养。通过分析发现健康与体育课程在落实通用素养方面有以下特点:

1. 充分凸显了健康与体育课程的多维价值

健康与体育作为澳大利亚国家课程的一个重要学习领域,应该为学生通用素养的培养贡献自己的力量。健康与体育课程内容有助于发展学生的七大通用素养,这也是"聚焦教育性目的"这一课程理念的充分体现。健康与体育课程不仅有助于学生批判与创造性思维、个人与社会和道德理解素养的发展,在学习健康与体育知识和技能的过程中也有助于读写、计算和信息与通信技术等素养的提升。实际上,通过健康与体育课程的实施来培养学生的七大通用素养,充分体现了健康与体育课程的多维价值,跳出了对体育传统和狭隘的理解。

2. 突出了与实践生活的紧密联系

通用素养是学生在未来的学习、工作与生活中必须要具备的素养,培养通用素养就是为了让学生在实际的学习与生活中进行应用。健康与体育课程非常重视通用素养在实践生活中的应用,并通过将本学科知识、技能和理解力与实践生活紧密联系来发展学生的通用素养。如在跨文化理解素养方面,强调学生要理解不同信仰和观念对烹饪食物、健康选择和身体活动参与的影响;在个人与社会素养培养方面,强调在学生参与运动的过程中来发展该素养;在批判性与创造性思维素养培养方面,强调要在学生回应各种与健康和体育相关的问题、观念和挑战的过程中发展他们的逻辑性思维、批判性思维和创造性思维等。

二、对健康与体育课程渗透跨学科素养的要求

(一)国家课程标准中渗透跨学科素养的具体表述

三个跨学科素养是原住民与托雷斯海峡岛民的历史文化,亚洲,澳亚关系及可持续性内涵式反映。与通用素养的落实形式一样,国家课程标准也详细阐述了健康与体育课程对发展学生每种跨学科素养的具体要求(见表6-9),并使用三种图标对健康与体育课程具体内容和内容举例中要培养的跨学科素养进行了标注(见表6-10)。

表6-9　健康与体育课程渗透跨学科素养的具体要求

跨学科素养	具体要求
原住民与托雷斯海峡岛民的历史文化	健康与体育课程可以让学生鉴赏世界上最悠久的生命文化,并产生民族自豪感。学生将探索原住民与托雷斯海峡岛民、社群和部落的身份,了解他们在健康与体育知识和信念体系的共性和差异性,增强个人身份认同与文化的联系,理解并欣赏原住民与托雷斯海峡岛民的生活经验。学生可以了解原住民与托雷斯海峡岛民丰富的交流方式和生活方式,理解原住民与托雷斯海峡岛民与国家、地域之间的联系。学生可以探讨原住民与托雷斯海峡岛民社群中家庭和亲属关系对维持和促进健康、安全和幸福的重要性。学生可以尝试参与一些原住民与托雷斯海峡岛民的身体活动或文化实践活动(如一些传统和现代的比赛)
亚洲及澳亚关系	健康与体育课程在健康和身体活动方面可以为学生提供多种机会探索亚洲与澳大利亚的协作关系。通过交流和人际互动,学生能鉴赏并参与亚洲地区不同的文化、传统和信仰,并表现出文化理解、文化认同和文化尊重。学生能通过健康实践(身体活动和传统医学保健等)来探究亚洲不同文化中健康的含义以及思想-身体-精神在不同文化间的联系。学生能认识亚洲文化对传统和当代运动和活动的影响,并能探索亚洲的健康和运动
可持续性	健康与体育课程中,学生可以探索人与环境以及人与人之间的关系,思考这些关系对促进和维持个人、社区和环境的重要性,通过探索健康促进方面的多样性、社会公平和消费主义来发展社会观,通过运动体验与环境建立联系,了解人的健康与其所处环境的关系

表6-10　跨学科素养与1—2年级健康与体育课程内容融合列举

支线内容	线索	具体内容	内容举例	图标含义
为了健康幸福进行交流互动	与他人互动	描述包容他人并让其感到归属感的方式	谈论亲属在原住民与托雷斯海峡岛民的历史文化中的重要角色	原住民与托雷斯海峡岛民的历史文化
促进健康活跃群体的形成	群体健康促进	探讨帮助班级成为健康、安全和活跃场所的行动	探索学生可以在课堂上实施的可持续实践,以提高班级的健康和幸福	亚洲、澳亚关系 可持续性

（二）对渗透跨学科素养的分析

跨学科素养是澳大利亚课程评估与报告管理局基于《墨尔本宣言》所强调的培养目标以及澳大利亚社会所面临的问题而提出的,旨在通过三个跨学科素养在各学科中的深度渗透,培养学生对民族历史与文化的理解,提高学生的亚洲素养,增强澳大利亚与亚洲的联系和形成可持续性发展的意识。健康与体育课程在落实跨学科素养的培养方面具有以下特点:

1. 重视通过运动探索和体验来发展跨学科素养

《课程标准8.2版》指出,健康与体育课程是一门体验性课程,尤其是非常重视运动中的学习和体验。通过运动探索和体验来发展学生的跨学科素养,有助于加深学生对跨学科素养的理解和增强跨学科素养在健康与体育课程中的落实效果。健康与体育课程提出的"参与原住民与托雷斯海峡岛民的身体活动"、"探索亚洲的运动"和"通过运动体验与环境建立联系,了解人的健康与其所处环境的关系",都体现了健康与体育课程重视通过运动探索和体验来发展学生的跨学科素养。

2. 重视多元文化对健康与体育的影响

澳大利亚是一个奉行多元文化的移民国家,原住民与托雷斯海峡岛民的历史文化、亚洲及澳亚关系两个跨学科素养的确立,有助于国家课程实现民族性与国际性的统一。健康与体育课程在落实两个跨学科素养时,非常重视将本学科知识、技能和理解力与民族文化和亚洲文化联系起来。学生在学习健康与体育的知识与技能时,要认识、理解与尊重民族文化和亚洲文化,不仅要学习民族文化和亚洲文化中的健康、安全与运动的内容,还要探讨多元文化对健康、安全和运动的影响,从而让学生真正理解并在健康与体育活动中重视多元文化的渗透。

第七章

新西兰国家健康与体育课程标准解读

　　新西兰最新一轮的课程改革源于 1992 年推行的"结果导向"课程改革,而此次改革又是在新西兰教育部提出的"成就促进政策"基础上启动的。1993 年,新西兰颁布了《新西兰课程框架》[①],并于 1999 年出台了《新西兰健康与体育课程标准》[②]。1999 年的健康与体育课程标准取代了原有的健康教育、体育教育和家政学三门课程的教学大纲,并将三门课程整合在一起形成了健康与体育课程。

　　与过去相比,1999 年颁布的《新西兰健康与体育课程标准》不仅对教师教育理念的更新提出了更高要求,而且对体育教师在教学内容的重组、教学方法的选择等方面也提出了极大的挑战。因此,此次课程改革的力度远远大于以往的课程改革,在新西兰中小学也掀起了轩然大波,并引发了社会各界的不同回应[③]。面对健康与体育这一具有综合性特点的课程,体育教师针对"体育应该教什么"极为困惑,为此奥克兰大学的 Ben Dyson 教授撰写了《什么是新西兰的小学体育教育》一文,阐述了一线体育教师的困惑和迷茫。为了尽可

---

① 祝怀新,陈娟. 新西兰课程改革新动向——新课程计划草案解析[J]. 基础教育参考,2007(12):37 - 41.

② Ministry of Education. Health and Physical Education in the New Zealand Curriculum [Z]. Wellington:Learning Media,1999.

③ Dyson B,Gordon B,Cowan J. What is Physical Education in Primary Schools in Aotearoa/New Zealand? [J]. Asia-Pacific Journal of Health,Sport and Physical Education,2011,2(3 - 4):5 - 16.

能地消除这一"混沌"状态,使教师们更好地理解各学科的教学意图,新西兰教育部不得不对课程标准进行修订和完善,并于 2007 年出台了修订后的《新西兰课程标准》①,针对不同学科的不同主题(如健康与体育课程中的健康教育、体育教育和家政学)进行了阐释,并对不同主题对应的成就目标进行描述,以帮助教师理解各自的侧重点。

因此,新西兰目前最新的健康与体育课程标准是 2007 年的修订版,它是在对 1999 年版课程标准进行重大修改和完善的基础上,为所有以英语为教学语言的学校提供的一个官方声明②。相对 1999 年版单独成文的《新西兰健康与体育课程标准》,2007 版在结构上发生了很大的变化,健康与体育仅作为《新西兰国家课程标准》的学习领域之一,而不再形成单独的文本。也就是说,目前新西兰所有的学科合并在一起形成了《新西兰课程标准》,各个学科的课程标准只是其中的一部分。因此,本章将对《新西兰课程标准》(以下简称《课程标准》)以及健康与体育学习领域的相关内容进行介绍和分析③。但需要说明的是,《课程标准》有英文和毛利文两个版本,本章的相关内容来源于英文版。

第一节　新西兰国家课程标准的介绍与分析

本节主要对《课程标准》的 Logo、课程目标、适用范围、课程框架及其愿景、原则、价值观、关键能力、学习领域进行简要的介绍与分析,使读者能够对《课程标准》的整体思想和要求有一个全面了解,进而更好地理解健康与体育课程。

一、《课程标准》的 Logo:鹦鹉螺

(一)《课程标准》中 Logo 的具体表述

《课程标准》的 Logo 是鹦鹉螺(见图 7-1),其螺线在自然界也很常见,如向

---

① Ministry of Education. The New Zealand Curriculum [Z]. Published for the Ministry of Education by Learning Media Limited, 2007.

② Cassidy, T. and Ovens, A. Curriculum Acoustics: Analysing the changing voice of the New Zealand Health and Physical Education curriculum [M]. In M. Dinan-Thompson (Ed.) Health and Physical Education: Contemporary issues for curriculum in Australia and New Zealand. Melbourne: Oxford University Press, 2009: 22-37.

③ "The New Zealand Curriculum"及其"Physical Education"学习领域在本章被译为"新西兰国家课程标准"和"健康与体育课程标准"。

日葵、龙卷风等中的螺旋线。之所以将其作为课程标准的 Logo，是因为既是作家、医生，又是诗人的 Oliver Wendell Holmes（1809—1894）将这种螺线看作是人的智力和心灵发育过程的象征，以此暗喻一个人的成长历程。

（二）对 Logo 的分析

该 Logo 首次出现在 1993 年版《新西兰课程框架》的封面之上，历经 14 年，2007 年再次出现。这次不仅出现在文本的封面，在其内页也有呈现。从

图 7-1 《课程标准》中的 Logo

鹦鹉螺的寓意来看，它不仅意味着学生的发育、成长过程，也意味着学生循序渐进、由简到繁、由易到难的学习过程。鹦鹉螺的上述寓意贯穿于《课程标准》始终，既体现在学生学习水平的划分方面，又体现在各学习领域内的成就目标之中。

二、课程目标

（一）《课程标准》中课程目标的具体表述

新西兰的课程目标是培养学生能够满足学习、工作、终身学习以及挖掘他们个人潜能所需的素养，进而使学生成为充满自信、拥有良好人际关系，并积极参与各种活动的终身学习者。

（二）对课程目标的分析

课程目标的核心是规定培养什么样的人的问题。因此，在某种程度上，该目标可以被理解为新西兰中小学的教育总目标，并折射出国家对学生两方面的要求：一是培养学生的素养；二是培养学生终身学习的意识和能力。该目标不仅为学生的学习指明了方向，还为学校的课程设计与检验提供了指导。

三、适用范围

（一）《课程标准》中适用范围的具体表述

《课程标准》的适用范围为所有以英语为教学语言的公立学校（包括综合性学校）以及在这些学校就读的所有学生。本处所言的"所有学生"具有很强的包

容性,不仅考虑了所有学生的性别、性取向①、种族、信仰、健康或残疾,也考虑了学生的不同社会或文化背景以及所处的地区。《课程标准》中强调,除非明确规定某些内容与某个特殊群体相关,否则均指"所有学生"。

（二）对适用范围的分析

《课程标准》的适用范围充分体现了新西兰国家课程的包容性,不仅强调了其适用于所有以英语为教学语言的学校,还特别强调其适用于所有的学生。新西兰中小学的生源构成比较特殊,不仅包括毛利人、新西兰白人、太平洋岛屿族裔还有亚洲人等种族的学生。除此之外,班级中可能会有一些残疾的、智力发育不良的学生。强调对学生的广泛适用性是《课程标准》的典型特点。

四、课程框架

（一）《课程标准》中课程框架的具体表述

《课程标准》的文本由前言、课程目标、适用范围、课程框架、愿景、原则、价值观、关键能力、官方语言、学习领域、有效教学法、学校课程的设计与检验、教育法与课程、理事会的要求、年级与学习水平关系图、不同水平的成就目标、术语共十七部分组成。具体框架结构见图 7-2。

（二）对课程框架的分析

从图 7-2 可知,从《课程标准》到学校课程,主要是沿着两条主线向下展开:一条线围绕学习指导展开,另一条线则围绕课程指南展开。其中,学习指导包含愿景（即学习的终极目标）、价值观、关键能力、学习领域及其相对应的成就目标、学习过程中应遵循的原则,旨在为学生的学习指明方向;课程指南包含课程的目标与适用范围、有效教学法和学校课程的设计与检验,主要是指导教师如何将国家课程运用在教学实践之中。这一课程框架的呈现方式充分体现了"课程统整"或"整体教育"的理念,不仅将基础教育所有课程的教育思想进行了统一,而且能够保证在学校课程中进行统一实施。

---

① 性取向是指一个人在情感、浪漫、与性上对男性或女性有何种型态的耐久吸引,性取向决定着性吸引的对象。

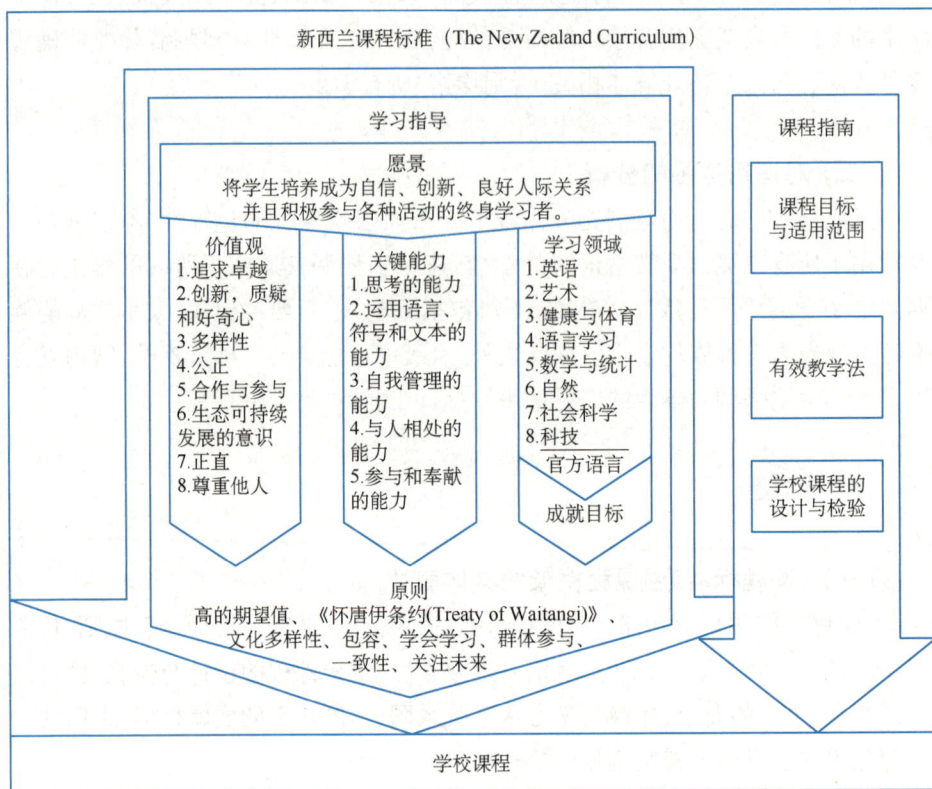

图 7-2　新西兰课程标准框架示意图

五、课程愿景

(一)《课程标准》中课程愿景的具体表述

愿景可理解为对新西兰青少年的理想画像,希望青少年经过几个阶段的学习,达到:

- 成为富有创造力、充满活力以及拥有上进心的人。
- 抓住新知识和新技术提供的各种机会,以确保国家在未来的社会、文化、经济和环境方面得到可持续发展。
- 努力创建一个具有包容性的新西兰。在这个国家中,毛利人和欧裔作为条约国成员能相互认可,并承认所有文化所带来的贡献都是有价值的。
- 在求学期间,不断地发展那些使他们的生活更加充实和满足的价值观、知识与素养。

● 成为充满自信、拥有良好人际关系，并积极参与各种活动的终身学习者。在自信方面，不仅要求学生能够正确地认识自我，积极上进和值得信赖，还应该足智多谋，有魄力和事业心，有很强的适应能力。只有这样，才能够真正成为一个自信的人，因为有自信的人往往会给人一种阳光、开朗的感觉。在良好的关系方面，不仅要求学生要与他人友好相处，而且还要有效地利用通信工具，能与土地、环境联系起来，并成为社区成员和国际化公民。在积极参与方面，不仅要求学生积极参与各种社会生活，而且还应为新西兰社会、文化、经济和环境的和谐做出贡献。在成为终身学习者方面，不仅要求学生具备读写与计算的能力，具有批判性和创造性思维，还应成为活跃的知识追求者、使用者和创造者，明智的决策者。

（二）对课程愿景的分析

从课程愿景的五个方面可知，其核心是希望青少年一代能够成为充满自信、拥有良好人际关系，并积极参与各种活动的终身学习者。该愿景具有三个特点：一是，实际上是对国家课程目标的具体化，既是对青少年这个理想画像组成部分的具体要求，也是对青少年一代"基础学力"和"21世纪技能"的基本要求。通过对课程目标的进一步细化，有助于课程目标从宏观逐步转向中观甚至微观，从而帮助课程目标逐渐落地。二是，课程愿景强调从国家发展的角度出发来培养学生，如提出要确保国家发展、创建包容性的新西兰等，这将人才培养提升到了国家战略角度，有利于国家利益的实现。三是，强调学生要成为积极上进、有价值观、良好的知识与素养、进行终身学习的个体，这很好地体现了国家课程在促进学生可持续发展方面的期望。总体而言，课程愿景不仅为学校设置课程、实施课程等提供了方向，也为教师设计教学计划、选择教学方法与手段、落实教学评价等教学活动指明了方向。

六、课程原则

（一）《课程标准》中课程原则的具体表述

原则是所有学校制定决策的基础，是国家和地方对学校课程中最有价值和最重要工作的具体要求，主要是指导学校如何设计课程、制定计划，如何合理地安排教学内容顺序以及对课程进行检验。《课程标准》中提出的八条原则详见表7-1，它们强调教学应以学生为中心，主张让学生体验具有挑战性、前瞻性、包容性和新西兰特色的课程。

表7-1 新西兰国家课程原则

原则	对应的要求
高期望值	课程应支持并授权给学生,使他们努力学习并实现个人的卓越表现,无论他们的基础如何
《怀唐伊条约》	课程应承认《怀唐伊条约》的原则和新西兰的二元文化基础,并且所有学生均应有机会学习毛利语的相关知识
文化的多样性	课程应反映新西兰文化的多样性,同时应重视所有民众的历史与传统
包容性	课程应该没有性别差异和种族歧视,以确保学生的身份、语言、能力和天赋得到认可以及他们的学习需求得到及时解决
学会学习	课程应鼓励所有的学生对自己的学习过程进行反思并学会如何学习
社区参与	课程应对学生有很好的意义,与他们广阔的现实生活相联系,并赢得学生的家庭、社区的支持
一致性	课程应为所有的学生提供更为广泛的教育,这种教育使各学习领域内部和各领域之间的知识建立连接,使所学内容之间过渡自然,并为未来的学习开辟道路
关注未来	课程应鼓励学生通过探索未来的焦点议题去展望未来,比如,可持续性发展、公民权、创业和全球化等议题

(二) 对课程原则的分析

原则是指导人们的认识、思想、言论和行为的规定或准则。《课程标准》强调原则是所有学校课程决策的基础。这些原则将学生置于教学中心的同时,不仅强调各学习领域内外部之间的衔接性,还强调要关注未来;不仅关注课堂环境的建设,还关注家庭、社区的支持;不仅注重学生主体的体现,让学生学会学习,挖掘其最大潜能,还注重学生对国家相关条约、文化的理解,接受其多样化的学习环境。这些原则对课程、教学的要求不仅没有局限于学校之内、课程之内、课堂之内,而是在此基础上非常强调与校外的社区、社会相联系,体现了广泛的包容性和教育性。

七、课程价值观

(一)《课程标准》中课程价值观的具体表述

价值观是关于什么是重要的或值得拥有的一种根深蒂固的观念,主要是通过人们的思维方式、行为方式来呈现。之所以强调价值观,是因为在任何一个学校里,与课程相关的每一个决定以及每一次互动的产生都反映了参与者的个人价值观和机构的集体价值观。《课程标准》列出了八条价值观:

- 胸怀大志,坚韧不拔,追求卓越。
- 通过批判性、创新性和反思性思维来追求创新、探究和好奇心。
- 追求多样化,如在不同的文化、语言与传统中所发现的那样。
- 通过公平和社会正义来追求公正。
- 为了共同的利益而形成共同体并积极参与。
- 维持生态的可持续发展,包括对环境的保护与关爱。
- 正直,包括诚实、责任与担当、行为道德。
- 对自我、他人和人权的尊重。

为了更好地渗透这些价值观,《课程标准》还提出了两个期望:

首先,通过课程的学习,学生能够知晓:自己与他人的价值观;不同类型的价值观,如道德、社会、文化、美学和经济学方面的价值观;价值观是基于新西兰的文化和传统而形成的;其他组织和文化的价值观。

其次,通过课程的学习,学生的以下能力得到发展:表达自己价值观的能力;了解他人价值观的能力;能用批判性思维分析自己的价值观及相应的行为方式;能够讨论由于价值观不同而产生的分歧并妥善解决;能够做出符合道德的决定并付诸行动。

(二) 对课程价值观的分析

通常情况下,我们理解的价值观是指在日常生活中,人们对周围的客观事物的看法、态度和评价。它一方面表现为人的价值取向;另一方面则表现为价值准则与尺度。有益的事物才有正面价值,对有益或有害的事物评判的标准就是一个人的价值观,它是一种深藏于内心的准绳,在面临抉择时的一项依据[1]。《课程标准》中提出的这些价值观,是希望青少年拥有这样的价值观念。价值观具有导向性、多样性、主观性、可塑性等特征,如果将这些价值观渗透在学校的课程、教学环境、教学活动等方面,将有助于学生个人价值观的形成。

这些价值观将主要通过学校的教育理念、课程、教学环境和人际关系等方面来进行培养,而且一旦学校形成了一定的价值观体系,就会将这些价值观渗透在学校的日常活动和学校间的互动之中。如果学生认同这些价值观并积极践行,

---

① 江英飒,潘坤,尹君.高校师生核心价值观的构建与实践[M].成都:四川大学出版社,2014:1.

将会使他们的生活更加美好。

八、关键能力

（一）《课程标准》中关键能力的具体表述

《课程标准》强调：关键能力是人们得以生存和终身学习的能力，它贯穿于人们的生活、学习、工作之中，共包括五项关键能力。具体如下：

1. 思考的能力

思考的能力是指运用创造性、批判性思维以及元认知来理解各种信息、经验和观点的能力。思考能力的培养将有助于促进学生理解力的发展、决策的制定、行为的规范以及知识体系的构建。求知欲是该能力的核心，因为没有求知欲望的人，是很难培养其思考能力的。一个学生要想成为一个善于思考和解决问题的人，不仅要积极地寻找、运用并创造知识，善于反思总结，而且还应积极地运用知识和直觉，勇于提出问题，并敢于挑战权威。思考能力强调的是反思意识，创造性和批判性思维意识，并敢于质疑。

2. 运用语言、符号和文本的能力

运用语言、符号和文本的能力是指学生运用语言、符号和文本进行工作和表达自己的能力。语言和符号是信息、经验、观念的表达与交流的媒介，人们运用其产生不同类型的文本，如书面文本、口语或听觉文本、视觉文本、信息和虚拟文本、正式与非正式文本、数学文本、科学与技术文本等。

学生作为语言、符号和文本的主要使用者，他们应能在一定范围内对字词、数字、图像、运动、隐喻和技术进行解读和使用。只有具备了这方面的能力，才知道如何选择不同的语言、符号、文本等加深理解，懂得如何与人交流，从而能自信地运用信息技术为自己获取信息，为他人提供信息，并与不同的人进行交流。

3. 自我管理的能力

自我管理能力与自我激励（即告诉自己"我能行"）和自我认知紧密相连，是自我评估不可或缺的部分。具备自我管理能力的学生往往富有事业心、足智多谋、令人信赖和适应能力强，他们能够确立个人目标并制定相应的计划，知道如何管理一个项目，勇于为自己设定高标准，面对挑战能够采取应对措施。他们知道何时引领，何时跟随以及何时独立与如何独立。

4. 与人相处的能力

与人相处的能力是指在不同的环境中与不同的人进行有效互动的能力，包括用心聆听、认可不同观点、协商、分享观点。善于处理人际关系的学生接受新

知识的速度比较快，能够在不同情境中扮演不同角色，知道自己的言行举止如何对他人产生影响，知道何时竞争何时合作。通过有效地参与团队协作，他们能产生新的方法、新的观点和形成新的思维方式。

5. 参与和奉献的能力

参与和奉献的能力是指积极参与团体活动的能力。这里的团体包括家庭、家族、学校以及基于此类关系的种种团体，如有着共同兴趣或文化底蕴的人群。无论他们来自哪个地区、民族、国家，但为了共同的目的（如学习、工作、娱乐等）而走到一起。该能力包括作为团队成员能为团队做出适当的贡献，能够与他人建立良好的关系，为他人创造机遇等。通过参与和奉献，学生会有一种归属感和参与新环境的自信。他们能理解权利、角色和责任三者之间平衡的重要性，能理解个人奉献对社会、文化、物质、经济环境的品质与可持续发展的重要性。

（二）对关键能力的分析

上述五项关键能力实际上是取代了 1999 年版中的"八项基本技能"（即身体活动技能、个人管理和比赛技能、社交技能、解决问题的技能、社会和合作技能、获取信息的技能、计算技能、工作学习的技能）。之所以用关键能力代替基本技能，原因有二：一是关键能力比技能的内涵丰富，它不仅包含了技能，还包括知识、态度以及影响他们行为方式的价值观。二是经济合作与发展组织（OECD）要求各国课程设置应共同体现几个必备能力——能使用工具沟通互动、自主行动、能在社会异质团体中运作、思考的能力。其中，思考能力渗透在其他三个方面的能力之中[1]。

这些关键能力是成为一位有价值、有奉献精神、睿智的公民所必不可少的生命源泉。伯尼·特里林和查尔斯·菲德尔在其《21 世纪技能》一书中强调，21 世纪工作需要的新技能中涉及复杂交流和专家型思考的技能会逐渐增多，"快速获取并应用新知识的能力"与"将 21 世纪关键技能（如解决问题的能力、交流能力、团队协作能力、技术应用能力、革新能力等）运用于各个项目的本领"将处于 21 世纪"工作需求表"的顶端[2]。同时，21 世纪技能合作研究委员会研制的 21 世纪学习框架中，也提出了 21 世纪学习的"7C"技能，即批判性思考和问题解决能力，创造与革新能力，协作、团队工作与领导能力，跨文化理解能力，交流、信息与

---

① Hipkins R. The nature of the key competencies [R]. A background paper, Wellington: New Zealand Council for Educational Research, 2006: 3.

② ［美］伯尼·特里林；查尔斯·菲德尔著. 21 世纪技能. 为我们所生存的时代而学习（第 1 版）[M]. 洪友，译. 天津：天津社会科学院出版社，2011.

媒体素养,计算与信息和通信技术素养,职业与学习的自立能力。这"7C"技能与五项关键能力有着相似之处,但五项关键能力更能体现作为一名青少年学生要想成为一名现代化公民和国际化公民应具备的核心能力。

因此,《课程标准》中倡导的五项关键能力既体现了知识时代教育目标的要求,又融合了 21 世纪的必备技能,包含了信息时代的基础学力,更充分体现了新西兰课程的先进理念,注重国际化公民的培养。五项关键能力之间相互影响、相互作用,共同促进学生全面发展。

九、学习领域

(一)《课程标准》中学习领域的具体表述

学习领域是在广义层次上对各种类型知识的划分。《课程标准》规定了八个学习领域(见图 7 - 3)作为中小学的必学内容:英语、艺术、健康与体育、学习语言、数学与统计、自然科学、社会科学和科技,并在各学习领域部分对其课程宗旨、主要内容、设置原因和框架结构等都做了较为详细的规定。

《课程标准》指出,每个学习领域都是基础教育的一部分,是未来学生进行专业化学习的基础,且每个学习领域都有自己的语言文字和表达方式。当学生知道如何运用这些特有的语言文字和表达方式时,他们就会发现自己不仅能用不同的方式思考,还能获得新领域的知识以及能从新的视角去理解他们的世界。

对于每一个学习领域,学生在学习以下内容时需要教师的具体指导:
- 指导学生学习与这一领域相关的专业词汇。
- 指导学生如何阅读和理解这一领域的文本。
- 指导学生如何用合适的方法来传递知识和观点。
- 指导学生如何进行批判性的倾听与阅读,并评价他们所听、所读内容的价值。

(二) 对学习领域的分析

从上述学习领域可知,《课程标准》十分注重从整体的视角来呈现各学习领域所要达成的结果,或者说是领域目标。从这些学习领域的达成结果可以看出,不同的学习领域都有其独特的价值,且为学生的发展提供不同的学习体验和学习机会,进而为实现共同的教育目的做出各自应有的贡献。同时,对学生在各个学习领域中的哪些方面需要教师的指导提出了具体要求。

在**英语**方面，学生学习、使用和享受通过口头、形象化和写作进行交流的语言和文学。

在**艺术**方面，学生将思维、想象、感官和感觉联系起来去创作和回应他人作品的同时，能探索、提炼和交流他们的想法。

在**健康与体育**方面，在健康和运动的环境下，学习如何促进自己、他人乃至整个社会的健康幸福。

在**学习语言**方面，学生学会用其他的语言进行交流，来培养自己多种语言学习的能力和探索不同世界观的能力。

在**数学与统计**方面，学生探索数量、空间和数据之间的关系并学会用一定的方法表达这些关系，从而帮助他们了解周围的世界。

在**自然科学**方面，学生探索自然界和科学本身是如何运转的，以便于他们能够以具有批判性的、明智的、责任心的公民身份参与自然科学的学习并积极发挥作用。

在**社会科学**方面，学生探索社会是如何运行的，以及作为具有批判精神、明智的、具有责任心的公民参与其中并采取相应的行动。

在**科技**方面，学生通过学习成为对世界产生影响的产品和系统创新的开发者以及有辨识能力的消费者。

图 7-3 《课程标准》中的八个学习领域

此外，图 7-3 也充分体现了新西兰整体教育的课程理念。整体教育的课程是超越了学科框架的综合性的跨学科活动，是统整本地视点与全球视点的活动①。整体教育就是这样的一种教育：培养学生形成一种实感——周围的人们、地球、个人自身，无时无刻不在相互关联之中的实感，并且通过这种实感，培养一种责任感——对自己、对他人和对地球的责任感。这种责任感不是外加的沉重的包袱，而是自身从这种关联的感受中获得的力量，并且由此自然地升腾起来的。这些理念可以在各学习领域的达成结果中得到印证。

---

① 钟启泉. 现代课程论(新版)[M]. 上海：上海教育出版社，2003.

第二节 新西兰健康与体育课程的介绍与分析

健康与体育是新西兰国家课程的一个学习领域，因此在《课程标准》中，也阐述了健康与体育课程的宗旨、基本概念、框架结构和三个主题（健康教育、体育教育、家政学）的主要目标。

一、健康与体育课程的宗旨

（一）《课程标准》中课程宗旨的具体表述

健康与体育课程是一门知识与应用相结合的综合实践课程，包含了健康教育、体育教育和家政学的相关内容。其宗旨是通过在与健康有关的、运动的环境下学习，促进学生个人、他人乃至整个社会的健康。

（二）对课程宗旨的分析

在健康与体育课程宗旨中，首先对什么是新西兰的健康与体育课程进行了明确定义，即是一门既具有综合性又具有实践性的课程，其综合性体现在健康教育、体育教育和家政学等相关内容的综合之中，而实践性则强调在运动的环境下进行，这便形成了新西兰独具特色的健康与体育课程体系，有别于世界上绝大部分国家对体育课程的定义。其次，旗帜鲜明地提出了学生通过健康与体育课程的学习应该实现的目标，因此上述课程宗旨在某种程度上等同于健康与体育课程的目标。实际上，课程宗旨非常强调以"健康"为核心，不仅注重个人的健康，而且非常注重他人，乃至整个社会的健康，这与新西兰国家课程的教育目标高度一致，即不仅关注个体，还关注他人及社会。

二、学习健康与体育课程的原因

（一）《课程标准》中学习健康与体育课程原因的具体表述

之所以要在新西兰课程中设置健康与体育课程，是因为该课程有其他学科课程无法替代的优势。原因有二：

一是，健康与体育课程与那些室内课程相比较，更有利于促进学生的健康，特别是在学校政策制度的支持下、社区民众的理解和拥护下，它的意义会更加突出。

二是,学生在与健康相关的、运动的环境下进行学习和接受挑战,能够不断地思考健康的本质以及如何提升自己的健康。同时,健康与体育课程能够增强他们的适应能力和责任感,而且随着他们的适应能力、个人与社会责任感的不断增强,为自己、身边的人、所处团队、周边的环境(包括自然环境)乃至更广泛的社会承担责任的能力也越来越强。

(二) 对学习健康与体育课程原因的分析

从学习健康与体育课程的两个原因来看,虽然描述较为简短,却旗帜鲜明地提出了健康与体育课程作为学校课程的一部分对学校教育所产生的贡献,强调了健康与体育课程的独特性和不可替代性,以及其价值的彰显需要学校、社区和相关人员的支持。众所周知,在世界上不少国家,体育课程在中小学处于比较边缘的地位,而这与大家对学习体育课程的重要性认识不清有着紧密的关系。《课程标准》明确地提出了学习健康与体育课程的原因,进一步突出了健康与体育课程的重要性,这助于教育工作者重视引导学生更好地认识健康与体育课程的价值并进行积极地学习。

三、健康与体育课程的结构

(一)《课程标准》中健康与体育课程结构的具体表述

1. 健康与体育课程的整体结构

2007 年版相比 1999 年版《健康与体育课程标准》而言,其结构发生了很大变化(见图 7 - 4)。关键原因在于 1999 年版的标准是一个独立的文本,而 2007 年版的标准是《课程标准》的一部分。同时,文字表述也发生了变化,比如 1999 年版中的基本概念和 2007 年版中的三个主题概念有着本质的区别,前者主要是对健康、健康促进、社会生态观、态度与价值观的概念界定,而后者则主要是对健康教育、体育教育、家政学的概念界定。

在 2007 版健康与体育课程的结构中,学习框架部分是核心,该框架明确了健康与体育课程的学习活动由四个基本概念、四个学习方面及其对应的成就目标、七个关键的学习领域共同组成(见图 7 - 5)。

因此,可将 2007 年版健康与体育课程的结构形象地进行如下表达(见表 7 - 2)。

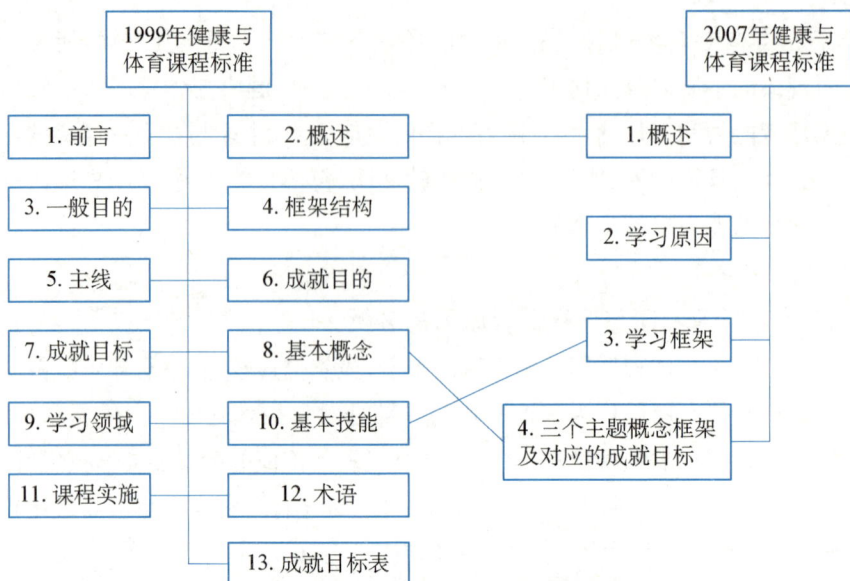

图 7-4　1999 年版与 2007 年版《健康与体育课程标准》的关系图

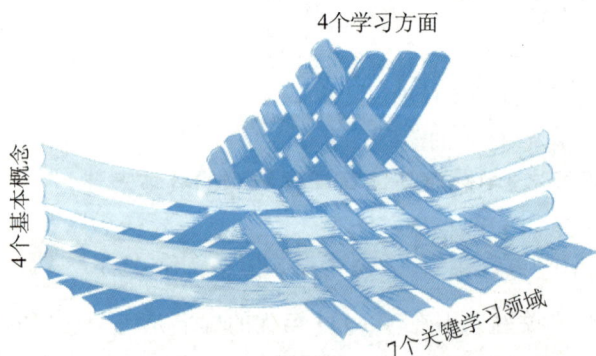

图 7-5　基本概念、学习方面与学习领域的交互关系

表 7-2　健康与体育课程的结构框架

基本概念（4个）态度与价值观	课程宗旨	学生在与健康有关的、运动的环境下进行学习，促进其个人、他人乃至整个社会的健康。				关键学习领域(7个) 身体活动 户外教育 运动学习 膳食与营养
	4 个学习方面	A 个人健康与身体发展	B 运动概念与运动技能	C 与他人的关系	D 健康的社区与环境	

社会生态观 健康促进 健康	各水平成就目标的维度	A1 个人成长与发展 A2 有规律的身体活动 A3 安全管理 A4 身份认同	B1 运动技能 B2 积极的态度 B3 科学与科技 B4 挑战、社会和文化因素	C1 人际关系 C2 认同、灵敏性和尊重 C3 人际交往技能	D1 社会的态度和价值观 D2 社区资源 D3 权利、责任和法律 D4 人与环境	心理健康 身体护理和安全防护 性特征教育

2. 课程结构中的基本概念、学习方面与关键学习领域

（1）四个基本概念

四个基本概念是健康与体育课程的核心内容，它们之间相互影响，相互促进。具体表述为：

健康（Hauora 是毛利语，健康之意）——是指毛利人的健康哲学[①]，包括精神健康、心理健康、身体健康和家庭健康（社会健康）四个维度，这四个维度之间是相互作用的。

态度与价值观——是指学生应对自己的健康抱有积极、负责的态度，应尊重、照顾、关心他人和环境，应有社会正义感。

社会生态观——是检视和理解个人与他人之间以及个人与社会之间相互关系的一种方式。

健康促进——是协助营造和维持身体与情感环境、促进学生参与个人和集体活动的过程。

（2）四个学习方面

个人健康与身体发展：要求学生提高知识、理解、技能水平和形成积极的态度，进而维系和提升自我健康与促进身体发展。

运动概念与运动技能：要求学生发展他们的运动技能和知识以及对运动的理解，对体育活动有着积极的态度。

[①]　[http://www.headspace.org.nz/maori-mental-health.htm——The Maori philosophy towards health is based on a wellness or holistic health model. Maori see health as a four-sided concept representing four basic beliefs of life: Te Taha Hinengaro (psychological health), Te Taha Wairua (spiritual health), Te Taha Tinana (physical health) and Te Taha Whanau (family health/social well-being).]

与他人的关系：要求学生提高理解力和人际交往技能，形成积极的态度，进而增加与他人的互动，改善与他人的关系。

健康的社区与环境：要求学生采取富有责任心的、关键性的行动，为健康社区与环境贡献自己应有的力量。

（3）七个关键学习领域

七个学习领域是指心理健康、性特征教育、膳食和营养、身体护理与安全防护、身体活动、运动学习、户外教育。由于健康与体育课程整合了原有的健康教育、体育教育、家政学三个主题的内容，所以这七个学习领域不仅涉及体育教育方面的内容，还有健康教育、家政学方面的内容。这七个关键学习领域是1—10年级中小学各年级的必修内容。需要指出的是，《课程标准》未进一步对七个关键学习领域进行解释，但1999年版的新西兰健康与体育课程标准有详细的解释[1][2]，读者如果想进一步了解更多的信息，可参见季浏教授等人编著的《体育教育展望》一书[3]。

（二）对健康与体育课程结构的分析

新西兰健康与体育课程的结构包括"四个基本概念、四个学习方面和七个关键学习领域"，拥有深厚的内涵，并能够从多层次、多维度、多视角来审视与健康相关的知识与技能。

四个基本概念主要是阐述了健康与体育课程学习过程中应注重的四个视角：一是健康的视角；二是态度与价值观的视角；三是社会生态观的视角；四是健康促进的视角。在阐述七个关键学习领域时，新西兰健康与体育课程就是从这四个视角来描述某个领域在课程实施过程中应如何去操作。

四个学习方面看似是并列关系，但相互联系，呈现出由内及外、由自我到社会的关系，自我方面包括个人健康与身体发展、学习运动概念与运动技能，社会方面则包括与他人的关系和健康的社区与环境。

七个关键学习领域在阐述各领域应如何进行实施的同时，特别强调健康的各个维度之间的关系，以及社会、文化、科学、技术、经济等因素对各关键学习领域影响的问题。除此之外，该部分特别注重从社会生态观、学校政策法规的建设以及相关法律的角度来考虑，十分重视学校良好教育环境的营造，并明确了各领

---

① 季浏. 新西兰健康与体育课程标准简介[J]. 中国学校体育，2002(2)：63-64.

② Ministry of Education. Health and Physical Education in the New Zealand Curriculum [Z]. Wellington: Learning Media, 1999.

③ 季浏，胡增荦. 体育教育展望[M]. 上海：华东师范大学出版社，2001.

域学生应有的学习体验。

四、健康与体育课程的三个主题

（一）《课程标准》中三个主题的具体表述

健康与体育课程整合了三个不同主题的课程内容,彼此之间相互关联,共同形成了健康与体育课程的概念框架和成就目标。各主题的成就目标表述如下:

1. 健康教育

健康教育主题强调学生应加强对影响个人、团体和社会健康因素的理解,如生活方式、经济、社会、文化、政治和环境等;提升促进心理健康、生殖健康、积极的性取向和安全管理的能力,加强对营养需求的理解;应通过增强个人的身份认同和自我价值意识、应对各种变化与得失和参与决策制定的过程来提升适应能力;学会表达共鸣,提升增进人际关系的技能。此外,学生应运用这些技能和理解力,促进个人的、人与人之间的甚至整个社会的健康。

2. 体育教育

体育教育主题关注的是运动及其对个人和社区发展的作用。强调通过参与运动、了解运动,学生应逐渐理解运动是人类表达感情的一种必要方式,它有助于愉悦身心,强健体魄;应学会理解、欣赏运动并让自己动起来,积极地与人交往,呈现出富有建设性的人生态度与价值观。体育学习应渗透到学生参与的游戏、训练、比赛、娱乐、探险等各种体育活动和社会环境的表现性活动中。体育教育鼓励学生参与各种有助于增强个人体质和社交技能的运动,培养学生的批判性思维和行为方式,使他们理解身体活动对个人和社会的作用和意义。

3. 家政学

家政学主题强调在家庭和社区环境下,学生要加深理解影响个人和家庭在家庭和社区中健康的因素,以及人们为改善和维护这些环境需要采取的措施与行动。在膳食与营养方面,学生应能理解营养方面的理论和热点问题,辨析影响人们在膳食与营养方面的选择与行为因素,并用所学知识做出理智的抉择。通过选材、配菜、烹饪、上菜这一系列实践活动,学生应发展其创造性的能力和体验这些活动带来的成就感。同时,学生应加强个人与他人之间的相互理解和交往技能,进而拥有健康。值得关注的是,该主题特别强调膳食与营养方面的学习,旨在通过选材、配菜、烹饪、上菜等系列实践活动,使学生掌握和运用所学知识,能为不同的人准备不同的食物,并能为社区的相关活动提供帮助,同时形成健康、科学的膳食习惯。

（二）对三个主题的分析

结合七个学习领域和三个主题的表述，可知三个主题是课程的三个模块，而七个学习领域是对这三个主题内容综合之后的细化，体现了既有差异，但又相互融合的特征。根据新西兰体育教育协会每年的学术会议日程安排来看，会议主要分为健康教育、体育教育、家政学三个主题来进行分组交流，而中小学教师在上课时，也是按照三个主题来进行教学，部分中学还设有专门的健康教育教室。之所以在七个关键学习领域之后详述三个主题，其目的在于使教师能正确把握三个主题的内容，进而理解在健康与体育课程中应该给学生带来什么样的学习体验。

五、健康与体育课程的水平目标

（一）《课程标准》中水平目标的具体表述

《课程标准》中提出了总的课程目标，在此基础上各学科提出了课程宗旨。依据课程宗旨，围绕四个学习方面的各级水平，提出了健康与体育课程中的成就目标，这些成就目标对教学具有很强的指导作用。

1. 水平的划分

新西兰的健康与体育课程将中小学学生从小学到高中的学习分为 8 级水平，水平 1 至水平 8 对应 1 年级—13 年级，在每一级的学习水平上都围绕 4 个学习方面设定了具体和明确的成就目标，这 8 级水平是小学到高中逐步达成的成就目标，且水平层级与学生的学习年限有着如下的对应关系（见图 7-6）。每一

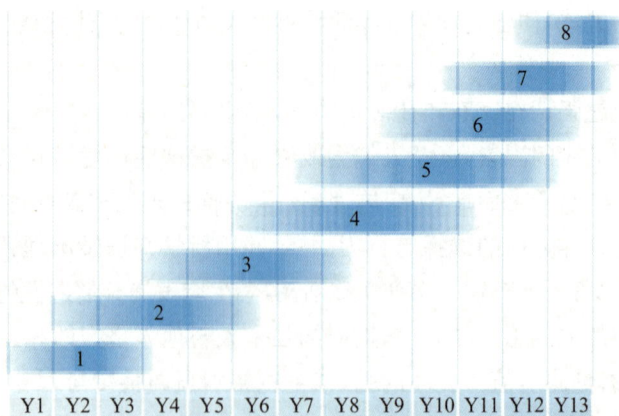

图 7-6 新西兰健康与体育课程水平与年级的一般对应关系

注：Y1—Y13 代表的是 1 年级到 13 年级，蓝色方块代表的是水平 1 到水平 8。这种关系模型，仅适用于一般的学生，而对那些有特殊学习需要的学生（如残疾的学生）、有天赋的学生和来自母语不是英语国家的学生是不适用的。

级学习水平的成就目标均适合于学生各阶段的发育和成熟状况。

2. 不同水平的成就目标

新西兰健康与体育课程在水平成就目标的呈现方式上用了两种方式,第一种方式是以水平为主线来逐渐呈现不同学习领域不同水平成就目标(见表7-3)。为了使读者对新西兰健康与体育课程不同水平的成就目标有比较清晰的了解,并与我国三个学段的学习目标进行比较,在此仅呈现水平2、水平4和水平7的成就目标(见表7-4),因为这三个水平分别对应我国基础教育的三个学段(小学、初中和高中)。第二种方式是以学习领域为主线来逐渐呈现不同水平的成就目标,在此只呈现水平1的成就目标(见表7-5)。

表7-3 不同学习领域的不同水平成就目标

水平1	英语
目标要求……	
……(省略具体的目标要求)	
水平1	健康与体育
目标要求……	
……(省略多个关键学习领域的目标要求)	
水平2	健康与体育
目标要求……	
……(省略多个关键学习领域的目标要求)	

注:共分八个领域,每个领域对应8级水平。

表7-4 健康与体育课程不同水平的成就目标(以水平2、4、7为例)

水平2	健康与体育		
个人健康与身体发展	运动概念与运动技能	与他人的关系	健康社区与环境
学生将能:	学生将能:	学生将能:	学生将能:
个人成长和发展	运动技能	人际关系	社会态度和价值观
描述自己成长的各个阶段以及他们的发展需要,提升自理能力	经常进行运动技能练习,并将与其关联的能力展示出来,旨在使运动技能连贯起来	识别并能寻找出维持或增强人与人之间及团队内部关系的方法	探索人们的态度、价值观和行动是如何对健康的身体和社会的环境做出贡献
有规律的身体活动	积极的态度	认同、敏感性、尊重	社区资源

水平 2	健康与体育		
体验创造性的、规律的、令人愉快的身体活动,描述其对健康的益处	参与和创编不同的游戏和体育活动,并讨论这些游戏和活动带来的乐趣	描述个人和团队是如何具有共性和个性的特征	识别和使用当地的社区资源并解释这些资源是如何为健康的社区提供支持
安全管理	科学技术	人际交往技能	权利、责任、法律;人和环境
在一系列的环境中识别危险和采取安全措施	在一系列的环境中使用改良的器材设备,知道这些器材设备如何增进运动体验	恰当地表达自己的观点、需求、需要和感受,并善解人意地倾听他人的表达并给予肯定	为简单的指南和规章制度作出贡献并运用,进而在教室、学校及当地环境中形成健康的自然和社会
身份认同	挑战、社会和文化因素		
认同个人品质有助于自我价值感的提升	在游戏与体育活动中形成规则意识并运用其中,以促进所有人能公平、安全、文明合理的参与		
关键能力			
● 思考的能力　　● 运用语言、符号和文本的能力　　● 自我管理的能力 ● 与人相处的能力　　● 参与和贡献的能力			

水平 4	健康与体育		
个人健康与身体发展	运动概念与运动技能	与他人的关系	健康社区与环境
学生将能:	学生将能:	学生将能:	学生将能:
个人成长和发展	运动技能	人际关系	社会态度和价值观
描述青春期的变化特征,探讨积极的应对策略	在一系列的环境中,展示运动的连贯性和可控性	明确人际关系中的形势、角色和责任的改变带来的影响,描述恰当的反应	调查和描述有助于新西兰人的健康生活方式的因素和媒体影响
有规律的身体活动	积极的态度	认同、敏感性、尊重	社区资源

水平 4	健康与体育		
能将有规律的、令人愉悦的身体活动融入个人生活方式中，增强健康的责任感不断提升	展示自愿接受挑战、学习新的技能和策略及在与运动相关的活动中拓展自己的能力	识别歧视的案例,用行动来支持自己和他人的权利与感受	调查并使用一系列支持健康的社区资源,评价每个社区成员对社区健康所做的贡献
安全管理	科学与技术	人际交往技能	权利、责任、法律
在一系列的环境中,评估和使用相关的信息来做出安全的选择并行动	在不同的环境中,体验和展示科学、技术和环境如何影响选择和使用设备	描述和展示一系列坚定自信的交流技巧和流程,使得自己能恰当地与他人交流	详细说明个人的责任,并在学校和广大的社区对他人的护理和安全采取集体行动
身份认同	挑战与社会、文化因素		
描述社会信息和固有的观念(包含那些渗透在媒体中的)如何影响自我价值	参与并展示社会和文化实践,如何通过运动对实践予以理解		
关键能力			
● 思考的能力　● 运用语言、符号和文本的能力　● 自我管理的能力 ● 与人相处的能力　● 参与和贡献的能力			

水平 7	健康与体育		
个人健康与身体发展	运动概念与运动技能	与他人的关系	健康社区与环境
学生将能:	学生将能:	学生将能:	学生将能:
个人成长和发展	运动技能	人际关系	社会态度和价值观
评价自己的健康需求和自我认知策略,来确保一生的健康	评估专项化的运动技能,并能适应身体能力与娱乐机会	分析有意义的人际关系的本质与益处	分析体育事件与相关社会组织在促进健康社区中所采取的方法,并评价它们带来的效果
有规律的体育活动	积极的态度	认同、敏感性、尊重	社区资源

水平7	健康与体育		
设计、实施和评价体育活动计划,了解和判断身体活动增强健康的合理性的影响因素	在具有挑战性的情境中和不熟悉的环境中改编动作技能和进行评价,并具有负责任的态度	分析那些强化陈规旧习的信念、看法和惯例以及角色期望,辨析那些能塑造人们在个人、团队和社会层面的选择模式的方法	评估学校和社区促进年轻人健康的倡议,并研制相应的行动计划来推动或支持这些倡议
安全管理	科学与技术	人际交往技能	权利、责任、法律
分析体格检查和社会环境中感知到的危险与现存的危险之间的区别,发展相应的技能和采取相关的行动来负责任进行管理	运用相关的科学、技术、环境知识以及适宜的资料提高在特定身体活动中的表现力	根据信息做出决定,并有效地运用个人交往技巧处理人际关系中的冲突、竞争和变化	对学校和社区中涉及社会公平的法律、政策、惯例和规章制度进行评估
身份认同	挑战与社会、文化因素		人与环境
批判性地评价影响自我认同和自我价值感的社会态度、价值观和期望	评价、改编和运用身体活动来确保特定的社会和文化需要得到满足		分析社区的环境和健康受人口压力和科技渗入的影响方式
关键能力			

- 思考的能力　● 运用语言、符号和文本的能力　● 自我管理的能力
- 与人相处的能力　● 参与和贡献的能力

表7-5　健康与体育课程·水平1的成就目标

个人健康与身体发展	学生将能: 个人成长和发展:描述对健康、成长、发展和个人需要与要求等方面的感受,并提出相应的问题 有规律的身体活动:参与创造性的和规律性的身体活动,有愉快的经历 安全管理:在系列环境中,能描述和使用安全技术规章并知道哪些人可以提供帮助 身份认同:在一系列的环境中描述自己

运动概念与运动技能	学生将能： 运动技能、科学技术：利用多样化的器材设备和游戏环境，发展多样化的运动技能 积极的态度，挑战和社会、文化因素：参与一系列的游戏和活动，并知道影响安全和愉快地参与其中的因素
与他人的关系	学生将能： 人际关系：思考和分享与他人建立关系的做法 认同、敏感性与尊重：通过在团队中分享和合作来体现尊重 人际交往技能：既能清楚地表达自己的观点、需求、需要和感受，也能聆听他人的描述和观点
健康社区与环境	学生将能： 社区资源：识别和探讨家、学校和当地环境中存在的显而易见的危险，并采取简单的安全措施 权利、责任，法律，人和环境：采取个人和集体行动以促进适合所有人的环境的形成

（二）对水平目标的分析

学习水平与年级的关系体现了新西兰课程安排的灵活性。虽然明确了这种关系仅适合一般的学生，对某些特殊的学生并不适合，但水平与年级的直接对应关系并没有一个清晰的边界。在此值得提及的是，新西兰的健康与体育课并不一定完全按照行政班级进行上课，而是根据学生的学习水平进行安排。比如，在小学的健康与体育课堂上，可能安排 4 年级和 5 年级的学生在一起上课，甚至还会有 3 年级的学生一起上课。

从两种成就目标的呈现方式看，目标本身并无不同，仅是呈现的方式不同。但不同的呈现方式，对教师而言会产生不同的便利性。第一种更有利于同一水平的跨学科教学与评价，第二种更有利于同一学习领域不同水平间教学的衔接与评估。

不同水平的成就目标呈现了不同能力和成熟水平的学生在达到某个水平时应具备的知识、技能、理解力和行为的预期标准，同时也是新西兰制定国家资格证书框架（NQF：National Qualifications Framework）[①]的基准以及其他各种资格考试的依据。

---

① Strathdee R. The implementation，evolution and impact of New Zealand's national qualifications framework [J]. Journal of Education and Work. 2011，24(3-4)：303-321.

从不同水平成就目标的不同维度(见表7-2)以及各维度的表述中发现,各水平目标的共同特点是强调正确观念的形成、能力的提升、责任感的增强、多元文化的融合等。例如,主线"B-运动概念与动作技能"中"B1:运动技能"维度从水平1—8成就目标的表达(见表7-6),从这些不同水平的成就目标中可知,非常注重能力的培养,如活动能力、表现能力、创新能力等。

表7-6 "运动技能"维度不同水平的成就目标

水平1	水平2	水平3	水平4	水平5	水平6	水平7	水平8
运用各种各样的场地器材和游戏情境,学习多种动作技能	练习各种动作技能,并展示将动作技能有序衔接的能力	在一系列的运动情境中发展更为复杂的运动顺序和战术	在一系列的运动情境中,展示连续性运动技能和可控性运动技能	通过使用动作学习的基本原则,获得和运用复杂的动作技能	通过动作技能学习的原则,获得、运用和精练专门的动作技能	评估专门的动作技能,并改编它们,使其发展其他的身体活动能力和娱乐功能	设计、运用和评价战术,进而来提高自己和他人身体活动的表现力

注:本表信息是依据新西兰课程标准中的不同水平的成就目标①进行整理的。

同时,从认知教学目标可选用的动词(见表7-7)中发现,新西兰健康与体育课程的目标表述(见表7-4和表7-6)与布鲁姆的认知目标的层次(知道→领会→应用→分析→综合→评价)是相吻合的。如"展示、运用"对应"应用"层次,"设计"对应"综合"层次,"评估"对应"评价"层次。这充分体现了新西兰健康与体育课程目标的层次性及其与学生的认知发展规律的契合。

表7-7 编写认知教学目标可供选用的动词②

目标层次	特征	可参考选用的动词
知道	对信息的回忆	为……下定义、列举、说出(写出)……的名称、复述、辨认、选择、描述、标明

---

① Curriculum achievement objectives by level [EB/OL]. [2014-08-01]. http://nzcurriculum.tki.org.nz/content/download/1110/11995/file/Charts1.pdf.

② 张振华.体育教学策略与设计[M].北京:北京师范大学出版社,2012:164.

目标层次	特征	可参考选用的动词
领会	用自己的语言解释信息	分类、解释、鉴别、转换、区别、归纳、举例说明、摘要、改定
应用	将知识运用到新的情境中	运用、计算、示范、改变、阐述、解释、说明、修改、定计划、制定……方案、解答
分析	将知识分析,找出各部分之间的联系	分析、分类、比较、对照、图示、区别、检查、评析
综合	将知识各部分重新组合,形成一个新的整体	编写、创造、设计、提出、组织、计划、综合、归纳
评价	根据一定标准进行判断	鉴别、比较、评定、判断、总结、证明、说出……价值

从表 7-4 中可以发现,健康与体育课程不同水平成就目标的最后均呈现了五项关键能力。由此可说明,新西兰教育部对健康与体育课程价值的高度认可,并希望通过此课程来培养学生的五项关键能力,这也反映了健康与体育课程对学生全面发展的重要性。

第三节　新西兰国家课程实施建议的介绍与分析

关于课程的实施建议,《课程标准》从整体上提出了实施要求,主要体现在有效教学和学校课程的设计与检验两个方面。

一、有效教学

(一)《课程标准》中有效教学的具体表述

《课程标准》强调,虽然没有哪一种教学模式能满足每个学生在任何一种环境中的学习需求,但大量的研究表明,不同类型的教学方式对学生的学习可产生不同的积极影响。因此,为了让学生学得更好,教师应该通过良好的教学行为形成有效教学。

1. 创造支持性的学习环境

学习效果与学生所处的社会、文化环境紧密相连,当学生感受到被他人接纳,与同学、教师的关系融洽,并能成为学习团队中积极、活跃的一员时,他们就能学得更好。因此,《课程标准》强调:

首先,优秀的教师不仅要善于在充满关心、包容、没有歧视和有凝聚力的环境中培养学生积极的人际关系,而且要善于与学校和社区建立良好的关系,并把家长和学生的监护人作为重要的合作伙伴,因为家长和监护人对他们的孩子了解更多,也有更多的机会能促进学生的学习。

其次,优秀的教师应关注所有学生在文化与语言方面的差异,并指出课堂文化存在于多种环境之中,包括学校和当地社区的文化、学生同伴的文化和教师的专业文化。

2. 鼓励反思性思维与行动

当学生能够对其所接触到的信息和观点进行客观思考时,他们的学习就会更有效。善于反思的学习者在学习新知识时,不仅能与已有的知识相联系,而且能选择相应的知识来达成自己的目标,并将想法转化为行动。久而久之,他们的创造力、对相关信息和观点进行批判性思维的能力以及元认知能力就会得到提高。因此《课程标准》强调教师要鼓励学生进行反思并培养学生的反思性思维。比如,当教师设计学习任务时,要求学生批判性地评估所使用的资料以及考虑其最初的设计意图。

3. 增强新知识的关联性

当学生明白他们所学的内容、为什么学以及如何运用所学的新知识时,他们的学习会更有效。因此,《课程标准》强调优秀的教师应善于激发学生的好奇心,要求学生去检索相关的信息和观点,并运用他们在新环境或新方法中的发现。教师应该为学生创造条件,参与和学习相关的决策,这有助于鼓励学生深度了解其学习事宜,进而使他们在学习时更有主动性。

4. 促进相互学习

学生学习的过程伴随着学生参与分享和与其他人的交流,其中包括与家庭成员和社区成员之间的交流。因此《课程标准》强调教师可通过构建班级学习共同体来促进学习活动的开展。在这一共同体中,包括教师在内的每个成员都是学习者,并倡导学生相互学习以及学习伙伴的组建,在相互学习的过程中经常接受挑战、相互支持和反馈。当学生与其他人进行反思性对话时,这将有助于学生形成自己独特的语言风格。

5. 与先前的知识与经验建立联系

当学生能将新旧知识联系起来时,就会学得更好。因此,《课程标准》强调教师的教学应建立在学生原有的基础知识之上,知晓学生知道什么,有过什么样的经历。只有这样才能充分地利用教学时间,预估学生的学习需要并避免不必要的重复。教师不仅要帮助学生在不同学习领域之间建立联系,也要帮助其与家庭生活和更广泛的世界建立联系。

6. 为学生提供充足的学习机会

当学生有时间和机会与新知识建立联系,并进行实践和内化,学习就会更有效。这意味着他们需要在不同的时段、不同的环境和不同的任务中进行新知识的学习,也意味着课程内容的广度与学生学习的深度之间会产生冲突。因此,《课程标准》强调教师选择内容的覆盖面不一定广,但要有一定的深度。而且,合适的评价将有助于教师为学生提供有效的学习机会和有序的学习体验。

7. 进行探究性教学

任何一种教学策略在不同的环境中都会对学生产生不同的作用,有效教学要求教师去探究他们的教学对学生产生的影响。实际上,对教与学之间关系的探究过程是一个循环的过程(见图7-7),而在这一过程中,教学活动每时每刻、日复一日或在更长的时间内持续发生。在进行探究性教学时,教师一般要回答以下三个问题:

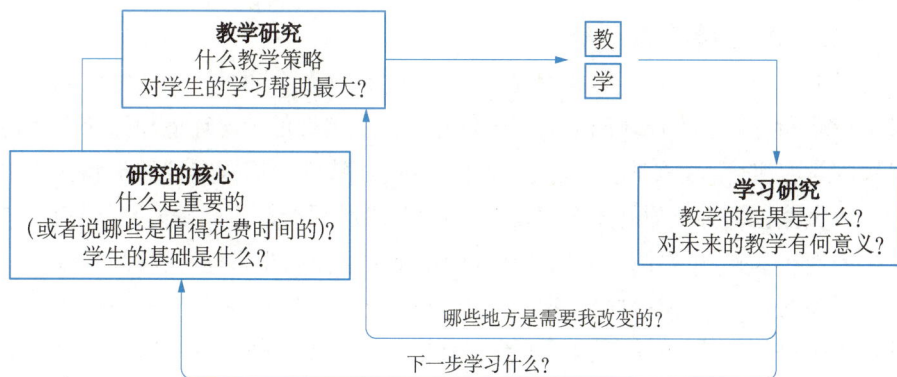

图7-7　探究性教学示意图

（1）什么是重要的(或者说哪些是值得花费时间的)? 学生的基础是什么?

这一问题的核心是希望教师能够建立判断学生学习的标准和方向,然后利用一切可利用的信息来判定学生的学习水平和下一步需要学习的内容。

（2）什么教学策略(以证据为基础的)对学生的学习帮助最大?

教师应结合相关研究成果、教师个人和同事的教学经验来制定教学计划，进而对学生达成学习目标产生最大的帮助。

（3）教学的结果是什么？对未来的教学有何意义？

教师应该在期中、期末或单元结束时，运用系列评价方法对教学的效果和成功之处进行判断，并在分析和解释这些信息的基础上考虑下一步的工作计划。

8. 在线学习与教学

现代信息技术已经对青少年的生活产生了巨大的影响，因此新西兰教育部认为基于信息技术的在线学习，在支持上述教学方式方面具有很大的潜力。在线学习具有以下作用：

- 有助于学生通过新的学习环境进行探索和学习，以建立学习间的关联，并克服时间和距离的限制。

- 有助于学生在课外加入或组建学习共同体，并相互学习。

- 通过提供能充分考虑个人、文化和发展差异的资源，帮助营造具有支持性的学习环境。

- 通过提供虚拟的学习经验和工具来节约学生的时间，并允许他们进一步的学习，进而增加学生的学习机会。

因此，《课程标准》强调：学校不仅应该探索信息技术如何弥补传统的教学方法，还应该探索如何基于信息技术开发新的、不同的学习方法。

（二）对有效教学的分析

以上八个方面很恰当地诠释了为了实现"有效教学"的目的，教师应采取的教学策略和行为。不仅强调要给学生创建一个支持性的学习环境和为学生提供足够的学习机会，尊重学生，鼓励反思性思维，还特别强调探究性教学和在线教学。探究性教学对教师的要求比较高，不仅要求教师清楚什么最重要，准确把握学生的现有基础，更要懂得采取什么样的策略来达成教学目标，使教师对教学过程有更深的思考。《课程标准》通过对有效教学进行描述，并要求教师在教学实施过程中进行实践，这为新西兰教育目标的达成以及价值观、原则、五项关键能力的渗透提供了有效的保障。

二、学校课程：设计与检验——从国家课程到学校课程

（一）《课程标准》中学校课程设计与检验的具体表述

在学校课程设计与检验的过程中，应重点考虑以下六个方面的因素：

1. 新西兰国家课程与学校课程之间的关系

《课程标准》作为一个指导性的文件,为学校的教与学指明了方向。这就意味着每个学校的课程必须与国家课程的目的保持一致,但在具体细节方面,学校有相当大的灵活性。在操作的过程中,学校可以秉持各种不同的观点,充分利用各种资源与模式。

学校必须以国家课程的原则为基础来设置本校的课程,从而实现国家课程提出的价值观和培养学生在各个年级应该发展的关键能力。在此基础上,学校应该在1—10年级的学生中开展英语、艺术、健康与体育、数学与统计、科学、社会科学和科技等各学科的教学活动。

2. 原则

原则作为课程决策的基础,是关于教育经验的本质与学生权利的观念。这些原则适用于所有学校和课程的各个方面。学校应能明确地阐述本校对落实原则的承诺,并清晰地表达如何将它们有效地落实在教学活动中。

3. 价值观、关键能力、学习领域

《课程标准》鼓励学生进行自我探索。随着时间的推移,学生的关键能力会通过一系列的学习活动得到发展。学校可以使用不同的方法在教学过程中促进学生在各个方面的形成和发展。例如,学校可以围绕价值观、关键能力、学习领域三个方面中的任一方面来安排本校的课程,并有意将其他两个方面也融入本校的计划中。当然,学校也可以围绕不同主题来安排课程,并整合价值观、关键能力和学习领域的知识和技能,并在这一过程中使用不同的方法或方法组合。

（1）价值观

每个学校都有其独特的价值观,这些价值观主要通过学校的哲学基础和不同层次的人际关系来体现。而且,许多学校将它们的价值观融入学校章程之中。《课程标准》中呈现的价值观得到了广大社区民众的支持,但学校需要考虑如何把这些价值观融入课程之中以及如何监控具体的落实情况。

（2）关键能力

青少年在成长、工作和社会活动中应该积极发展关键能力,这既是目的也是手段;既是学习的重点,也是使学习成为可能的条件。学校课程应该给学生提供挑战的机会,帮助他们在各个学习领域以及在复杂、陌生的环境中运用和发展这些关键能力。这些机会既可以整合到现有的课程中,也可以利用学校环境以及在学习活动建构过程中营造的机会,如学生自发组织的一些活动等。学生需要发展的关键能力包括:

- 自我管理能力:设置和监控个人目标,管理时间,安排活动,反思和应对能力。

- 与他人建立良好关系的能力：互动,分享观点,与不同的人进行交流的能力。

- 参与和贡献的能力：为获取信息而访问一些社区,并将这些信息作为采取关键行动依据的能力。

- 思考的能力：分析和考虑各种可能的方法来解决当下问题的能力。

- 运用语言、符号和文本的能力：创建文本来记录和传达观点,运用与某些学习领域相关的语言和符号的能力。

当设计和检验学校的课程时,学校需要考虑如何促进和监控这些关键能力的培养。学校不仅需要向学生澄清关键能力的意义,而且还需要澄清在什么情况下有利于这些能力的发展,什么情况下不利于这些能力的发展,他们的能力达到了什么程度,学校将会采用哪些有效的评价方法来增强这些能力。此外,通过教师适宜的指导与反馈,所有学生都应掌握用合适的标准进行自我监控与协同评价的策略,如考试、各种讨论、进步判断和目标制定等。

（3）学习领域

学习领域的基本特征体现在,它描述了对年轻一代的教育有什么贡献以及是如何构建的。学习领域的描述不是成就目标,是制定满足学生需要和兴趣的学习计划的出发点。然后,学校就可以选择适合这些计划的成就目标。

学习领域中的每一个学习方面都要求必修,但在某些学习领域,在时间和年级等方面存在着特别的要求。这需要学校有科学的理论依据,并确保学生每一个方面的学习在相当长的学习时间内得到重视。此外,还应该研究不同学习领域之间的联系,用于指导单元计划或学校课程的设计。

4. 成就目标

《课程标准》中的成就目标呈现了与 8 个学习水平相关的学习流程、知识和技能,而不同水平的知识、技能和理解力代表着学生的学习进程,水平越高表明学生的学习深度越大。当学校在设计和检验课程时,应根据学生的实际情况确定每个学习领域的成就目标。但是,有些成就目标需要在特定的学习水平达成,而有些成就目标则要横跨多个学习水平。一般情况下,成就目标越是广泛和复杂,那么对学生的学习就越重要。

学校在设计和检验课程时,应该考虑以下与成就目标相关的问题：

- 校长和教师应该清楚他们希望学生学到什么,以及他们如何设计课程来达成这一目标。

- 帮助学生在现有的学习基础上向更高水平发展,给有特殊需求的学生提供高品质的学习体验,使他们能够实现更高水平的目标,同时,给有特殊能力和天赋的学生提供追求超越目标的机会。

- 要设置长期目标,因为学生的长期目标比某些具体的成就目标更加重要。

5. 评价

评价的主要目的是为了促进学生的学和教师的教。学校需要考虑如何收集、分析和使用评价信息,以便有效地达成这一目的。在开展评价的过程中,应该基于学生的发展而进行评价,这也是一个循序渐进的发展过程。在这一过程中,应该及时地收集、分析、解释和使用能够证明学生进步的信息。教师在分析和解释评价信息的过程中,要与学生进行互动,并利用这些互动来改变学生的行为。

（1）有效评价的特征

- 通过评价,要让学生看到他们的收获。让学生清楚地了解他们知道什么、能做什么、仍需要学习什么。当学生看到自己取得了很大的进步,他们的动机就会得到维持,信心也会增强。

- 评价要让学生参与其中。通过学生与教师、父母、同伴的交流讨论,反思、确定其学习目标、学习策略和进步程度,来发展自我评价和同伴评价的能力,进而增强自我定向能力。

- 评价要有利于学习目标的达成。让学生了解其所期望的目标和成功的标准。对于最重要的目标,教师要不断地强调,并向学生不断提供反馈从而促进学生达成预期目标。

- 评价要有计划。在与学生进行有效沟通的基础上,保持教学结果、教学策略和评价标准协调一致。要让学生提前了解如何进行评价以及为什么这样评价,同时确保评价方案的灵活性。只有这样,才能在评价的过程中做到随机应变。

- 评价要符合目的性。评价信息是通过一系列正式和非正式的评价方法获得的,选择评价方法要符合学习评价的本质、学生的多样性以及评价的目的。

- 评价应合理、公平。教师应从专业的视角对多种途径获得的评价信息进行解释,并做出判断,这比单一途径获得信息更加有效。

（2）全校性的评价

该评价主要是学校想通过学校的数据库收集和分析相关信息,进而了解学校的各项计划对学生学习产生了什么影响。这些信息既可以为学校政策、计划的制定和教学实践的改革以及面向托管人、家长、教育部的报告提供参考,又可用于不同群体之间学习成绩的比较以及学校与国家标准的比较。

（3）国家资格证书的评价

《课程标准》是国家教育资格证书框架中成绩标准和单元标准得以落实的基础。国家教育资格证书框架适用于 11—13 年级,包括全国教育成就证书及其他,学校可以有选择地提供这些资格证书。

6. 学习阶段

学生的学习会经历多个阶段，前一个阶段要为下一个阶段的进行打下坚实的基础，并且每个阶段之间具有很强的关联性。学校在设计课程时，应该帮助学生顺利地过渡到下一个阶段，并且提供给学生明确的方向。

（1）幼儿学习阶段

《新西兰国家幼儿教育课程纲要》为儿童后续的学习奠定了基础，它是基于四个方面的原则，即授权、全面发展、家庭和社区、人际关系。该纲要包括五条课程主线：探索、沟通、健康、贡献和归属。五条课程主线共同为促进学生的终身学习奠定基础。课程主线与本文中确定的关键能力是相一致的。

（2）1—6 年级的学习阶段

该阶段的学习应建立在学生学前教育的学习经验之上，并与其建立联系。学校教学计划应通过所有学习领域的共同作用而推进，并以价值观、关键能力发展相关的文学素养与计算能力的发展为核心。《课程标准》强调，要使学生从学前教育顺利过渡到 1—6 年级的学校教育，学校应该培养儿童与教师及其与同伴的关系；考虑学生在幼儿教育中的学习经历，考虑学生在学校的整体教育体验；与学生家长建立联系。

（3）7—10 年级的学习阶段

该阶段在考虑价值观、关键能力和学习领域的基础上，学生学习课程的广度与深度扩大，学生的能力能够得到最大程度的提升，进而为他们的生活和终身学习奠定基础。

《课程标准》强调，学生在该阶段的身体处于快速发展期，社会意识不断增加，面对的课程内容越来越复杂，应该帮助学生与成人建立积极的关系、参与社区活动以及获得真实的学习体验。学生的学习过程与其文学素养和计算能力密切相关，这是该阶段教师教学的重心。

（4）11—13 年级的学习阶段

在该学段，学生对自己的未来有了更清晰的想法，应该允许学生有更多的选择和选择学习机会。学校应该了解高中学生的不同能力和不同愿望，并为其提供系列支持和选择，从而满足其未来学习和工作的需要。学生可以根据学校提供的选择，在学习领域内、跨学习领域或在学习领域之外进行更专业的学习。

在该学段，学校可以让学生参与一些由工厂或高等学校提供的课程或研究的机会，以便其获得更多的学分。这些学分既可以帮助学生获得各种资格证书，也可以在以后的高等教育中转换为相应的学分。

在该学段，价值观和关键能力的发展对高中学生来说变得越来越重要，因为他们认识到在以后的生活、工作和学习中都需要这些价值观和关键能力。

（5）高等教育与就业阶段

《课程标准》之所以在此处提出高等教育的问题，旨在强调新西兰高等教育与中小学教育之间的衔接关系。在大学阶段，学生需要掌握四个关键能力，即思考的能力、使用交互工具的能力、自主行动的能力、运行社会团队的能力，而这些关键能力是建立在中小学阶段的关键能力基础之上的。

此外，《课程标准》还强调，即使学生在离开学校时就意味着所有正规学习的完成，他们今后仍然需要抓住每一个机会继续学习和发展他们的能力。新西兰需要所有的年轻人能够拥有熟练的技能和受过良好的教育，从而能够为新西兰人民的健康做出更大的贡献，并能应对来自职场和经济不断变化的需求。因此，《课程标准》强调，各个阶段的课程之间应该进行有效衔接并保持高度的一致性，从而实现学生的可持续发展（见图7-8）。

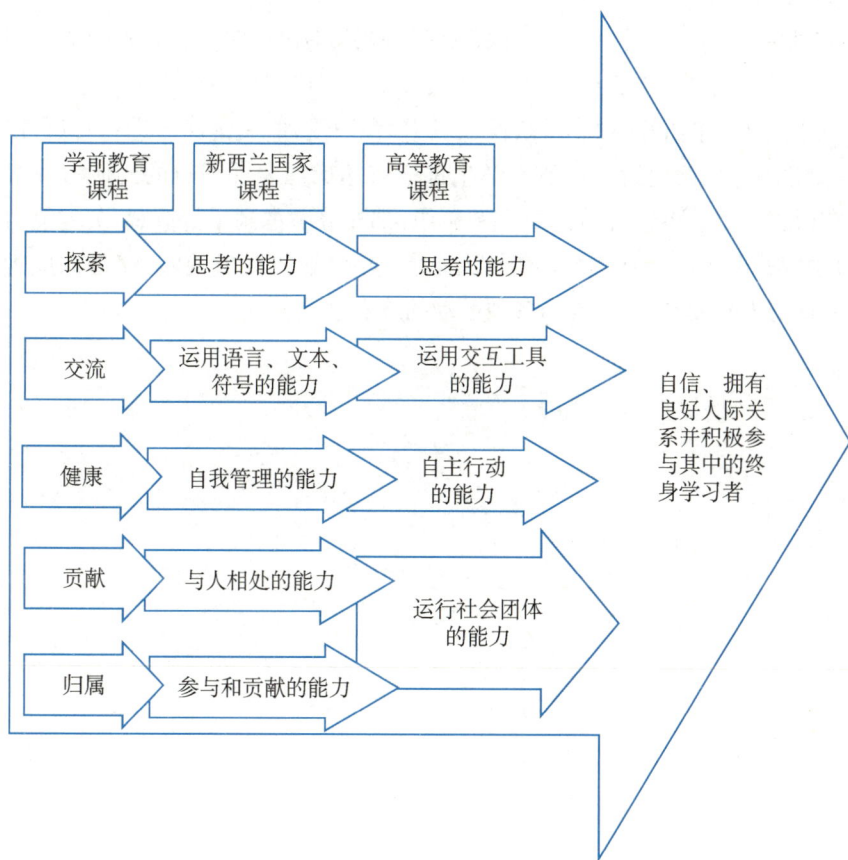

图7-8　新西兰不同阶段课程中强调的关键能力

（二）对学校课程设计与检验的分析

实际上，学校课程的设计和检验是一个连续的、循环的过程，它主要涉及如何更好地落实国家课程，进而能更好地处理学生、学校和社区的特定需求、兴趣和客观环境。这需要对国家课程的目的以及社区的价值观和期望值有着正确的理解。因此，应弄清楚学生学习的优先顺序和用什么方法来处理以及如何对学生的进步幅度和教学质量进行评价。课程改革的推进应建立在现有的优秀实践经验和最大化利用资源和机会的基础上。

中小学的课程可以分为三种类型，即国家课程、学校课程和课堂教学中的课程。国家课程为学校提供了框架和共同的方向，虽然未考虑学校的类型、规模和所处地域，但它为各个学校提供了设计和形成自己的课程所需的空间、灵活性和特权，从而使学校的教学活动更有益于其特定的学生。同样，每个学校的课程设计也应给教师留有一定的余地，从而能够充分考虑班级中部分学生的特殊需求、兴趣和天赋。

从上述表述可以看出，虽然《课程标准》只针对小学和中学阶段，但为了强调其与学前教育、高等教育的连贯性，而将各个学习阶段的主要任务给予呈现，并对三个阶段（学前阶段、中小学阶段、高等教育阶段）的关键能力进行对比，以体现其一致性。新西兰为了让所有学生都享有达成国家课程目的的所有教育机会，在课程设计、实施、评价的每一个阶段，都充分考虑到了价值观、关键能力和学习领域的影响。只有这样，才能帮助青少年将愿景变成现实，使他们成为自信、有良好人际关系、积极参与各项活动的终身学习者。

第八章

日本基础教育体育科《学习指导要领》解读

　　日本基础教育的《学习指导要领》相当于我国的课程标准,大约每十年修订一次①。面对 21 世纪新的挑战,日本最近两次对《学习指导要领》的修订分别是 1998 年(面向 2010 年)和 2008 年(面向 2020 年)。1998 年版《学习指导要领》修订的核心可以归纳为"宽松教育"和"生存能力"。但经过十年的实践,日本教育界发现 1998 年版《学习指导要领》存在诸多问题,如受"宽松教育"的影响导致学生学习能力低下、体力下降等。政府相关行政机构和教育专家等充分认识到在当今以知识为基础的社会中,学生"生存能力"的培养变得越来越重要。因此,面向 2020 年的 2008 年版《学习指导要领》放弃了原来"宽松教育"的理念,取而代之是对"生存能力"培养的强化②,其修订的总体指导思想包括:"生存能力"的培养;加强学生对基础、基本知识和技能的掌握;培养学生的思考能力、判断能力和表现能力;确保学生能有扎实的提高学习的能力所必要的授课时数;确保提高和培养学生的学习兴趣和学习习惯;加强针对培养学生"丰富心灵"和"健康体魄"的指导③。总体而言,2008 年版《学习指导要领》强调德、智、体均衡发展的重要性。

①　阎智力,王世芳,季浏.日本小学的体育学习指导要领[J].体育科研,2012,33
　　(3):91-95.
②　季浏,尹小俭,尹志华,周亚茹.日本基础教育体育科《学习指导要领》评述
　　[J].成都体育学院学报,2015,41(2):1-7.
③　文部科学省.小学校学习指导要领本体[M].东京:东洋馆出版社,2010.

因此,日本目前针对基础教育阶段的《学习指导要领》最新的版本是 2008 年版。

就体育学科而言,日本的小学称之为体育,初中和高中称之为保健体育,其相应的《学习指导要领》也于 2008 年进行了修订。体育课程修订的指导方针包括面向总体的方针以及分别针对体育领域和保健领域的方针。其中,贯穿整个中小学的总体指导方针是:培养学生终身增进健康、丰富运动生活的能力;加强对学生体育和保健知识的学习指导,促进学生身心健康发展;根据学生生长发育的不同阶段,合理培养学生在社会生活中实际运用所学知识的能力。体育领域的指导方针是:在促进学生运动,培养其运动能力的过程中,使学生的情感和认知能力得到充分的发展;通过集体活动和身体表现运动等形式培养学生的实际交往能力;梳理体育运动内容和指导内容,根据学生不同的发育阶段培养其各种基本活动能力,从而使学生逐渐形成终身锻炼的习惯;加强民族传统体育,如武道等的学习,让学生进一步了解本国固有的民族传统文化。保健领域的指导方针是:根据学生生长发育的阶段特征,修改调整小学、初中、高中保健课程的内容(如身心生长发育与健康、生活习惯与疾病预防、保健医疗制度的运用、环境与健康、伤害防护和安全教育等),进一步培养学生具有终身健康自我管理的资质和能力;针对小学低年级学生,特别需要指导他们了解运动促进健康的正确方法。指导方针的确立为日本 2008 年修订体育《学习指导要领》指明了方向。

目前,日本针对体育学科的《学习指导要领》已经分别于 2011 年(小学体育)和 2012 年(初高中保健体育)正式实施,由此拉开了日本新一轮体育课程改革的帷幕。《学习指导要领》中关于体育教育的内容,决定着日本近十年体育课程改革的基本走向和发展趋势。

第一节　小学体育《学习指导要领》的介绍与分析

日本小学阶段的体育《学习指导要领》主要包括课程目标、课程内容、课程指导计划的制定和实施建议三部分。

一、小学体育课程目标

(一)《学习指导要领》中体育课程目标的具体表述
1. 小学体育课程的总目标
根据修订后的日本学校教育法和修订后的总体指导方针,2008 年版《学习指导要领》规定日本中小学体育课程总目标为：促进身心和谐一体协调发展，通过对合理运动和安全的理解，培养学生终身热爱运动的资质和能力（小学为培养学生终身热爱运动的基础资质和能力；高中为培养学生终身持续热爱运动的资质和能力），同时保持增进健康，提高体力，培养乐观的生活态度。

根据体育课程的总目标，《学习指导要领》提出了小学体育课程的目标，重点在于基础知识和基本技能的培养。小学体育课程目标的具体表述为：紧紧围绕身心一体化，通过适当的运动经验与对健康和安全的理解，培养终身热爱运动的资质和能力，同时保持和增进健康，提高体力，培养快乐、乐观的生活态度。

（1）紧紧围绕身心一体化

为了促进学生的健全发育，身心和谐非常重要。针对小学生身心发育的特点，应理解运动对心理和身体的锻炼效果，特别是心理健康和运动的密切联系。为此，有必要通过"身体构建运动"等具体的活动项目，指导小学生体会身心的紧密相连。

（2）适当的运动经验

小学生通过开展能够促进身心发育的运动来体会运动的快乐和喜悦。通过这些运动经验，在培养学生运动兴趣的同时，进一步促进体格的发育。因此，必须针对学生的运动能力、适应性、兴趣、对体育的关心程度等情况，有目的、有计划地进行指导。为此，有必要对学生的身心发育特性、设施和气候条件等精心考虑，从而选定学习内容，制定指导计划，开展学习活动，探讨学习评价等。

（3）对健康与安全的理解

对健康与安全的理解主要是3—6年级保健领域的课程目标。具体而言，要求教师通过指导学生进行具体的实践，理解健康的生活，身体的发育、发展，伤害防护，心理健康和疾病预防等基本内容。此课程目标不仅强调通过小组活动和实习等获得知识和经验，还强调学生通过发现生活中的问题并解决问题的过程，从而体会健康、安全的重要性。

（4）培养终身热爱运动的资质和能力

为了养成终身积极参与体育运动的习惯，在小学阶段培养学生的基础能力非常重要。热爱运动的资质和能力是指对运动的兴趣和自身参与运动的热情，与同伴保持友好关系并共同运动，还包括为了体会各种运动带来的快乐和喜悦而进行的思考和努力以及运动技能的掌握等。为了培养这些资质和能力，针对学生的运动能力、适应性、兴趣、对体育的关心程度等情况，教师应积极指导学生在运动过程中体会各种运动带来的快乐和喜悦，让学生学会进行思考和判断等。因此，必须将终身运动积极融入到日常生活中并使其成为生活的重要组成部分。

（5）保持和增进健康

小学生通过实践理解实际生活中的健康的内容和与安全相关的内容,为培养相关资质和能力打下基础,从而了解和改进自身的生活行为和生活环境。

（6）提高体力

通过进行各种适当的体育运动,可以提高体力,从而构建充满活力的生活,培养顽强的生存能力。为此,教师不仅要针对学生生长发育的阶段性特点,以提高体力为重点学习内容,指导学生掌握与自身体力和身体状态相适应的提高方法,还必须引导学生将所学知识灵活运用于实际生活中,增强体力提高的实践能力。

（7）培养快乐、乐观的生活态度

培养快乐、乐观的生活态度是小学体育课程的最终目标。通过培养学生终身积极参与体育运动的资质和能力、健康安全的生活实践能力和健全的心灵和身体,从而实现现在乃至将来一直保持快乐、乐观的生活态度。

2. 小学体育课程的学段目标

日本的小学分为低、中、高年级三个学段,第一学段为小学 1 年级和 2 年级,第二学段为小学 3 年级和 4 年级,第三学段为小学 5 年级和 6 年级。根据小学阶段的体育课程总目标,《学习指导要领》也提出了每个学段相应的课程目标(见表 8-1)。

表 8-1　日本小学体育课程的学段目标①

第一学段 （小学 1—2 年级）	第二学段 （小学 3—4 年级）	第三学段 （小学 5—6 年级）
制定简单规则,在快乐地进行各种运动的同时,掌握基本运动技能,提高体力	在组织并快乐地进行各种体育活动的同时,掌握基本运动技能,提高体力	在参与和组织体育活动,体会各种运动的快乐和喜悦的同时,掌握运动技能,提高体力
培养团结友爱的精神和健康安全地参加运动的态度	培养合作、公正的态度,在健康和安全的基础上形成坚持到底的运动态度	在培养合作、公正态度的同时,重视健康和安全,培养竭尽全力的运动态度

---

① 嵇清.我国《义务教育体育与健康课程标准》(小学部分)与日本《小学校学习指导要领本体》(体育篇)的比较研究[D].扬州:扬州大学,2014.

第一学段 （小学 1—2 年级）	第二学段 （小学 3—4 年级）	第三学段 （小学 5—6 年级）
	懂得健康的生活和人体生长发育的相关知识，提高具有健康和安全的生活资质和能力	能够理解心理健康、伤害防护、预防疾病的相关内容，培养创建健康和安全的生活资质和能力

（二）对体育课程目标的分析

1. 重视小学生对健康的理解与体验

小学是学生体育学习的起始阶段，其对体育与健康的理解和体验至关重要，日本在小学体育课程中就很强调这一点。首先，强调促进小学生的身心一体化，以具体的运动项目为载体指导小学生促进身心健康，两者不可分割。其次，注重让教师引导小学生理解健康的生活、身心发育、心理健康与疾病预防等方面的内容，并强调小学生逐渐学会发现并解决生活中的健康问题。此外，还强调要保持和增进小学生的健康，让其充满活力并培养其生存能力，而这些都以学生对健康的理解和体验为基础。

2. 强调基本运动技能的掌握和体力的提高

在小学阶段，《学习指导要领》中提出的体育课程目标非常强调学生掌握基本运动技能和提高体力，这一目标要求贯穿于小学的三个学段之中。但是，不同学段对学生的要求有所区别，第一学段强调"在快乐的运动中"达到该目标，第二学段强调"在组织并快乐地进行体育活动中"达到该目标，而第三学段则强调"在参与和组织体育活动并在体验快乐和愉悦中"达到该目标。学段间的要求层层递进，但都为学生掌握基本运动技能和提高体力服务。

3. 强调培养学生积极的运动态度

在日本的小学体育课程目标中，特别强调对学生积极学习态度的培养。比如，第一学段强调"培养团结友爱的精神和健康安全地参加运动的态度"，第二学段强调"培养合作、公正的态度，在健康和安全的基础上形成坚持到底的运动态度"，第三学段则强调"在培养合作、公正态度的同时，重视健康和安全，培养竭尽全力的运动态度"。由此可知，运动态度的培养贯穿于小学六年体育学习的始终，并且目标要求呈现螺旋式上升的趋势。只有在小学阶段养成了良好的态度，学生才能在今后更高学段积极地进行体育学习和锻炼。

二、小学体育课程内容

（一）《学习指导要领》中体育课程内容的具体表述

1. 各领域的课程内容构成

日本1年级的体育共102学时，2—4年级每年各105学时，5—6年级每年各90学时。在特定的课时安排下，小学体育课程内容由运动领域和保健领域两部分构成。运动领域的课程内容主要包括：身体构建运动类（放松运动、增强体力运动等）、器械运动类、田径运动类、游泳类、球类运动和表现运动类。保健领域的课程内容主要包括：每日的生活与健康、生长发育与自我、心理健康、伤害的预防、疾病的预防。其中，运动领域的课程内容涵盖了小学整个1—6年级，而保健领域的课程内容仅仅针对小学3—6年级，即小学第一学段的课程内容不涉及保健领域的相关知识（见表8-2）。

表8-2　日本小学体育课程各领域的内容构成

年级		第一学段 （小学1—2年级）	第二学段 （小学3—4年级）	第三学段 （小学5—6年级）
运动 领域		身体构建运动	身体构建运动	身体构建运动
		使用器械器具的运动游戏	器械运动	器械运动
		跑、跳的运动游戏	跑、跳的运动游戏	陆上运动
		水中游戏	浮水、游泳运动	游泳
		有节律的运动游戏	表现运动	表现运动
		游戏	游戏	球类运动
保健 领域		无	每日的生活与健康（3年级） 生长发育与自我（4年级）	心理健康（5年级） 伤害的预防（5年级） 疾病的预防（6年级）

对于小学运动领域的课程内容安排，《学习指导要领》明确规定应根据学生面对将来实际生活所需要掌握的基础知识来安排教学内容，这些教学内容基本上均由"技能"、"态度"和"思考·判断"三部分构成。对于小学保健领域的课程内容安排，从重视生活中的健康和安全的相关基础内容以及培养健康生活的资

质能力的角度出发,明确规定 3 年级的课程内容是"每日的生活与健康"、4 年级的课程内容是"生长发育与自我"、5 年级的课程内容是"心理健康"和"伤害的预防"、6 年级的课程内容是"疾病的预防"。

2. 各学段具体课程内容列举①

在《学习指导要领》中,对表 8 - 2 中各学段的具体课程内容都做了非常详细的描述。限于篇幅,本节以小学 1—2 年级运动领域的"身体构建运动"为例,从"技能"、"态度"和"思考·判断"三个方面进行说明。其他几类运动的具体课程内容呈现方式与"身体构建运动"相似,不再赘述。

（1）技能

"身体构建运动"中的"技能"部分主要强调学生在进行运动时能体会到快乐和愉悦,具有基本的身体运动能力。具体包括身体放松运动和多样化的运动游戏两部分。其中,身体放松运动指能够关注心灵和身体的变化、强调身体状态的调整、有助于与同伴建立良好的关系的简易且有节奏性的运动;多样化的运动游戏指通过使用工具而移动身体并保持身体平衡的运动游戏。其具体的表述和运动方式示例见表 8 - 3。

表 8 - 3 小学 1—2 年级"身体构建运动"中"技能"部分的内容

组成部分	具 体 表 述		运 动 方 式 示 例
身体放松运动	1. 关注心灵和身体的变化,即让学生意识到运动会使心情愉悦,竭尽全力进行运动时会出汗,心脏跳动会加快等 2. 调整身体状态,即通过运动,使学生学会调整日常生活举止和身体状态,同时还能愉悦心灵 3. 建立良好的同伴关系,即学生与同伴团结友爱,互帮互助,体验更多运动的乐趣		1. 从容地使用工具进行运动 2. 随着节拍,情绪高涨地进行运动 3. 在放松心情的同时以小组形式进行拉伸运动 4. 在改变动作和人数等情况下进行各种形式的运动 5. 进行传统运动游戏和集体运动游戏
多样化的运动游戏	保持身体平衡的运动游戏	改变姿势和方向,进行旋转、躺、起、坐、站等动作和保持身体平衡的动作,通过这些运动游戏,具有保持身体平衡的运动能力	1. 由旋转等动作构成的运动游戏,如以单腿为轴,进行右旋转和左旋转 2. 由躺、起等动作构成的运动游戏,如双脚脚底并拢坐于地板上,两手放于腿部,一边向后躺下背部接触地板,一边转动和坐起

---

① 文部科学省.小学校学习指导要领体育编[M].东京:东洋馆出版社,2010.

组成部分	具体表述	运动方式示例
		3. 由坐、站等动作构成的运动游戏,如和同伴肩并肩、背靠背、站起或坐下 4. 由保持身体平衡的动作构成的运动游戏,如通过特定的蹲姿破坏对方的身体平衡或防止对方破坏自身的身体平衡
移动身体的运动游戏	改变速度、节奏、方向等,进行爬、走、跑、跳、跳跃等动作,通过这些运动游戏和一定速度的跑步等运动游戏,具有移动身体的运动能力	1. 由爬、走、跑等动作构成的运动游戏,如绕大圈向右或向左进行爬、走、跑等动作 2. 由跳起、跳跃等动作构成的运动游戏,如用双腿或单腿跳起,在空中改变方向并以脚着地;用双腿或单腿跳跃,改变节奏和方向等 3. 一定速度的跑步,如保持合理的速度持续进行2—3分钟左右的跑步
使用工具的运动游戏	进行抓、拿、放落、转动、滚动、钻、搬运、投掷、接、跳、乘坐工具等动作,通过这些运动游戏,具有使用工具的运动能力	1. 由拿、放落、转动、滚动工具等动作构成的运动游戏,如用双手抓住大小和重量不同的球,进行举起、转动、放落等动作;转动或滚动圆环防止其倒下 2. 由钻过工具等动作构成的运动游戏,如用长绳摇出大小不一的弧度并跳过摆动的长绳 3. 由搬运工具等动作构成的运动游戏,如和同伴用背部夹着球,并向各种方向移动 4. 由投掷、接住工具等动作构成的运动游戏,如用双手或单手接住向上抛起的球 5. 由跳过工具等动作构成的运动游戏,如使用短绳,向前或向后摇绳,连续双腿跳绳 6. 由乘坐工具等动作构成的运动游戏,如使用踩踏位置较低的简单高跷,踩着高跷行走

组成部分	具体表述	运动方式示例
测试力量的运动游戏	进行推挤、拉拽、搬运、支撑对方等动作和相互比较力量等动作,通过这些运动游戏,具有测试力量的运动能力	1. 由推挤、拉拽对方和相互比较力量的动作等构成的运动游戏,如进行相扑游戏推挤对方,进行互相拉拽游戏拉动对方 2. 由搬运、支撑对方等动作构成的运动游戏,如将同伴拉向、背向各个方向;支起手臂做俯卧姿势并支撑自己的身体,以手脚为支点进行转动

（2）态度

"身体构建运动"中的"态度"部分强调学生积极参与和组织体育运动,养成遵守规则和注意运动场地安全的态度。其具体课程内容包括:一是积极参与和组织身体放松的运动和多样化的运动游戏;二是遵守秩序和运动规则,与同伴友好地参与运动;三是与同伴一起准备和整理运动工具;四是注意运动场地的安全,检查有无危险物品,和同伴保持充足的距离以防止碰撞带来的伤害。

（3）思考·判断

"身体构建运动"中的"思考·判断"部分强调学会思考身体构建运动的简单实施方法。其具体课程内容包括:一是能够体会运动时的心情愉悦感,选择能获得快乐的运动方式,如与同伴一起进行运动、使用工具进行运动等;二是了解多样化的运动游戏,发现并学习同伴的优秀经验。

（二）对体育课程内容的分析

《学习指导要领》提出课程内容的每个部分由"技能、态度、思考·判断"三部分构成,涵盖了"德（态度）、智（思考·判断）、体（技能）"[1]等方面,拓展了体育课程的内涵,使得体育课程的功能更加多样化,更加强调体育的教育功能和社会责任。小学体育课程内容具有以下几个特点:

1. 小学不同学段的课程内容各有侧重

小学体育课程内容的构成根据学生的身心发展水平划分为不同的阶段,具

---

[1] 张世响. 日本学校体育教育的改革走向——新的《学校指导要领》析读[J]. 北京城市学院学报,2009（1）：21－28.

有较强的灵活性,同时将课程内容分为运动领域和保健领域,在教学过程中强调将两者进行恰当的融合。总体而言,小学体育课程内容注重学生在运动中的健康和安全问题,关注培养学生的公正、合作、负责行为。同时,重视根据不同阶段学生的认知能力选择不同的运动领域课程内容。比如,小学低年级主要侧重于游戏的课程内容;小学中年级则加入了保健领域的课程内容;小学高年级的课程内容与中年级的课程内容基本相同,但在广度和深度上要求更高一些。每项课程内容不仅要求学生掌握运动技能,还要注重运动乐趣、遵守规则、与同伴合作、注意安全等。

2. 注重运动项目之间的内在联系

为了让学生认识与体验各运动项目的特点,学习各种运动项目的基本动作,在发展体能的基础上根据自己的兴趣爱好选择运动项目,注重不同年级之间运动项目的内在联系。比如,小学低年级安排与运动项目有关的游戏,到小学中年级安排相关的运动游戏和练习,到了小学高年级才安排运动项目的技能练习。教师根据不同运动项目的内在规律,设计出适合不同学段的练习手段和方法,从而使得学习内容能够有机衔接和更加系统化。

3. 注重培养小学生的基本运动能力

小学的体育课程内容在形式上强调采用游戏化的方式,但实际上更加强调培养小学生的基本运动能力。如在表8-3中,强调学生通过进行爬、走、跑、跳、跳跃等动作来发展学生的身体移动能力;通过旋转、躺、起、坐、站等动作来发展学生的身体平衡能力;通过抓、拿、放落、转动、滚动、钻、搬运、投掷、接、跳、乘坐工具等动作来发展学生基本的工具使用能力;通过推挤、拉拽、搬运、支撑对方等动作来发展学生的力量等。这样的课程内容安排符合小学阶段学生的身心发展特征与动作技能形成规律,从而为初中和高中学段的体育学习打下坚实的基础。

三、小学体育课程指导计划的制定和实施建议

(一)《学习指导要领》中指导计划的制定和实施建议的具体表述

1. 指导计划制定的注意事项

为了实现小学体育课程目标,必须在充分考虑各地区、各学校以及儿童身心发展阶段不同特征的基础上,制定小学各学年、各学期和各单元的体育课程指导计划。《学习指导要领》提出在制定指导计划时应该注意以下四点:

首先,在充分考虑各地区和各学校实际情况的同时,针对每一个儿童的运动

经验和对运动技能的实际掌握程度合理开展体育教学指导工作。

其次,合理安排各领域的课时数,不偏重某一领域,既要考虑低(1—2年级)、中(3—4年级)、高(5—6年级)三个学段之间的差异,也要考虑这三个学段之间的连续性,合理制定体育教学指导计划。

第三,小学3—4年级保健领域的学时为8学时,5—6年级保健领域的学时为16学时。为了提高保健领域课程的教学效果,规定保健领域的课程内容应该安排在相对集中的时间段进行教学。

第四,根据道德教育的总目标,结合体育学科的特点合理组织和安排道德教育的时间和内容。

2. 课程内容的实施建议

在课程内容的实施方面,《学习指导要领》对小学体育课程提出了以下六条实施建议:

- 根据各学年各领域的特点组织和安排"身体构建运动"内容。
- 对于小学三个学段的"水中游戏","浮水、游泳运动"和"游泳"课程内容,虽然很多学校由于缺乏游泳池等原因而无法开展这些项目,但是必须让学生对这些项目有一定的体验。
- 为了有效安全地实施集体行动,应该指导学生掌握集合、整队以及队列队形的基本方法。
- 对于与自然界密切相关的雪中游戏、冰上游戏、滑雪和滑冰等项目的课程内容,各地区和各学校应该根据实际情况积极组织此类项目的开展。
- 为了让学生形成在饮食、运动、休息和睡眠等方面良好的健康生活习惯,除了保健领域的课程内容以外,在小学3年级以上的各个领域以及学校的营养餐配制时,学校等机构需要充分考虑设置此方面的内容。
- 在实施保健领域的课程内容时,教师需要充分灵活运用相关知识,认真研究合理可行的教学指导方法。

(二) 对指导计划的制定和实施建议的分析

首先,考虑到地域和学校的实际情况。《学习指导要领》强调关照每个儿童的运动经验和对运动技能的实际掌握程度,这既充分考虑到学生体育学习的实际情况,也关照到了学生运动兴趣的培养,使学生在适合自己的环境中掌握相应的技能。

其次,强调在计划制定和课程实施过程中对一些重要内容的关注。比如,对于游泳、雪中游戏、冰上游戏、滑雪和滑冰等项目的课程内容,《学习指导要领》

非常强调各个学校要根据实际情况开设这些项目。即使由于条件限制无法开设，也要给学生充足体验这些运动项目的机会，体现了对学生学习这些项目的重视。

第三，重视课程实施的弹性。日本将小学体育划分为三个学段，在制定学段计划时，将两个学年作为一个整体的单位进行考虑，这为体育教师自主实施体育教学提供了非常大的弹性空间，教师可以根据具体情况调整和安排学生的体育学习。

第四，关注健康教育。学生不仅要在小学3—6年级学习特定的保健课程内容，同时教师还要采用灵活多样的教学方法尽可能地为学生创造养成与饮食、运动、休息和睡眠等良好的健康生活习惯的机会，从而帮助学生养成健康的生活方式。

第二节　初中保健体育《学习指导要领》的介绍与分析

日本初中阶段的保健体育《学习指导要领》主要包括课程目标、课程内容、课程指导计划的制定和实施建议三部分。

一、初中保健体育课程目标

（一）《学习指导要领》中保健体育课程目标的具体表述

《学习指导要领》中的课程目标包括体育领域的课程目标和保健领域的课程目标两部分。其中，体育领域的课程目标又划分为初中1—2年级目标和初中3年级目标两个阶段，而保健领域的课程目标则不细分。

1. 初中体育领域的课程目标

（1）初中体育领域1—2年级的课程目标

第一，通过合理的运动实践，让学生在运动过程中体验快乐和喜悦的同时，掌握运动知识和技能，培养学生从事运动的多种实践能力。

合理的运动实践，是指学生能够根据身心发展的特点，结合运动的特征，理解和掌握运动的一般原则和运动事故的预防方法等知识，并能够在运动实践中灵活运用。

掌握运动知识和技能，是指学生能够立足小学阶段的课程内容，根据身心发展的特点，掌握丰富的运动知识和技能。同时，为了加深对运动技能的理解，将理论知识和实践运动紧密结合,掌握科学的实践操作方法。

从事运动的多种实践能力,是指学生在初中 1—2 年级通过接触所有的运动领域,能够全面体验到各种运动的特性和魅力,在此基础上,通过初中 3 年级选择适合自己的运动知识和技能,进行多样化的运动实践。

第二,通过切实可行的运动项目提高学生体力,促进学生身心协调发展。

切实可行的运动项目,是指学生能够明确运动的要点,体会运动的价值,立足自身身心发展的阶段性特征,保质保量地进行运动,从而提高运动的有效性。

提高体力,是指学生能够根据自身的健康和体能状况,意识到提高体力的必要性,并积极参加学校的各种体育活动或生活实践活动。能够意识到体力和运动技能之间的关联性,必要的体力是体验各项运动的基础。

身心协调发展,是指初中生正处于身心发展的关键时期,通过在身体活动中体验运动的快乐,释放身心和提高体力,从而促进身心协调发展。

第三,通过运动中的竞争、协作等经验的积累,学生形成公平竞争、相互协作、勇于参与竞争的能力,关注运动中有关健康和安全的知识,培养尽自己最大努力参与体育运动的态度。

运动中的竞争、协作,是指学生在特定的条件下,在体育运动的竞争中能够与同伴相互配合,共同制定并完成学习计划。

公平竞争、相互协作、勇于参与竞争,是指学生在体育运动的竞争环境中,在确保提高运动技能和安全的前提下与同伴间相互帮助,为顺利进行体育运动而承担相应的准备工作。

关注健康和安全,是指学生不仅要有防止运动中可能产生的事故和受伤的意识,同时还具有保护自己和同伴安全的具体防范措施。由于在运动时容易发生安全事故,所以学生不仅要了解自己的健康和体力状况,同时还要了解体育设施和器械的相关安全知识,能够正确地选择适合自身难度的运动技术,确保能够安全地进行运动。

尽自己最大努力参与体育运动的态度,是指学生在掌握体育理论知识和各领域相关知识的基础上,形成运动技能以及为解决运动中遇到的问题而尽全力进行运动的态度。

(2)初中体育领域 3 年级的课程目标

第一,通过合理的运动实践,让学生在体验运动过程中快乐和喜悦的同时,提高运动知识和技能,培养学生终身从事丰富的运动实践的能力。

体验运动过程中的快乐和喜悦,是指根据学生的个体差异性,让学生在享受运动快乐的同时,深刻体验运动的特性和魅力。

提高运动知识和技能,是指学生在初中 1—2 年级掌握知识和技能的基础上,进一步提高运动知识和技能,并强调理论与实践相结合的重要性。

终身从事丰富的运动实践,是指遵循与高中阶段相衔接的原则,要求学生在初中毕业前至少学会一个运动项目,热爱该运动项目并不断加深练习和开展运动实践。

第二,通过适当的运动并结合自身的状况来提升体力,实现身心协调发展。

通过适当的运动并结合自身的状况来提升体力,是指教师在初中 3 年级能够根据学生的兴趣、爱好、能力和运动习惯等,在促进学生积极运动的同时,能够针对学生的各种身体素质提升学生的体力。学生在初中毕业后,不仅体力得到提升,而且运动计划制定的能力及对相关知识的理解能力也将得到提升。

实现身心协调发展,是指教师应对学生的身体素质和心理素质进行同步培养,促进学生实现两者的协同提升。

第三,通过运动中的竞争和协作配合等活动,培养学生公平公正、相互协作的意识,确保学生的健康和安全,培养学生终身亲近运动的态度。

竞争和协作配合,是指学生应重视运动本身的竞争规则,同时为了自身的进步,与队友共同承担责任,主动配合队友,培养团队意识,与队友相互合作共同完成目标。

确保学生的健康和安全,是指学生在进行运动实践时,应适当调整运动量,与队友在技能和体力上互相照顾,把自己和队友在运动中可能遇到的风险降到最低限度。培养健康且安全运动的意识是初中 3 年级课程的重要目标之一。

终身亲近运动的态度,是指学生在初中 3 年级毕业时,能够对运动保持终身爱好的一种态度。

2. 初中保健领域的课程目标

充分让学生理解和掌握日常生活中有关健康和安全的知识,培养学生终身管理健康的资质和能力。"理解和掌握日常生活中有关健康和安全的知识",是指学生应该科学地理解身心机能、精神机能、自我形成、情绪处理等心理健康问题,掌握自然环境与身心健康的关系、伤害发生原因及其防护的应急措施、健康的生活行为与疾病的预防等相关知识;"培养学生终身管理健康的资质和能力",是指学生通过对健康与安全知识的科学理解,在面临现在以及未来生活中有关健康与安全的问题时,能够正确地思考与判断,即培养自我健康管理的思考力与判断力等。

（二）对保健体育课程目标的分析

1. 不同层次的目标有着较好的衔接

初中保健体育《学习指导要领》将初中划分为两个阶段，初中1—2年级为一个阶段，初中3年级为一个阶段。之所以按照这样的形式划分，是因为初中生处于身心发育的关键时期，其身心状态变化速度快。与初中1—2年级相比，初中3年级的学生发育程度较大，所以划分为两个阶段更加符合初中生的身心特点。虽然保健领域的课程目标将两个阶段合并在一起，但从体育领域的课程目标来看，两个阶段的课程目标有着较好的衔接。比如，初中1—2年级要求学生"掌握运动知识和技能"，而初中3年级则要求学生"提高运动知识和技能"；初中1—2年级要"培养学生从事运动的多种实践能力"，而初中3年级则要"培养学生终身从事丰富的运动实践的能力"。这样的目标表述方式体现了目标的层次性要求，有利于教师按照目标的要求循序渐进地引导学生进行体育学习。

2. 强调学生体力的发展

日本对于体力的理解，在某种程度上与我国对体能的理解相似。体力是学生从事体育运动的基础，因此在日本的初中保健体育课程目标中非常强调发展学生的体力。比如，在初中1—2年级强调"通过切实可行的运动项目提高学生体力，促进身心协调发展"，在初中3年级强调"通过适当的运动并结合自身的状况来提升学生体力，实现身心协调发展"。实际上，当前国际上普遍面临的问题是青少年体能逐渐下降，体力活动缺乏，导致青少年的身心健康受到严重威胁。日本通过强调发展和提升学生的体力，一方面可以提升学生的体能发展水平；另外一方面也为学生初中阶段开始从事具体的运动项目学习打下了坚实的基础。

3. 重视培养学生的健康管理能力

普通学生从事体育运动与运动员从事体育运动的目的不同，前者旨在希望通过运动促进健康，而后者则是追求竞技运动成绩。因此，日本的初中保健体育非常重视学生的健康教育，在保健领域的课程目标中特别强调要培养学生"终身管理健康的资质和能力"。通过在初中阶段引导学生学习健康管理的技能与方法，有助于学生树立终身健康管理的意识和形成管理能力，这为学生的终身健康打下了良好的基础。

二、初中保健体育课程内容

(一)《学习指导要领》中保健体育课程内容的具体表述

1. 各领域的课程内容构成

《学习指导要领》规定初中保健体育课每年各 105 学时(日本规定每学年的教学周为 35 周,基本上每周达到 3 节体育课左右,因此初中三年保健体育课总课时为 315 学时,包括体育领域 267 学时,保健领域 48 学时。在特定的课时安排下,日本初中保健体育课程内容分为两大领域,即体育领域和保健领域。体育领域的课程内容包括以下八项:身体构建运动(放松运动,增强体力运动等)、器械运动、田径运动、游泳运动、球类运动、武道运动、舞蹈和体育理论。这八项内容又可以划分为两大板块,即运动板块(如器械运动等)和知识板块(体育理论)。保健领域的课程内容包括以下四项:身心机能的发育和心理健康、健康和环境、伤害的预防以及健康生活与疾病预防(见表8-4)。其中,初中 1—2 年级的学生必须要学习八项内容,初中 3 年级的学生则开始选项学习。在初中 3 年级的选项学习中,每个学生必须分别从器械运动、田径运动、游泳运动和舞蹈中选择一项以上,从球类运动和武道项目中选择一项以上进行专项学习。

表 8-4　日本初中保健体育课程各领域的内容构成

年级	初中 1—2 年级	初中 3 年级
体育领域	身体构建运动	身体构建运动
	器械运动	器械运动 田径运动 游泳运动 舞蹈　选择一项
	陆上运动	
	游泳运动	
	舞蹈	
	球类运动	球类运动 武道运动　选择一项
	武道运动	
	体育理论	体育理论
保健领域	身心机能的发育和心理健康、健康和环境、伤害的预防、健康生活与疾病预防	

另外,各地区和学校可以根据实际需要安排一些专业运动项目,比如滑雪、

溜冰等冰雪运动项目,在河边或海边进行的水上运动等项目。需要指出的是,《学习指导要领》还进一步指出,"身体构建运动"每学年必须保证 7 学时以上,"体育理论"每学年必须保证 3 学时以上。

2. 各年级具体课程内容列举

在《学习指导要领》中,对上述各学段的具体课程内容都做了非常详细的描述。限于篇幅,本节以初中 1—2 年级运动领域的"身体构建运动"为例,从"技能"、"态度"和"知识·思考·判断"三个方面进行说明。其他几类运动的具体课程内容呈现方式与"身体构建运动"相似,不再赘述。

（1）技能

"身体构建运动"中的"技能"部分强调学生在进行运动时,能够体会身体运动的快乐和愉悦,掌握提高体力的方法。具体包括身体放松运动和提高体力运动两部分。其中,身体放松运动是指通过参与各种简单且有节奏性的运动,体会身体运动的快乐和愉悦,同时关注自身和同伴的身体状况,调整身体状态,增进同伴之间的交流。提高体力运动是指能够提高柔韧性、灵敏性、力量和耐力的一类有组织、有计划的综合性运动。其具体的表述和运动方式示例见表 8-5。

表 8-5　初中 1—2 年级"身体构建运动"中"技能"部分的内容

组成部分	具 体 表 述	运动方式示例
身体放松运动	1. 关注自身和同伴的身体状况,即学生应该理解运动过程中,当身体感受到疲惫时,心灵也会产生疲惫;当心灵产生懈怠时,身体也会随之懈怠,因此身心是相互统一的。在此基础上,进一步理解身心之间的互相影响 2. 调整身体状态,即学生在通过运动调整身体状态和形成良好的身体体格时,能够消除疲惫感,放松身心 3. 与同伴交流,即学生通过在运动中与伙伴互相协助,促进双方之间真诚愉快的交流 4. 简单且有节奏性的运动:是指操作简单、能与同伴愉快进行、身心同时获得愉悦的运动 备注:教师在指导学生学习的过程中,让学生相互确定自己和他人的身心状态,在运动中实现身心交流	1. 从容地使用工具进行运动 2. 随着节拍,情绪高涨地进行运动 3. 在放松心情的同时以小组形式进行拉伸运动 4. 在改变动作和人数等情况下进行各种形式的运动 5. 进行与同伴的动作相对应的运动

组成部分		具 体 表 述	运动方式示例
提高体力的运动	提高身体柔韧性的运动	是指学生在可运动的范围内，有意识地将身体部分向前拉伸的运动 备注：教师指导学生学习的过程中，应让学生了解肌肉、关节等身体各部位的知识，在可运动的范围内从较低的动作负荷开始慢慢进行拉伸	1. 大范围地进行全身和身体各部位的运动，如点头、转动、翻转和弯曲等 2. 慢慢拉伸身体各部位，并将该状态维持约10秒钟
	提高身体灵活性的运动	是指学生能够按照示范物或人的节奏而改变速度、方向等，进行爬、走、跑、跳起、跳跃等动作，在身体移动时保持平衡和灵活性等能力 备注：教师在指导学生学习的过程中，按照从慢到快、从小到大、从弱到强、从易到难的原则进行运动	1. 与他人形成组合，利用工具来保持平衡 2. 利用各种工具进行各种形式的投、接、持物跑、滚动等 3. 在地上和运动场上通过设定各种各样的空间而进行跑、跳或移动
	增强身体力量的运动	是指学生以自己或他人的体重或物体为运动负荷，进行抗阻练习，进而提高身体力量 备注：教师在指导学生学习的过程中，让学生反复进行最多次数或在不勉强的情况下选择最大运动负荷反复进行卧推，两种运动方式选择其一进行练习	1. 以自身体重为运动负荷，以单腿或单手为轴，进行右旋转、左旋转 2. 和同伴肩并肩、背靠背进行站起或下蹲运动 3. 对重物进行推、拉、投、挥、转
	提高身体耐力的运动	是指学生通过在一定时间内能连续进行一项或多项运动，或指在规定的次数中持续来回反复进行某个动作而提高耐力的练习 备注：教师在指导学生学习的过程中，需要根据心率和疲劳感，选择合理的运动强度和运动时间	1. 在跑步和跳绳时，能够在规定的时间和次数或在自行决定的时间和次数内持续进行 2. 根据动作持续性的要点，通过多种组合的方式在规定的时间或次数内持续进行运动

组成部分	具 体 表 述	运动方式示例
通过组合动作实施的运动计划	是指学生以某个运动要素为中心,将几个运动要素实现高效融合而形成一些简单的运动计划,并且在运动中能够平衡该运动计划中的不同要素	1. 在能提高柔韧性、灵活性、力量、耐力等体能的运动中,以发展一项体能为目标,组合多种运动并实施 2. 在能提高柔韧性、灵活性、力量、耐力等体能的运动中,将不同目标组合起来进行运动

（2）态度

"身体构建运动"中的"态度"部分强调学生能够分担任务,并且注意健康与安全的相关问题。学生通过初中 1—2 年级的学习,在身体活动中体会运动的快乐,提高体力,掌握适合的运动技能,并积极参与运动的组织工作。

其中,"分担任务"是指在进行两人或多人的运动中,学生能够积极分担准备与整理器材、来回次数或时间记录等任务,这不仅可以保证身体构建运动教学的顺利进行,而且还能够培养学生的社会责任感。"注意健康与安全"是指在运动的过程中,学生不仅要关注身体状态,还要学会感受心理变化,同时注意器材和场地情况,注意自己和同伴的安全,并能根据自己的身体状况选择合适的运动方法和运动强度。此外,当身体不舒服时不要勉强运动,还要注意了解器材使用的方法要点和预防运动中容易引起的伤害。

（3）知识・思考・判断

"身体构建运动"中的"知识・思考・判断"部分强调学生应该了解身体构建运动的意义与延伸价值,学会制定运动计划的方法,在面对问题时知道相应的活动组织方法。

其中,知识部分主要侧重于"身体构建运动的意义、价值和计划制定方法"等方面。如"身体构建运动的意义"强调通过身体构建运动,学生不仅能够放松身心,体会到身体活动的乐趣,还能够提高积极参与运动的热情,同时还可以促进身体柔韧性、灵敏性、耐力和力量等体能的发展;"身体构建运动的延伸价值"则强调运动所具有的调整身心、促进交流、心灵与身体的融合等方面的作用;"制定运动计划的方法"则要求学生能够根据自身健康状况,制定能够有效提高身体柔韧性、灵活性、耐力等体能的方法。

思考・判断部分则侧重于学生在"面对问题时知道相应的活动组织方法",即学生能够将之前所学的组织方法、活动路径、安全注意事项等内容合理运用于特定的学习场景中。在初中 1—2 年级,强调学生能够把基础知识和技能灵活运用于针对特定问题的组织方法中。比如,为了探索身心关系、调整身体状态、与他人交流而组织相应的活动,能够选择合理的关节和肌肉相结合的运动方法,能够按照学习目标和体力进行高效运动的方法,与同伴合作完成多项任务的方法,与朋友一起运动时遵守安全注意事项的方法等。

(二)对保健体育课程内容的分析

1. 根据初中生的特点增设了理论知识的相关内容

与小学阶段的学生相比,初中学生的身心发育迅速并进入青春期,其心智得到了快速发展。因此,《学习指导要领》在小学阶段主要侧重于游戏的内容,即让学生在玩中获得愉快的体验,为学生基本运动能力的培养打下基础。实际上,除了身体活动之外,体育理论知识也是体育课程内容的重要组成部分,因此在初中阶段运动领域的课程内容中设置了专门的体育理论专题,从体育运动的多样性、体育运动对身心发育的影响和安全等角度引导初中生掌握一定的理论知识,为更科学的运动实践奠定基础。

2. 注重与小学课程内容的衔接

虽然与小学阶段相比,初中保健体育的课程内容增加了不少,但仍然非常注重与小学课程内容的衔接。比如,以身体构建运动为例,在身体放松运动内容中,小学 1—2 年级和初中 1—2 年级的课程内容非常相似,但初中 1—2 年级的课程内容深度加大,体现出了良好的层次性。此外,正如初中保健体育课程的目标一样,初中保健体育课程内容也非常注重学生体力的提升,在身体构建运动中就设置了专门提高体力的运动内容,不仅强调要让初中生提高柔韧性、灵活性、力量、耐力等体能,而且还要求学生善于将各种体能组合起来进行练习,既可以是一种体能的多种练习方法,也可以是多种体能的组合练习。由此可见,日本从小学到初中都很注重学生体力的训练。

3. 强调武道运动的教学

为了传承日本优秀的传统体育文化,在初中阶段,日本要求学生开始学习武道课程内容。武道的内容主要包括柔道、剑道和相扑三个方面,希望学生通过学习武道,能够了解日本固有的传统文化。通过在初中开始增设武道教学的内容,不仅能提升学生对日本传统体育文化的认可度,还能培养学生的精神气概,尤其是男子汉的气概,这非常有利于民族精神的传承。

此外,从初中"保健体育"的课程名称就可以看出,日本非常重视健康教育的相关内容,尤其强调在保健方面的学习中要注意知识的灵活运用,针对实际情况处理好健康问题等。

三、初中保健体育课程指导计划的制定和实施建议

（一）《学习指导要领》中指导计划的制定和实施建议的具体表述

1. 指导计划制定的注意事项

《学习指导要领》要求在制定初中学习指导计划时，既要考虑各地区各学校的实际状况，也要考虑学生的身心发展特点，具体要求如下：

首先，明确规定各领域的授课时数，如规定初中保健领域三年授课时数为48学时，同时还规定保健领域的授课时间应该以三年为一个整体，合理而有效地集中组织教学等。

其次，制定学年指导计划时，应该充分考虑体育与健康的相互关系以及运动俱乐部活动和特别活动（如体育节、集体旅游住宿和运动会等），注重体育与健康的相关知识在日常生活中的具体运用，有计划有目的地组织好体质健康测试，有效而灵活地指导学生通过运动提高自身的体质健康。

第三，根据本学科的特点，制定有效而灵活的道德教育指导计划。道德教育是《学习指导要领》课程内容中重要的目标之一。《学习指导要领》规定所有的学校教育活动必须纳入道德教育的相关内容，从而培养学生高尚的道德情操和良好的道德判断能力。体育学科作为学校教育的重要组成部分，《学习指导要领》明确规定：必须有意识地将保健体育的目标和道德教育的目标有效地结合在一起，并组织和进行体育课的教学工作；对于集体项目必须要努力培养学生遵守规则、相互协作的态度等；明确规定有效掌握道德教育的时数和时期，即在制定保健体育的学年计划时应该充分考虑道德教育的课程内容和学习时间。

2. 体育与健康的相关指导

制定学年教学计划时必须充分考虑体育与健康的相关性。学校体育与健康的教学应该充分考虑初中生的生长发育阶段性特点，并贯穿在整个学校教育中。初中保健体育课的教学课时等应该与学校饮食教育的推进以及学生体质健康促进的指导、学生安全教育的指导以及身心健康促进的指导等有效结合。另外，学校必须通过这些指导进一步加强与家庭和社会的相互结合，从而逐步培养学生的各种生存能力。

面对21世纪以知识为基础的社会的诸多挑战，《学习指导要领》再一次特别强调学生生存能力培养的重要性。生存能力的具体内涵包括：灵活运用各种文化知识和技术方法的能力（知识）；自律、协作、考虑他人和感恩的心等社会生存

能力(德育);独立行动的健康体能(体育)。而在保健体育中更加需要培养生存能力,具体包括:培养学生自主选择运动项目、掌握练习方法和自主解决问题的能力(知识);通过体育运动培养学生遵守规则、相互协作和相互鼓励的精神(德育);培养学生健康丰富的生活经验和健康的体魄(体育)。

3. 俱乐部的意义和注意事项等

《学习指导要领》明确指出,初中生可自主参加由学校在课余时间开展的各种俱乐部活动(日本学校既有文化方面的俱乐部,如书法等;亦有运动方面的俱乐部,如足球、田径等。其中,运动俱乐部活动主要在学校放学后开展),这对于培养学生对体育、文化和科学等的亲近感、激发学生的学习欲望以及培养学生对社会的责任感等具有重要的作用。学校俱乐部活动作为学校教育的重要组成部分,必须与学校教育课程密切联系。同时,学校应该根据各地区的实际情况,主动与该地区的居民、社会团体等密切联系,有效地开展学校的各种俱乐部活动。

(二) 对指导计划的制定和实施建议的分析

首先,初中保健体育《学习指导要领》明确规定了保健领域课程内容的课时,并且要求必须要从整体的角度进行考虑教学,旨在引导体育教师要将学生培养成一个健康的个体。同时,注重体育与健康之间的紧密关系,不仅要求在课堂上要重视健康教育,而且在俱乐部等各种课外活动中也要注意健康知识的渗透,体现了对健康问题的高度重视。

其次,强调通过课程实施培养学生的生存能力,体现在知识、德育和体育三个方面。由此可见,生存能力培养的要求已经渗透到了整个保健体育课程的所有方面。

第三,强调初中生要积极参与俱乐部的活动。课余时间进行的俱乐部活动不仅是对课堂教学的补充,更重要的是能够拓展学生的学习途径。同时,还强调俱乐部的活动要与当地的社区和社会团体保持紧密的联系。由此可见,俱乐部的活动有助于学生在初中阶段开始逐渐融入社会,这对于培养学生的社会交往能力和社会责任感,培养学生的全面人格提供了重要的途径。

第三节　高中保健体育《学习指导要领》的介绍与分析

日本高中阶段的保健体育《学习指导要领》主要包括课程目标、课程内容、课程指导计划的制定和实施建议三部分。

一、高中保健体育课程目标

（一）《学习指导要领》中保健体育课程目标的具体表述

日本高中保健体育《学习指导要领》的课程目标与初中一样，包括体育领域的课程目标和保健领域的课程目标两大部分，但高中三个年级是一个整体，不再像初中那样划分为两个阶段。

1. 高中体育领域的课程目标

通过合理的运动和有计划的实践活动，在深入理解知识的基础上提高运动技能；在让学生体验运动带来的快乐和喜悦的基础上，培养学生能够根据自己的实际状况增强体力的能力；提高学生在参与体育运动中公正、相互协作和责任感的意识，在确保健康和安全的基础上培养学生终身持续热爱运动的资质和能力。

（1）合理的运动和有计划的实践

根据高中生成长的阶段特征和运动特点，学生能够掌握动作技术的名词、运动方法、运动的一般原则及预防运动伤害事故的方法，将知识灵活运用于积极、合理、有计划的实践中；能够制定计划、立足运动实践进而解决评价中反馈的问题。

（2）体验运动的快乐和喜悦

学生能够通过挑战运动纪录、与他人进行竞争比赛、调整运动计划等，从而提高运动技能、与同伴建立良好的关系，在与同伴相互交流和思考问题解决对策的过程中体会运动的乐趣，深刻感受该运动项目的特性和魅力。

（3）调整自身状况，提高体力

由于学生的兴趣、能力、运动习惯等具有较大的个体差异，因此，教学过程应具有一定的弹性。教师应根据每个学生的特点提供有针对性的指导，培养学生能根据学习目标制定相应的运动计划、提高体力的能力。

（4）公正、相互协作和责任感意识的培养

在公正方面，学生能够正确对待胜负，尊重运动规则和礼仪。如在团体比赛中能够积极接受自己的角色并承担相应的责任，为团体做出自己的贡献。在合作方面，学生能够与同伴相互协作、相互学习、相互包容，提高协作的意识。在责任感方面，无论是在练习还是在比赛中，每个学生都应明确自身的职责，与同伴和谐相处。

（5）培养终身持续热爱运动的资质和能力

通过参与运动，学生能够充分发展自己的情感和认知能力；通过集体活动和身体表现运动等形式培养学生的人际交往能力；通过体育竞赛培养学生的思考、判断和决策能力；培养学生公正、合作、良好的责任感和积极参与的态度；培养学生健康的理念和确保安全的态度等。

总之，高中是在初中教育的基础上，为了适应学生身心的发育与发展而开展的高层次教育，旨在谋求共同性和多样性的同时，巩固学生在义务教育阶段所掌握的基本知识和技能，树立学生的主体意识，培养学生主动组织活动的能力，使学生在高中毕业后具备在日常生活和现实社会中持续运动的资质和能力。

2. 高中保健领域的课程目标

让学生充分理解个人和生活中健康和安全的重要性，培养学生形成终身健康的意识和能力。

(二) 对保健体育课程目标的分析

1. 从整体的角度进行高中课程目标设置

与小学将体育课程目标分为三个阶段、初中将保健体育课程目标分为两个阶段相比，高中保健体育的课程目标不再细分，而是按照整个高中三年统一构建体育领域和保健领域的课程目标。按照三年一个阶段进行课程目标的整体设计，有利于体育教师更好地根据高中生的身心发展特性开展保健体育课程的设计和教学。

2. 强调培养高中生终身参与运动的能力

高中阶段和义务教育阶段相比，在课程目标的内容方面大部分都比较接近，但非常强调高中生的终身参与运动的能力。比如，在高中体育领域的课程目标中强调"在确保健康和安全的基础上培养学生终身持续热爱运动的资质和能力"；在高中保健领域的课程目标中强调"培养学生形成终身健康的意识和能力"。高中是基础教育的最后阶段，一部分学生可能升入高等教育机构继续学习，但也有一部分学生在高中毕业之后进入社会。无论对于哪一类学生，其今后都不会再像中小学那样有体育教师精心地指导他们参与体育运动。因此，强调培养高中生终身参与运动的能力非常符合高中生可持续发展的需求。

二、高中保健体育课程内容

(一)《学习指导要领》中保健体育课程内容的具体表述

1. 各领域的课程内容构成

高中保健体育的课程内容包括体育领域和保健领域两大部分。《学习指导要领》规定：学生在高中体育领域，最低必须学满 7—8 个学分（获得 1 个学分必须修满 35 周体育课,即如果学校规定完成 8 学分,则高中三年间总的体育课为 280 学时;如果学校规定完成 7 学分,则高中三年间总的体育课时为 245 学时);在高中保健领域,最低必须学满 2 学分(高中三年总学时为 2×35 周＝70 学时)。

在特定的课时安排下,日本高中体育领域的课程内容包括身体构建运动(放松运动,增强体力运动等)、器械运动、田径运动、游泳运动、球类运动、武道运动、舞蹈和体育理论八项内容。其中,身体构建运动、器械运动、田径运动、游泳运动、球类运动、武道运动和舞蹈七项为运动领域,分别由"技能、态度、知识·思考·判断"三部分组成;体育理论为知识领域,由体育的历史、文化特性和现代体育特征,体育运动锻炼效果的学习方法,丰富的体育生活设计方法构成。保健领域的课程内容则由现代社会与健康、终身健康、社会生活与健康三部分构成(见表 8-6)。此外,在运动项目实施方面,各校还可以根据地方和学校的实际情况,开设旱冰、滑雪、野外生存活动等选修课程。

表 8-6　日本高中保健体育课程各领域的内容构成

年级	高中 1 年级	高中 2 年级	高中 3 年级
体育领域	身体构建运动		
	器械运动		
	田径运动		
	游泳运动		
	球类运动		
	武道运动		
	舞蹈		
	体育理论(体育的历史、文化的特性和现代体育的特征,体育运动锻炼效果的学习方法,丰富的体育生活设计方法)		
保健领域	现代社会与健康、终身健康、社会生活与健康		

2. 具体课程内容列举

在《学习指导要领》中,对高中的体育和保健两个领域的具体课程内容都做了非常详细的描述。比如,高中体育领域中的"田径运动"包括跑(短跑、接力、长跑或跨栏等)、跳跃(跳远、跳高等)、投掷(铅球、标枪等)三类,每一类都从"技能"、"态度"和"知识·思考·判断"三个方面进行了说明。限于篇幅,本节仅以"跳跃"项目内容为例进行说明,其他几类运动的具体课程内容呈现方式与"跳跃"项目相似,不再赘述。

(1) 技能

"跳跃运动"的"技能"部分包括跳远、跳高和三级跳,旨在希望高中生在参与跳跃运动的过程中重视并遵守运动规则,积极承担自己的角色任务,在确保健康与安全的同时,理解跳跃运动技能的名称和方法,感受打破自己运动纪录与竞争比赛的乐趣,提高各项目的运动技能。其具体的课程内容见表8-7。

表8-7 高中"跳跃运动"中"技能"部分的内容

项目	内 容 要 求	具 体 示 例
跳远	1. 高中1年级:学生能够快速助跑并用力起跳。用力起跳的具体表现,即能够通过快速助跑后以合适的角度起跳,在这一过程中要用力蹬地 2. 高中2年级和3年级:学生能够实现从快速助跑、用力起跳到安全落地的一系列流畅连贯的动作。流畅连贯动作的具体表现,即能够在不减速的情况下实现起跳准备阶段到起跳的推进,一气呵成地完成从适合自己的空中动作到往前迈腿并着地的连贯动作 3. 教师指导:教师应通过跳远比赛来让学生感受到跳远的特性与魅力,并引导他们为了提高技能而不懈努力	1. 高中1年级 (1) 在起跳前3—4步开始加快节奏,完成起跳 (2) 在起跳时抬起上身,踩住地面使劲蹬地,并迅速提起起跳腿 (3) 在完成屈身跳或挺身跳的空中动作后,马上向前迈腿准备落地 2. 高中2年级和3年级 (1) 长距离的助跑而获得加速度,然后快速起跳 (2) 及时举臂抬肩,用力起跳
跳高	1. 高中1年级:学生能够有节奏地助跑后用力起跳,完成流畅连贯的空中动作。有节奏地助跑的具体表现,即与速度相比,更加重视节奏,以更好地完成起跳;用力起跳的具体表现,即为了能够让助跑的速度更加有效地转换为上升的力量,学生应该用脚掌整体有力地蹬地 2. 高中2年级和3年级:在高中1年级的基础上,学生能够快速地助跑后用力起跳,完成流畅连贯的空中动作。流畅连贯空中动作的具体表现,即能够一气呵成地完成一系列空中动作,如剪式、背越式等 3. 教师指导:教师可通过增加杆的高度,让学生在不断的比赛中体会跳高的特性与魅力,引导学生为了提高跳高技能而不懈努力训练。剪式跳高的重点指导在于空	1. 高中1年级 (1) 有节奏地从助跑到向上踮脚跳起,然后用剪式或者背越式完成跳高 (2) 在背越式跳高时,在起跳前的3—5步采用画弧式奔跑,并采用身体向内侧倾倒的姿势完成起跳 2. 高中2年级和3年级 (1) 以快速助跑的方式完成起跳 (2) 在起跳时,起跳腿的抬起时间和两臂的举起时间要相互配合 (3) 在背越式跳高时,在横杆上方后仰上身,越杆后以腹部为中心弯曲身体,背部落垫

项目	内 容 要 求	具 体 示 例
	中的剪式动作,而背越式是比赛中最普遍且合理的跳高方式。教师在面向全体学生教学时,需要考虑高中生的技能水平,在器材使用方面做好安全对策。因此,教师有必要充分了解学生初中时的学习状况、实际体能水平、运动器材的安全性等,从而开展有针对性的教学指导	
三级跳	1. 学生能够完成三级跳,即借助短程助跑实现有节奏的连续跳跃。其中,短程助跑是指在10—20米左右的助跑距离中能够从容且轻松切换到起跳;有节奏的连续跳跃是指在跨步、踏、跳跃这3次连续动作中保持平衡 2. 教师指导:三级跳是高中才开始学习的项目,因此要注重跨步、踏、跳跃这三个动作的有效性。可以通过比赛让学生体会三级跳的特性与魅力,同时教师也要给予学生阶段性的指导	1. 高中1年级 (1) 在完成空中动作的过程中能直立上身,摆臂保持平衡 (2) 在跳出的第1步时能够连贯带出第2和第3步 (3) 在完成空中动作后的推移中落地 2. 高中2年级和3年级 (1) 短距离助跑,保持一定速度起跳 (2) 在完成空中动作的过程中,用力摆动胳膊和腿以保持平衡 (3) 在完成空中动作后的推移过程中,两脚朝前迈准备落地

（2）态度

“跳跃运动”的“态度”部分,强调学生能够积极参加田径比赛,正确对待比赛胜负,尊重规则和礼仪。在团体比赛中,能够积极接受自己的角色并承担相应的责任,为团体内部达成一致意见做出贡献等。此外,还应确保运动过程中的安全和健康。在态度方面,学生在高中1年级能够享受刷新自身记录和比赛竞争的乐趣,主动为掌握各项技能而努力训练。在高中2年级和3年级,学生能够深刻体会不断提高纪录和参与竞赛的乐趣,为了掌握各项技能而更加积极主动地训练。

正确对待胜负,是指学生能够把胜负和个人的成绩当作是努力学习过程中的经历,而不要把责任推卸给同伴或对手,能够接受任何结果。

遵守规则和礼仪,是指学生不仅在意识上要重视规则和礼仪,而且要能够真正地在行动中遵守规则和礼仪。因此,学生在高中1年级时,要善于从平时的训练结果中分析自身的优劣势,在不断努力挑战的过程中重视规则和礼仪,从而增进同伴间的情谊,提高集体荣誉感;在高中2年级和3年级,学生不仅认识到遵守规则和礼仪可以提高对体育价值的认识,而且在自我体育修养提升中起着重要作用,因为这是学生将体育作为终身事业奋斗的重要影响因素。

积极接受自己的角色并承担相应的责任,是指学生在平时训练或竞赛等活动中,在分配任务时能够积极主动地履行相应的角色任务,并能承担相应的责任。因此,学生在高中1年级时,只有能够明白自己承担的责任,才能确保在活动中进行自主学习;在高中2年级和3年级,学生不仅能够独立自主的学习,而且能够主动承担在团队活动中的任务,以积极的姿态承担相应的责任,并且能够真正在行动中体现出来。

团体内部意见达成一致,是指学生在解决个人或团队问题时,能够通过陈述个人想法、倾听对方意见等方式,从而促成团队内部意见统一。为了进一步加深相互之间的信任,即使出现意见分歧,学生在陈述意见时也要尊重对方的意见,考虑相互之间的情谊,通过集思广益的方式促成意见统一。因此,在高中1年级时,学生能够互相帮助、互教互学,在安全和轻松的环境中进行自主学习,从而有效解决所面临的问题;在高中2年级和3年级,学生相互之间能够在确保安全的情况下互帮互助、共同提高。为了解决所遇到的问题,相互之间制定合理的计划,进行积极主动的学习。

确保安全和健康,是指学生在学习期间,应时刻注意身体状况和环境的变化情况,比如为了预防受伤,事先做好必要的危险预测,并采取能够规避危险的动作,以确保自己和同伴的安全和健康。因此,学生在高中1年级时应注意在正式比赛前要试用器材并进行修正,在准备运动时注意身体的状态并知晓调整方法,知晓预防受伤的注意要点;在高中2年级和3年级,学生应该很清楚如何根据身体状况的变化采取行动,如何根据自己的体力情况进行适量运动以避免受伤,知晓预防受伤的注意要点,并且能在实际运动中贯彻实施。

基于以上"态度"方面的课程内容,为了能够让学生积极主动地学习,教师应该指导学生在学习开始之时就寻找问题解决的方法,多召开各种研讨会,让学生养成记录学习笔记的好习惯,总结经验与教训。同时,教师也要精选教学内容,明确学生在不同学习阶段的重点,以确保学生有参加身体活动的机会。

(3)知识·思考·判断

"跳跃运动"的"知识·思考·判断"部分强调学生能够理解运动技能的名称和方法,掌握提高体力、解决问题和比赛的方法,深入思考如何努力使自己和同伴持续性地将田径运动进行下去。

① 知识

知识部分主要侧重于各种方法的掌握,包括理解运动技能的名称和方法;掌握提高体力、解决问题和比赛的方法等。

理解运动技能的名称和方法,是指学生应该理解每个运动项目的技术名称,以及提高运动成绩的诀窍,并根据这些诀窍改进学习方法。尤其是学生在高中1年级时,为了更好地学习自己所选择的项目,就需要掌握提高该项目成绩的方法和途径。

提高体力的方法,是指田径比赛的成绩在很大程度上受到体力的影响,如短跑的爆发力,长跑的耐力等。因此,学生应该充分理解各个运动项目中体力的重要性并努力提高体力。

解决问题的方法,是指学生可以设定适合自己的学习目标,为了达成目标而不断去解决问题,然后再设定目标和解决问题,通过不断循环往复的过程取得不断进步。例如,在进行赛跑、跳跃、投掷等运动时,可以制定每个阶段的学习目标,然后根据目标不断地进行训练,并通过比赛等方式确认自己的学习成果。在此基础上,不断地修正自己的训练方法,然后再设定新的学习目标,解决新的问题。

比赛的方法,是指学生应该清楚竞赛规则,比赛的开展方式以及应该履行的职责等。

为了掌握上述方法,教师在教学过程中应注意根据学生对学习内容的不理解之处,依据《学习指导要领》的要求对学生进行深入指导。

② 思考·判断

思考·判断部分侧重于学生"深入思考如何努力使自己和同伴持续性地将田径运动进行下去",主要是指学生应该根据实际情况思考和判断,如何将所学习和掌握的各种方法合理有效地应用到运动场景之中,并且能够灵活地运用到新的学习领域之中。

因此,学生在高中1年级应能够灵活运用所学习的知识和技能,思考如何用更有效的方法来达成自己的目标。在高中2年级和3年级,学生应多思考如何制定适合自己和队友的学习计划和相应的比赛方式,自己毕业后如何继续进行丰富多彩的体育运动。

③ 具体要求

在高中1年级时,学生能够:在完成自己的学习内容时能找到合适的学练方法;能够选择适合自己的学练方法;能够在问题解决和方法选择上为同伴提供帮助和指导;能够选择适合自己的体能训练方法,以确保安全和健康;能够找到自己喜欢的跳跃项目的运动方式。

在高中2年级和3年级时,学生能够:根据自己的学习基础,设定对自己和同伴具有挑战性的学习目标;在完成目标的过程中,不断发现问题并修正;在团体活动中,能够根据实际状况明确自己和队友各自的任务与角色;在学习或比赛时,应尽量避免选择对自己和队友可能造成危险的活动方法;能够终身快乐地进行跳跃运动,找到适合自己的方法。

(二)对保健体育课程内容的分析

1. 注重高中生在课程内容学习过程中的循序渐进

虽然与小学和初中阶段相比,高中是从三年的整体角度来构架课程目标和课程内容,但在具体的内容操作过程中,《学习指导要领》提出了高中1年级和高中2—3年级不同的内容要求,主要体现在对内容学习的不同程度上。比如,在跳高运动的学习中,高中1年级要求"学生能够有节奏地助跑后用力起跳,完成流畅连贯的空中动作",而高中2年级和3年级要求"在高中1年级的基础上,学生能够快速地助跑后用力起跳,完成流畅连贯的空中动作"。这种内容呈现方式体现出高中课程内容的循序渐进,有利于高中生明确自己的阶段性学习目标和要求。

2. 注重高中生在比赛过程中学习课程内容

与小学和初中学习相对较为基础的内容相比,高中阶段的课程内容更加强调应用。对于体育学习而言,最好的应用情境就是比赛。因此,在整个高中保健体育课程中都非常强调比赛。比如,在跳远中强调"教师应通过跳远比赛来让学生感受到跳远的特性与魅力,并引导他们为了提高技能而不懈努力";在跳高中强调"教师可通过增加杆的高度,让学生在不断的比赛中体会跳高的特性与魅力,引导学生为了提高跳高技能而不懈努力训练"。比赛的过程不仅为学生创造了应用的情境,更重要的是能够培养学生用结构化、关联性的知识和技能解决体育学习过程中所遇到的问题,这对于培养高中生分析问题和解决问题的能力以及创新能力起到了关键的作用。

此外,在比赛过程中,还非常强调要让学生体验乐趣,因为这既能让学生感受到打破自身记录与竞争比赛的乐趣,又可以提高各项目的运动技能。通过引导学生深刻体会运动乐趣,可以促使学生更加积极主动地学练,这为学生形成终身体育的意识和习惯奠定了坚实的基础。

3. 突出体育学习过程的安全和健康

在高中保健体育课程内容中,在"态度"部分特别提出了要"确保安全和健康"，要求学生在进行体育学习时，要时刻注意身体状况和环境的变化，掌握相应的方法，预防受伤事故的发生，事先做好必要的危险预测，调整适当的运动量，以维护自己和同伴的安全和健康。除了在运动项目学习中注意安全和健康之外，高中保健领域的课程内容也非常强调"培养学生的自我健康管理资质和能力"，对现代社会与健康、终身健康、社会生活与健康等问题，如身心生长发育与健康、生活习惯与疾病预防、保健医疗制度的运用、健康和环境、伤害防护、安全教育等内容给予了高度重视。

三、高中保健体育课程指导计划的制定和实施建议

（一）《学习指导要领》中指导计划的制定和实施建议的具体表述

高中保健体育课程指导计划的制定需要兼顾各地区各学校的特点，充分考虑与初中阶段的衔接和高中生的特点，合理安排保健体育的课程内容。《学习指导要领》规定在制定高中保健体育指导计划时，应充分考虑教材内容的安排、与内容相对应的课时数以及各单元的构成等。具体要求如下：

首先，在制定学年指导计划时，应该充分兼顾体育与健康的相互关系，充分考虑体育俱乐部的活动和特别的活动（如体育节、集体旅游住宿和运动会等），关注体育与健康的相关知识在日常生活中的实际运用，有计划有目的地组织好体质健康测试工作，有效而灵活地指导学生通过运动提高自身的体质健康水平。

其次，"体育领域"的课时安排应该充分考虑各学年之间的连续性，并尽可能将课时数平均分配到各个学年之中。其中，"身体构建运动"内容的课时数每学年应该为7—10学时左右，"体育理论"内容的课时数每学年应该为6学时以上，"器械运动"与"舞蹈"内容的课时必须以学生充分掌握该项目为基准，合理安排相应项目的课时数。

第三，"保健领域"教学原则上安排在高中1—2年级，课时数为2学分（相当于2×35周＝70学时）。课程内容包括现代社会与健康、终身健康、社会生活与健康三个方面。

此外，在高中保健体育课程中，"体育与健康的相关指导"和"俱乐部的意义与注意事项"两部分实施建议，与初中基本相同，此处不再赘述。

（二）对指导计划的制定和实施建议的分析

首先，高中保健体育课程的指导计划与初中一样，重视体育与健康之间的关系，强调通过体育俱乐部等形式进行学习。实际上，在这背后凸显了在提高"生

存能力"的背景下,学生在体育学习过程中不仅要掌握基础知识和基本技能,更为重要的是要能够学会迁移应用,在实际生活中灵活运用知识与技能。同时在掌握知识技能的基础上学会自主学习、自我探究。通过在体验中学习,感受知识的魅力,增强学习的兴趣。

其次,在课程计划制定的指导意见中,突出了保健领域,规定了课时要求,提出保健领域的教学主要在高中1—2年级,并对现代社会与健康、终身健康、社会生活与健康三方面提出了全面系统的要求,这为教师更好地实施保健领域的教学指明了方向。

第九章

韩国国家体育教育课程标准解读

韩国曾被誉为世界上最崇尚教育的国家,自二战结束至今,韩国共进行了七次重大的基础教育课程改革,在历次基础教育课程改革理念的指导下,韩国的体育课程方案已经历了七次修订。1988 年,在韩国第五次课程改革中,体育、美术、音乐被合并为《愉快生活》课,1、2 年级的体育教学融合在音、体、美综合教材中①,并一直持续至今。因此,在之后韩国历次课程修订草案中,体育课程的目标、内容、标准、评价等均从小学 3 年级开始设置。1997 年 12 月,第七次体育课程改革试图解决以往体育课程改革在课程设置和实施过程中存在的问题,为基础教育课程体系的构建和学生健全人格的发展做出贡献②。2007 年、2009 年和 2015 年,韩国分别对第七次课程改革形成的体育课程方案进行了修订,韩国教育部分别将这三次称之为 2007 年修订时期、2009 年修订时期和 2015 年修订时期。

2015 年,韩国教育部告示(第 2015 - 74 号)颁布了最新版《体育教育课程标准》(以下简称《课程标准》),其整体课程结构与基础教育改革中的规定和要求一致,包括共同教育(3—9 年级,义务教育阶段)课程和选修教育(10—12 年级,高中阶段)课程(见表 9 - 1)。

---

① 孙启林.韩国基础教育课程改革述评(上)[J].课程·教材·教法,1993(10):59-61.

② 孙启林,杨金成.面向 21 世纪的韩国基础教育课程改革——韩国第七次教育课程改革评析[J].外国教育研究,2001,28(2):4-9.

表9-1　韩国体育教育课程结构一览表

体育课程类别		内容	学段
共同教育课程		体育	3—9 年级
选修教育课程	一般选择	体育;运动与健康	10—12 年级
	发展选择	体育生活;体育探究	10—12 年级

　　本章主要介绍与分析韩国基础教育阶段的体育教育课程标准,包括共同教育课程和选修教育课程中的"一般选择"和"发展选择"科目。

第一节　体育共同教育课程的介绍与分析

　　《课程标准》从"体育课程的性质、目标、内容体系与成就目标、教学与评价的方向"四个方面阐述与呈现了共同教育课程体系(见表9-2)。

表9-2　体育共同教育(3—9 年级)课程体系

组成部分	具 体 内 容
体育课程的性质	体育课程的本质与作用 体育课程的目的 体育课程的领域
体育课程的目标	总目标和各领域的分目标
内容体系与成就目标	内容体系 成就目标(不同年级群标准;分年级各领域标准)
教学与评价的方向	**教学**　1. 教学方向:指向能力培养的体育教学 　　　　　　　　考虑学生特点的分层教学 　　　　　　　　自我主导的教学构成 　　　　　　　　全面发展的综合教学 　　　　　　　　因材施教教学方法的选定和运用 　　　　　　　　课外相关的体育活动教学 　　　　　2. 教学计划:教学过程运行计划 　　　　　　　　教学运行计划 　　　　　　　　教学活动计划 　　**评价**　1. 评价方向:与教育过程的联系 　　　　　　　　评价内容的均衡性 　　　　　　　　评价方法和手段的多样性

组成部分	具 体 内 容
	2. 评价计划：选定评价内容 　　　　　成绩标准和成绩标准的选定 　　　　　评价方法和手段的选定、开发 3. 活用评价结果

一、体育课程的性质

（一）《课程标准》中体育课程性质的具体表述

《课程标准》指出：体育课程是一门通过身体活动来提高体质和培养必要运动能力的课程，旨在为社会培养需要的人才和创造性地继承与发展体育文化。其功能包括以身体活动为基础形成的健康管理能力，身体锻炼能力，竞技运动执行能力和身体表现能力四个方面。

1. 体育课程的本质与作用

体育课程的本质：身体活动是体育课程区别于其他课程的最核心要素，体育课程将身体活动看作为体育教育的本质和工具，体育教育就是通过身体活动来帮助学生了解世界。

体育课程的作用：旨在提高学生的健康水平，培养学生综合运用体育的基本原理、功能、战术、态度等的能力。通过这样的教育使学生更加了解自身和世界，培养高尚品格，提高个人身体素质，养成健康的态度和生活习惯以及提高自我管理能力、人际交往能力、创造力和解决问题的能力，这些能力不仅是个人成长、与他人和谐相处所必须的能力，也对创造性地继承和发展体育文化有重要作用。

2. 体育课程的目的

体育课程旨在通过综合性的体验将身体活动的多种价值内化，并在生活中加以实践，即通过持续参加各种身体活动而将其价值深化，培养自身的健康管理能力、身体锻炼能力、竞技运动执行能力和身体表现能力，不断提高生活质量。体育课程的目的与教育总论中所提到的培养一般的自我管理能力，知识信息处理能力，创意思维能力，审美能力，沟通能力和共同体意识一脉相承。

健康管理能力：指谋求个人身体、精神和社会环境健康相协调的能力。通过身体活动提高身体素质，养成劳逸结合的生活习惯，形成安定和谐的社会环境,培养积极的思维方式和态度。因此,培养健康管理能力是促进个人身心健康、个体积极主动适应社会、养成健康生活方式的重要因素和基础,可以使所有人在社会环境层面上更加健康安定地生活,具备更加和谐的公民意识,尊重共同体意识,并能慎重地处理问题。

身体锻炼能力:指在了解自身身体素质的基础上,通过持续积极地努力实现新目标的能力;通过身体活动提高身体素质,面对困难无所畏惧,以更加高涨的热情面对挑战,不断提高自身的能力和自信心。锻炼包含身体锻炼和精神修养两方面,要求学生了解自身和目标,突破极限,解决困难。

竞技运动执行能力:指在以游戏、体育等活动为基础的竞争中,以适当的战略和技能达成个人或团体共同目标所具备的能力,主要包括比赛所需的身体技能、策略以及解决相关问题的执行力和判断力。竞技运动需要合作、责任、公正、关怀等态度,而参与者通过学习竞技运动技能可以调整自身需求、关怀他人,这可以培养社会成员所需的共同体意识和沟通能力。

身体表现能力:指以身体和动作为媒介表达自身所想、所感、所需要的能力,即通过身体动作积极表达内在的感情和想法,使他人产生共鸣的能力,不仅包含以动作为媒介展示具有创意和审美情趣所需要的能力,还包括以身体表达审美、批判所需要的能力。在理解动作语言和表达要素的基础上,创造性地以身体动作使他人产生共鸣,用兼收并蓄的态度看待和接受现象、事物美的价值与文化。

体育课程的目的与教育总论中所展示的一般目的密切相关(见图9-1),即体育课程目的中的一部分具有独特性,但其他部分在多个层面上都与教育的一般目的关系密切。

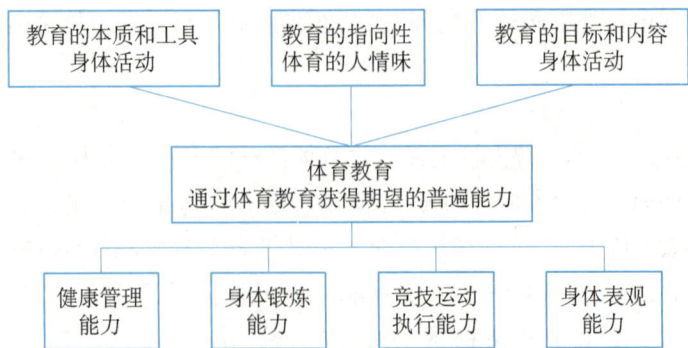

图9-1 体育课程目的与教育一般目的的关联性

3. 体育课程的领域

健康是每个人在确保自身生命和安全后以充沛的精力追求生活真谛的基础,是社会可持续发展最重要的条件和价值所在。健康领域包括身体发育,身体活动,生活习惯,体能的增进和维持,生活卫生,疾病,营养以及对身体健康的理解、实践、管理、态度等方面。

挑战是在充分了解自身身体的基础上为了实现新目标而作出的努力。挑战领域包括通过积极、持续不断地训练,克服个人与他人的技能、纪录的限制,不断突破身体的极限。这个过程包括为达成合理目标所进行的持续身心训练以及有目的地培养突破极限的态度和意识。

竞争是个人或团体通过相互协作而与对手进行的正规比赛。竞争领域包括以多种方式并在多种情况下,在追求团体共同目标的过程中,培养团结协作的态度和公平竞争的比赛精神。

表达是追求身体动作之美,通过身体动作表达思想感情,以引起共鸣。表达领域强调通过身体表达提高审美、沟通的水平,建立起和谐的人际关系。

安全是维持生命生活的必需,是健康的出发点。安全领域重视安全的身体活动,继而以培养安全意识、确保个人和社会的安全以及形成积极主动的态度和实践能力。锻炼身体和安全教育是体育课程的重要内容。

(二) 对体育课程性质的分析

1. 紧密联系与渗透国家的教育理念,重视学生能力的培养

韩国教育是在让所有学习者受益的理念指导下,在力求让所有国民全面发展的基础上鼓励个性发展,在具备基础能力的前提下培养创造性思维和挑战意识,在文化素养和多元化价值理解的基础上懂得享受与品味生活,以体恤和分享精神参与世界共同体的发展[①]。此理念反映了韩国教育部对未来人才的教育方向及其所需具备的核心素养。教育总论中提出培养学生的自我管理能力、知识信息处理能力、创意思维能力、审美能力、沟通能力和共同体意识,而体育共同教育课程的主要目的在于培养学生自身的健康管理、身体锻炼、竞技运动执行和身体表达四种能力,反映出体育课程与韩国基础教育理念的紧密联系。由此可见,学生能力的培养是韩国教育的未来目标与趋势,各学科需结合自身的特征与价值培养学生不同方面的能力,共同促进教育总目标的达成。

---

① 孙有平,周永青,张磊.韩国初中体育课程内容设置及其启示[J].体育文化导刊,2010(7):150－154.

2. 划分课程领域，突出安全教育的重要性

2015 年韩国在修订国家教育总目的时指出"在教育上反映国家对安全教育的要求"①，而《课程标准》则遵循教育总论中的要求，将修订前的"休闲领域"更换为"安全领域"，提出体育课程所具备的五个固有且具有代表性的领域是"健康、挑战、竞争、表达、安全"，注重让学生在体育课程中学习安全知识。体育课程中安全教育的目标包含两个方面：一方面是学生掌握科学的体育与健康知识，正确的运动技能，进而提高安全从事体育运动实践的能力；另一方面，在参与体育运动的过程中，学生亲身体验与安全相关的内容，如完成动作时同伴间的保护与帮助，关节、肌肉运动损伤的预防与处理，运动事故的应对等，以促进学生安全意识和行为的养成。

二、体育课程目标

（一）《课程标准》中体育课程目标的具体表述

体育课程旨在强身健体、学习体育技能、发扬体育精神，即通过体育活动来学习健康生活所必须的技能、知识和态度，不断提高个人生活品质。

- 持续增强体能和健康管理的能力，理解健康的价值。
- 发扬挑战精神，不断挑战，理解挑战的价值。
- 开展善意竞争，不断进取，理解竞争的价值。
- 培养审美眼光，不断创新，理解表达的价值。
- 树立安全意识，安全活动，理解安全的重要性。

为了达成以上目标，小学阶段开展"体育基础教育"，初中阶段开展"体育深化教育"。

（二）对体育课程目标的分析

2015 年，韩国在修订课程标准时指出，要以各学科的学科特征为基础，教育目标渗透于各个学科目标之中，强调以价值为中心的教育理念②。因此，体育课程目标是对国家课程目标的进一步细化和体现。从构成来看，《课程标准》提出的课程目标由整体目标和五个领域的分目标构成，由小学阶段的"基础教育"到

---

① 김명수.2015 개정 체육과 교육과정의특징과현장적용을위한과제[J]. 한국초등체육학회지,2017,23(01).
② 장용규,이정택.2015 개정 체육과 교육과정에서역량중심의의미와초등체육의지향[J]. 한국초등체육학회지，2016,22(1).

初中阶段的"深化教育"渐进地促进目标达成。从具体表述来看,五个领域均强调学生对该领域教育价值的理解,体现出韩国教育和体育教育一直以来注重的以价值为基础的人性教育,以身体活动为中心促进学生体育态度与能力的培养。从作用与意义来看,体育课程强调不同领域对学生体育知识、技能与态度的培养,旨在使学生具备健康生活的能力,提高其生活品质。

三、内容体系和成就目标

（一）内容体系
1. 《课程标准》中内容体系的具体表述(见表9-3和表9-4)

表9-3　小学阶段的内容体系

领域	核心概念	一般知识	内容要素		功能
			3—4年级	5—6年级	
健康	健康管理 体能增强 课余利用 自我管理	健康是在了解自身身体的基础上持续有序地保持健康的生活方式和生活态度 体能是健康的基础,通过持续的身体活动可以不断维持和增进体能 健康的余暇活动可以树立起积极的自我形象,提高生活的满意度	健康的生活习惯 健康的生活方式 运动和体能 体能运动的方法 认识自我 实践意志	健康的成长 运动和课余生活 增强健康体能 增强运动体能 自我需求 勤奋	评价 计划 管理 实践
挑战	挑战意义 目标达成 身心修炼 挑战精神	以身体活动为媒介克服环境制约,刷新自身和他人的纪录 挑战目标的实现要经历各种挑战和反省才能达成 持续培养挑战和反省精神	动作、速度挑战 意义 作用 活动的方法 韧劲/自信感	距离挑战、目标/斗技挑战 意义 基本作用 方法 积极性/谦虚	引导 分析 训练 克服
竞争	竞争意义 状况判断 竞争与合作协同	参与各种类型的游戏和体育运动,感受体验竞争 竞争的目标通过熟练的技术和适当的策略来达成 人际关系可通过公平的竞争和相互协作实现	竞争活动、游戏 意义 基本作用 方法和策略 遵守规则/协同力	田径、隔网竞赛 意义 基本作用 方法和策略 责任感/关怀	分析 协作 交流 比赛

领域	核心概念	一般知识	内容要素		功能
			3—4 年级	5—6 年级	
表达	表达意义 表达方式 表达创造 欣赏与批评	通过身体表达体现自我的感觉或想法 身体表达以动作为基础进行创造 审美眼光是以想象力、审美性和共鸣为基础的身体表达的创造和欣赏	节奏、动作表现 意义 基本动作构成方法 身体认识/敏感性	民俗、主题表现 意义 基本动作构成方法 开发性/独创性	探索 身体表现 欣赏 交流
安全	人身安全 安全意识	生活安定,没有危险和事故 预防日常生活和身体活动的危险和事故,具备切实的对策 安全意识和应对各种危险的能力	身体活动安全 运动设备安全 水上活动安全 游戏活动安全	运动设施安全 应急处理 冰雪运动安全 野外活动安全 沉着应对能力	把握事态 决断力 应对力 习惯

表 9-4　初中阶段的内容体系

领域	核心概念	一般知识	内容要素	功能
			7—9 年级	
健康	健康管理 体能增强 休闲放松 自我管理	健康是在对自身身体了解的基础上,保持健康的生活习惯和生活态度,对自我身体进行维护和管理 体能增强是健康的基础,可以持续进行身体活动 健康的休闲活动可以形成积极的自我形象,有益于更高质量的生活	健康与身体活动 健康与生活环境 体能测定与评价 体能增强与管理 健康与休闲活动 运动处方 实践	评价 计划 管理 实践
挑战	挑战意义 目标设定 身心锻炼 挑战精神	以身体活动为媒介克服环境制约,刷新自身和他人的纪录 挑战目标的实现要经历各种挑战、经验总结和反省才能达成 持续的训练和反省并培养挑战精神	体育纪录、动作、斗技挑战 历史和特点 作用和科学原理 方法和策略 勇气/忍耐力/节制	引导 分析 训练 克服

领域	核心概念	一般知识	内容要素 7—9 年级	功能
竞争	竞争意义 状况判断 竞争与合作协同	参与各种类型的游戏和体育运动,感受体验竞争 竞争的目标通过熟练的技术和适当的策略来达成 人际关系通过公平的竞争和相互协作实现	球类、田径类、隔网类竞赛 历史和特点 作用和科学原理 方法和策略 公正/团队协作/运动礼仪	相互作用 分析 竞争 合作
表达	表达意义 表达方式 表达创造 欣赏与批评	人类通过身体表达体现自我的感觉与想法 身体表达以动作为基础进行创造 审美眼光是以想象力、审美性和共鸣为基础的身体表达的创造和欣赏	体育、传统、现代表达 历史和特点 动作和表达原理 执行和创造 审美/共鸣/批判性思维	探索 身体表达 欣赏 交流
安全	人身安全 安全意识	生活安定,没有危险和事故 预防日常生活和身体活动的危险和事故,具备妥当的对策 安全意识和应对各种危险的能力	决断力、尊重、团体意识 体育生活安全 休闲运动安全 运动损伤的预防和处理 体育设施设备安全 事故预防与急救	把握事态 决断力 应对力 习惯化

2. 对内容体系的分析

韩国共同教育课程中,将义务教育阶段学生的学习水平划分为三个年级群,即小学 3—4 年级群、5—6 年级群和初中 7—9 年级群。《课程标准》依据体育课程的五个领域(健康、挑战、竞争、表达和安全)分别设置了小学和初中的内容体系,由核心概念、一般知识、内容要素和功能四部分构成。其中,小学和初中的内容体系中核心概念和一般知识相同,只有内容要素和功能不同,即不同年级群的内容要素与功能有所区别,且注重不同年级群内容的衔接和递进。

在相同领域,不同年级群指向的能力、意志品质培养等有所区别,并且通过不同的内容要素设置来实现,如在竞争领域,3—4 年级设置竞争活动、游戏,旨在培养学生遵守规则的意识与协同力;5—6 年级设置田径、隔网竞赛,旨在培养学生的责任感与关怀意识;初中7—9年级设置球类、田径类与隔网竞赛类,旨在培养学生的公正公平意识、团队协作能力与运动礼仪。

随着学习内容的程度逐步加深,从挑战、竞争、表达领域看,小学阶段侧重基本作用和意义的学习,初中阶段拓展为历史和特点、作用和科学原理、方法和策略的学习。而在健康领域,则紧紧围绕健康管理、体能增强、休闲放松与自我管理四个核心点来设置内容,也呈现逐渐增加内容深度的特点,如在小学阶段侧重健康生活、体能增进方法、运动与课余生活三方面;初中阶段注重学习内容的进一步深化与拓展,包括健康与身体活动、生活环境、休闲活动之间的关系,体能测定、评价、管理以及运动处方的制定。安全领域的内容涉及面较为广泛,不同年级群侧重点不同,小学3—4年级包括身体活动、运动设备、水上活动、游戏活动的安全,5—6年级开始注重应急处理、冰雪运动、野外活动的安全,初中7—9年级侧重体育与休闲生活安全、运动损伤的预防与处理、事故的预防与急救等。

(二) 成就目标

1.《课程标准》中成就目标的具体表述

《课程标准》在该部分详细说明了各年级群(3—4年级、5—6年级、初中7—9年级)学生在五个体育课程领域的具体成就目标。由于篇幅有限,这里仅呈现《课程标准》中小学3—4年级群的成就目标,以便读者了解韩国《课程标准》的框架结构,小学5—6年级群和初中7—9年级群的成就目标与小学3—4年级群结构一致,仅内容有所差异,故不再一一介绍。

(1)健康领域

在健康领域,3—4年级的成就目标在于让学生感受和学习维护健康的方法,培养健康生活所需的基本态度和实践能力,以此为基础进一步培养增进体能、休闲放松、自我管理等维护健康所必需的基本健康管理能力。为此,健康教育要掌握健康与运动、体能、休闲的意义和关系,以及增进和维护健康所需的健康生活方式、体育运动、休闲运动等基本的实践方法。

健康和体能与健康的生活方式直接相关。通过生活中多样的活动可以提高体能,从而健康地生活。但需要正确认识到这个过程与他人无关,是个人身体上和精神上的特点。对于休闲与运动方法,则要以自身经验为基础把握好休闲生活的意义与健康的关系,准确认识自己的体格和体能,采用正确的运动方法,形成维护与增进健康的良好实践方法。

> 【健康和体能】
> ➤ 了解健康的生活习惯(正确的身姿、个人卫生、预防肥胖),并在生活中实践。
> ➤ 通过多种体育锻炼,增强体能,体验健康的生活。
> ➤ 通过身体活动认识自己在身体和精神上与他人的区别。
> 【休闲和运动方法】
> ➤ 以休闲活动体验为基础,探索休闲活动的意义以及休闲与健康的关系。
> ➤ 了解体能的特性,制定适合自己的体能锻炼计划,采用正确的方法施行。
> ➤ 为了维护和增进健康要不断进行体能运动和休闲生活。

① 教学方法和注意事项

● 用生活中常见的素材指导健康生活,并以基本生活习惯为中心,由具体活动组成各素材。

● 考虑到各年龄段学生的不同兴趣特点,可以以适当的游戏运动为中心来维护和增进健康。

● 通过多种休闲活动指导学生,使其认识到身体、精神和情绪健康的重要性。

● 指导学生采用适合自身水平的运动标准(运动频率、时间、强度等),并采用易于学生理解的表达方式。

② 评价方法和注意事项

● 综合评价学生多次练习所形成的健康管理能力和态度,而不仅仅是以单位时间内的成就标准进行评价。

● 评价学生的自我健康计划安排和实践能力来衡量学生的自我管理能力。

● 不只注重以纸笔为主的评价方式,还应采取观察、面谈、检查报告等对学生的能力进行综合了解和评价。

● 评价结果将作为增进学生健康生活化的基本材料。

(2) 挑战领域

3—4年级群挑战领域的成就目标是期望学生达成既定的纪录或期望,持续进行身心锻炼,满怀信心并通过积极主动的挑战达成自我制定的目标,以此为基础设定新的挑战计划。学生必须具备耐力、自信心等挑战精神以及参与挑战所需的身心能力。为此,3—4年级群的挑战领域必须指导学生考虑自身能力和成功的可能性,据此制定目标和计划,抱着积极、持续坚持的态度参与挑战训练,在达成目标的同时理解挑战的价值所在。

在速度挑战方面,期望学生为了达成速度的纪录,结合自身特点持续进行身体训练来获得更强的运动能力。因此,要求学生具备调整训练内容、时刻自省并做出改变的能力。

在动作挑战方面,期望学生为了完成最佳的目标动作而对自身动作进行发展性训练的活动。特别要求学生以积极性和自信心为基础,具备阶段性的挑战新难度动作的积极态度。

【速度挑战】
➤ 提高速度,探索挑战自身速度纪录的概念和特征。
➤ 积极参与各种与速度挑战相关的活动,探索能够提高自身纪录的基本状态和动作,并运用于挑战中。
➤ 对自身速度挑战分时间进行测试,并对挑战过程中的优缺点进行分析,对可以提高纪录的方法进行持续训练。
➤ 具备身处逆境永不言弃、为达成目标不断挑战的精神。

【动作挑战】
➤ 探索自我训练的最佳状态和动作训练过程中挑战动作的概念和特点。
➤ 积极参与各种与动作挑战相关的活动,探索能够提高自身纪录的基本状态和动作,并运用到挑战中。
➤ 对自身动作挑战分动作进行测试,并对挑战过程中的优缺点进行分析,对可以提高纪录的方法进行持续训练。
➤ 通过训练克服动作难点,不断挑战新难动作。

---

① 教学方法和注意事项

• 使学生理解要达成的目标,制定适合学生水平的身体活动计划,开展使学生自我练习与检测的活动。

• 为了解决接触新动作和有难度动作时产生的不安和畏惧,训练动作应从简单动作开始,慢慢提高难度。

• 为了使学生广泛参与、体会成功的喜悦,活动的形式和方法需多种多样。

• 学习过程中,阶段目标达成时应即刻夸奖、鼓励学生,为学生继续挑战增加动力。

• 阐明与训练相关的重要要领和原理,使学生了解训练的意义。

② 评价方法和注意事项

• 以学生不断参与挑战的态度为核心进行评价,并充分利用身体训练日志和挑战内容记录等资料进行多角度评价。

• 以不断进行动作挑战的状态进行评价,并根据动作难易程度对达成效果、训练频率、参与度进行综合评价。

• 充分利用电子档案袋对学生理解挑战和训练过程进行系统评价。

（3）竞争领域

竞争教育的目的在于让学生通过参与活动体验输赢的竞争过程、遵守规则的重要性以及通过团队协作感受合作和公平竞争的价值,使学生具备竞争所需的运动技能、战术意识、人际关系处理等基本能力。

对于3—4年级的学生应开展具有明确规则的游戏,让学生了解竞争的意义后,体验竞争所需的基本知识、技能和态度,在此基础上培养学生的基本能力。

竞争的基础指以身体活动为中心开展的各种竞技游戏,了解竞技游戏与娱乐游戏的不同点,探索竞争所需的基本技巧和能力,培养遵守规则的意识,探索得分的训练技巧、竞争意义、基本技能和策略,更重要的是竞技活动过程中与队友进行交流以形成齐心协力的氛围。

【竞争的基础】
➤ 通过参与规则简单的竞技游戏,感受实现共同目标和战胜对手的竞争意义以及遵守规则的重要性。
➤ 通过参与规则简单的竞技游戏,探索竞争所需的基本技能。
➤ 在理解游戏规则的基础上探索有利的获胜策略。
➤ 了解规则的重要性,竞争过程中一定要遵守规则。
【球类比赛】
➤ 通过参与不同形式的球类比赛,探索不同形式比赛获得胜利的秘诀。
➤ 探索各种球类运动的基本技能,并尝试运用到各种竞技游戏中去。
➤ 在了解各种球类运动方法的基础上探索有利的获胜策略。
➤ 为了实现共同的目标,通过团队协作体会合作的重要性。

---

① 教学方法和注意事项

• 使学生接触各种竞技活动,了解并学习各竞技活动(田径、球类)的基本技能、策略和基本规则。

• 在竞争的基础上,让学生自己探索获取胜利的策略,积极制定适合自己的策略来指导实践,以学习基本运动技能为核心,如跑、接、掷、打、踢等活动。

• 在球类运动教学中,应适时改变学习的主题以适应学生的发育特征。

• 在球类运动教学中,要引导学生学习和体验投球、断球、接球、运球、抢球等基本技巧和策略。

• 在球类比赛中会出现男女性别的差异,需制定男女混合规则,以保障男女平等参与。

• 保障各种竞技活动在充足的空间展开。

• 各种球类比赛中难以避免身体接触,应制定规则以减少过度的身体接触。

② 评价方法和注意事项

● 对学生了解竞争活动的策略、技巧和努力程度进行评价。

● 对攻击策略的运用、防守的频率与适当性、各种策略的理解与使用能力进行评价。特别是要摒弃对管理、技能、态度等的割裂式评价,而是要对整个活动过程进行综合评价。

● 对活动开展过程中的规则遵守和协作态度进行评价。

（4）表达领域

3—4 年级学生表达的教育目的是引导学生通过适宜的动作要素和节奏,持续进行动作表达和创作,从而感受表达的意义。通过身体动作表达自己的思想和感受以具备身体表达的基础认识和感悟。除了使学生学到如何通过身体动作表达自我感情的基本表达方法外,更重要的是在此基础上通过多种模仿或创造,培养开发新动作的能力。

动作表达是以动作语言和表达要素为基础进行自我感觉的表达,是根据动作变化培养表达能力的活动。对自我动作和身体变化的认知能力非常重要,应创造多种机会了解身体随动作发生的变化,并不断对动作构建创意性表达。

节奏表达强调根据节奏的变化进行适宜的身体动作表现,同时动作随着节奏和音乐的变化而变化。因此,了解节奏的特征和变化,提高对节奏的敏感度尤为重要。教师应提供给学生根据音律节奏不断变化身体动作的训练机会。

【动作表达】
➢ 探索动作语言（移动、静止、塑造）和表达要素（身体、空间、能力和关系）。
➢ 以创造性的动作表达自我思想和感觉时,应将最佳的基本动作运用于各种表达中。
➢ 以个人或小组形式运用动作语言和表现要素创造出新作品并欣赏。
➢ 通过动作表达的训练,认识自身身体和动作的变化。
【节奏表达】
➢ 探寻身体活动（体操、跳绳等）表现出来的节奏类型和要素。
➢ 伴着音乐（童谣、民谣等）使用身体或道具（球、绳、滚轮等）表现出各种动作。
➢ 以个人或小组形式根据节奏编排各种动作,创造出新作品并欣赏。
➢ 通过节奏表现的训练,快速掌握节奏的特征和变化并将其反映到动作中去。

---

① 教学方法和注意事项

● 根据身体语言选定一些蕴含多种表达要素的身体活动,特别是积极活用诗歌、童话和故事,提供机会在多种情境下进行适当的动作训练。

● 合理利用音乐的快慢、强弱,让学生根据节奏、强弱快慢做出适合的身体动作;根据节奏练习身体动作时,若难以熟练掌握,则要反复练习。

● 使用道具表现节奏韵律时，由于踩着音乐节奏的同时操作道具确实存在困难，那么学生学习时就要从基础阶段开始，不断增加难度，即在操作道具时首先要熟练掌握必须的动作，然后再踩着节奏合练。

● 动作和节奏相关训练需要不断在观众面前表演，从而体会表达的重要性。同时，为了使学生满怀信心地表现，教师要经常给予一些肯定的反馈。

② 评价方法和注意事项

● 要以学生自己的感情或感觉表达为基础，综合评价学生的表达理由、内容和方法。

● 动作表达评价虽然将动作语言与表达要素的结合和表现方式作为评价的核心，但同时也要把活用动作语言和要素创造出身体动作的能力作为评价的标准。

● 节奏韵律要根据节奏的快慢强弱来评价身体动作是否准确。

● 学生是否将个人的感情积极地展示于他人面前，需要连续检查并反映在评价结果中。

（5）安全领域

3—4 年级学生安全的教育旨在引导学生学习安全生活所必需的安全知识，并运用于生活中。在身体活动的整个过程中，需要培养学生掌握应具备的安全知识，确保安全的基本能力和危机处理能力。

让学生了解与身体活动相关的安全事故种类和原因，学习确保安全的基本原理和方法，特别是要以小学生可以完成的内容为中心，在水上活动和游戏中让学生学习保障安全的具体方法和应对事故的方法。通过这些教育培养学生对身体活动中危险因素识别与判断的能力。

让学生掌握使用运动设备时可能发生的安全事故种类和原因，学习处理事故的方法，并在此过程中培养学生注意安全的意识。

【身体活动和水上活动的安全】
➤ 探索身体活动中经常发生的安全事故的种类和原因。
➤ 调查水上活动发生的安全事故，学习预防和应对事故的方法。
➤ 认识身体活动中可能发生的危险，保证安全活动。
【运动设备和游戏的安全】
➤ 探索使用运动设备时可能发生的安全事故的种类和原因。
➤ 调查游戏中发生的安全事故，学习预防和应对事故的方法。
➤ 在进行身体活动时注意安全。

---

① 教学方法和注意事项

• 通过多种具体的事例引导学生了解身体活动相关的危险要素,体验安全事故处理的方法。

• 为了保证各种设备安全使用,应该在建设体育馆的过程中考虑相关意见。

• 运动设备的安全学习包括正确使用设备的方法和判断设备安全性的内容。

• 为了保证水上安全,要选择安全的水上活动设施,做好准备运动,阐明注意事项,同时要让学生掌握应对各种突发状况的危机处理要领。

• 注意不要因为安全事故而引发过度的恐慌。

• 学习危机处理方法时,事先一定要检查周边是否存在危险因素。

② 评价方法和注意事项

• 根据身体活动状况,对是否了解危险因素和是否采用安全活动方法进行评价。

• 考察安全意识和确保安全的能力,随时对其他相关领域进行评价。

• 评价结果要及时反馈给学生,并迅速指导学生改正。

结合上述五个领域在3—4年级群的成就目标要求,《课程标准》对达成成就目标应该开展的活动进行了总结,见表9-5。

表9-5　3—4年级群各领域活动项目示例

领　域		活动项目示例
健康	健康和体能	日常生活中开展的体能活动(徒手体操、跳绳等),养成基本生活习惯的活动(正确的身姿、洗手、刷牙、健康的饮食习惯等)
	休闲放松和运动方法	日常生活中开展的休闲活动(步行、骑单车、飞盘、踢毽子、投壶、方格踢石子等),基础体能测定与增进活动(伸展运动、俯卧撑、往返跑、快跑)
挑战	速度挑战	短跑,接力,长跑与快走,障碍跑,自由泳,蛙泳,仰泳等
	动作挑战	垫上运动,鞍马,平衡木,跆拳道套路等
竞争	竞争的基础	触杀游戏,基本的球类、田径、网上运动
	球类比赛	足球,篮球,手球,橄榄球,冰球等
表达	动作表现	动作语言(移动、静止、变化表现),表现要素(身体、努力、空间、关系等)
	韵律表现	体操,艺术体操,圈操,音乐跳绳,韵律操

领　域		活动项目示例
安全	身体活动和水上活动的安全	调查身体活动相关事故的种类和原因,预防水上活动安全事故与开展应对活动等
	运动设备和游戏安全	调查运动设备相关安全事故的种类和原因,预防游戏中的安全事故和开展的应对活动等

注:身体活动虽然根据课程的目的来选定,但是要考虑学校的教育条件。教师也可以参照其他领域的示例选择并开展一些新的活动,但需要通过年级会议来决定最终是否开展。

2. 对成就目标的分析

首先,韩国《课程标准》对成就目标设计具有五个特点:每个年级群(3—4年级、5—6年级、初中7—9年级)的成就目标均从五个体育课程领域进行设置;由"成就目标是什么——培养何种能力——价值领域包含的内容要素——教学方法与注意事项——评价方法与注意事项"组成;不同年级群在同一领域侧重的内容要素不同,学生掌握的实践方法与能力培养也有所区别;将各学段的学习目标、教学内容与教学方法和注意事项、评价方法相对应,对学生要做到的或能做到的进行了较为详细的描述,也对教师该做什么作了较为细致的说明,使学生和教师对教学所要达到的成效更加清晰;各领域的成就目标是一个循序渐进的过程,同一领域不同学段学习的内容要素、培养的能力呈现递进态势,后一阶段以前一阶段为基础,符合不同发育阶段学生的身心发展状况和认知规律。

其次,从运动项目示例表可以发现:分领域列出教学内容,每个领域之间的教学内容是不同的;在《课程标准》层面,教学内容只呈现运动项目、主题、活动等程度,而不是罗列每一个运动项目、主题、活动中的具体内容;在小学3—4年级,教学内容丰富多样;《课程标准》明确指出,这些运动项目、主题、活动只是示例,各校完全可以根据本校的实际情况对教学内容进行选择和设计。

四、教学与评价的建议方向

(一)教学建议

1. 教学方向

(1)《课程标准》中教学方向的具体表述

体育教学是通过教师与学习者之间积极的相互回应对学习内容进行探索的过程,为此,要摒弃以教师为中心的单向教育,要着眼于采用并改善多种适合学习环境特征的教学方法。

① 指向能力培养的体育教学

体育课程的作用在于通过身体活动深化体育价值,促进学生学习体育知识、技能以及形成积极的态度等。为了发挥这个作用,教师要了解身体活动各方面的作用、学习的内容要素、期望学生拥有的能力与成就标准的关系,并为此制定系统化的教学活动。

例如,选择足球进行球类竞争教育,可以培养学生探索和欣赏球类运动的历史和特性的能力,科学分析足球技能的问题和提高技能水平的能力,创造性地分析和运用比赛方法和策略的能力,遵守规则、尊重他人并开展公平比赛的能力。这些能力还可以与沟通、共同体意识、创造性思维等核心能力相结合并运用到日常生活中去(见图 9 - 2)。

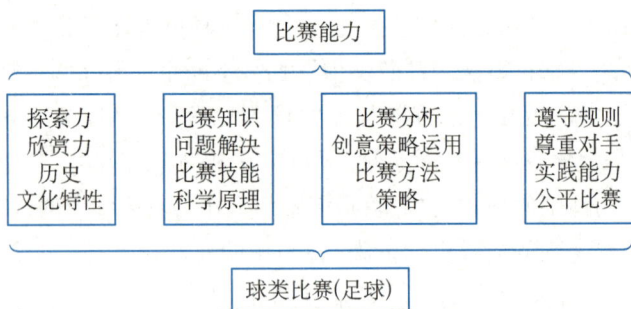

图9- 2　指向能力培养的体育教学

② 考虑学生特点的分层教育

学生的运动兴趣、技能、体能、性别差异、学习类型不同,其学习方式和结果也会有所区别,因此,应充分了解学生不同的特点、活动的内容和方法等,为学生提供达成目标的适宜机会。

例如,在进行速度挑战时,可以开展多种活动,如短跑、快走、游泳等,活动的类型和难度可以根据教学的资源、时间、地点等进行更改和调整,通过学生自主选择,提高学生参与的积极性。教学方法也要关注学生的特点,选择共同学习、课题探究学习、提问式学习、合作学习等多种方式(见图 9 - 3)。

③ 自我主导的教学构成

学生自己要学会把握学习内容,为了对学习内容进行系统化学习,需要给学生创造良好的教学环境,提供学生感兴趣的课题和教学材料,提高学生的自信心,激发学生的学习动力,让学生能够在学习活动中自主探索主要的学习内容和

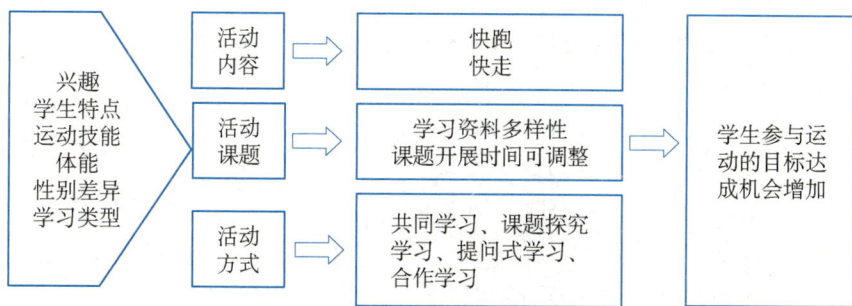

图9-3 考虑学生特点的分层教育

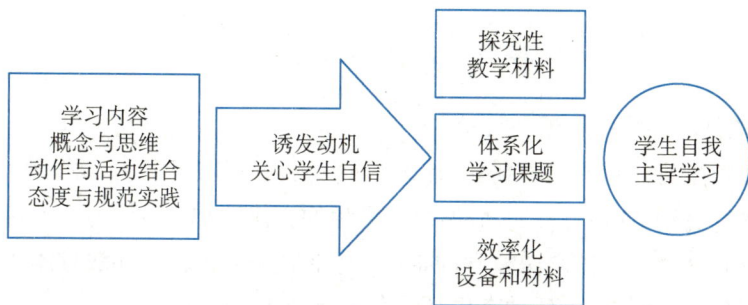

图9-4 自我主导的教学构成

方法,使学生更加有效地把学习课题、教学设备与器材结合起来,积极参加体育学习和训练(见图9-4)。

④ 全面发展的综合教学

为了使学生全面成长与发展,体育课程要综合开展多种活动,让学生全面体验身体活动包含的生动性、正义性和认知力。因此,全面综合的教学包含对身体活动的直接体验与多种多样的间接体验(阅读、写作、欣赏、调查、讨论等)(见图9-5)。

⑤ 因材施教教学方法的选定和运用

把握体育课程内容的特点,选定能够提高学习效果的教学模式、教学风格、教学策略、教学方法,并为此准备需要的场地、器材、资料等。同时在把握教学整体脉络的基础上,设定适当的教学模式和策略,对其进行创

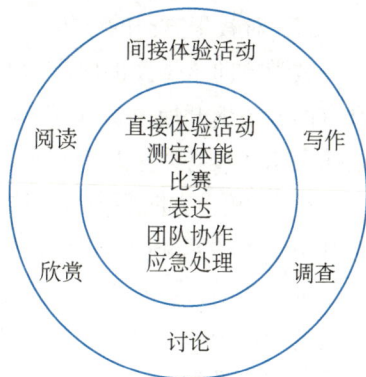

图9-5 全面发展的综合教学

意性改造,在教学框架内采用多种多样的教学方法。另外,通过不间断的学习评价,调整与改善教学模式和方法,提高教学方法的可行性(见图9-6)。

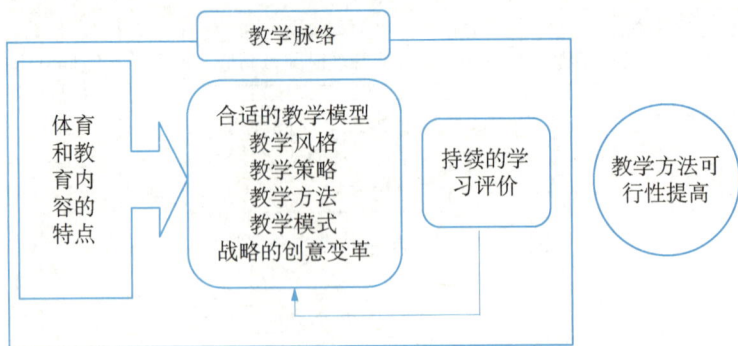

图9-6 改善教学的反省式教学

⑥ 课外相关的体育活动教学

鼓励学生将体育课上学到的知识、技能和方法继续运用到日常生活中去,参加更多体育运动,如体育社团活动,培养学生的自律性和实践能力。可将日常生活中的体育活动作为体育课教学的素材,引导学生探索进行日常身体活动的教学方法,将体育课与课外活动有机联系在一起(见图9-7)。

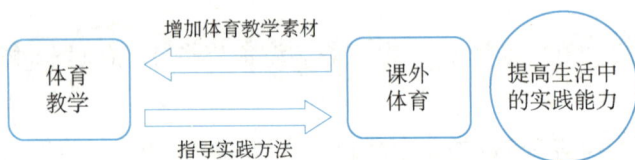

图9-7 课外体育活动强化生活实践能力

(2) 对教学方向的分析

教学方向中提及的内容为体育教学的开展提供了方向性的指导,有利于教师有的放矢地开展教学,以将《课程标准》的精神落到实处。具体而言,教学方向的相关阐述具有以下几个特点:

首先,教学方向要求从整体上要摒弃以教师为中心的单向教育,鼓励教学中教师与学生的互动回应,体育教学应由过去的"以教师教为中心"向现在的"以学生学为中心"转变,努力将学生本位的教学理念渗透于体育教学之中。这种大方向上的价值导向符合当今世界体育教学的主流价值观,有利于引导体育教师从整体上把握教学。

其次,从教学方向的具体组成内容来看,主要是对体育教师教学提出的要求与教学中需考虑的事项,其内容涉及到教师、学生、教学方法三个层面。在教师层面,体育教师本身需要对体育活动的作用、内容要素和期望学生通过学习获得的能力等有明确的认知,并依此设计教学活动,即清楚学生通过体育学习应获得的能力;在学生层面,体育教师需要充分了解学生的性格、体能、学习特征,并结合学生的不同特点提供学习材料和创造学习环境,满足学生的学习水平与需求;在教学方法层面,体育教师应整合先进教学理念、学生特征、校内外教学资源等要素采用适宜的教学方法,实现因材施教,促进学生的全面发展。

第三,从教学方向的结构来看,不仅指向学生能力培养、考虑分层教学、鼓励学生自主、促进学生全面发展、开展因材施教、关注课外活动等,而且对每一条教学方向的描述均提供了具体的流程图,指导性强且关系脉络非常清晰,这有助于体育教师准确领会其含义,并在此基础上根据教学方向提供的指导来开展体育教学。

2. 教学计划

(1)《课程标准》中教学计划的具体表述

教学计划要综合考虑教学环境构成的所有要素(班级规模、时间、设施设备、学生特点等),提高学习目标达成的效率性和安全性。同时,为了应对教学计划实施过程中发生的偶然事件,要确保教学计划的多样性和灵活性。

① 教学过程运行计划

各学校要根据《课程标准》提出的内容要求设定教学计划,且要符合各年龄阶段学生的特点(小学3—4年级、5—6年级,初中7—9年级)。教学计划以年级为单位设定,由健康、挑战、竞争、表达、安全五个领域构成。各学校可以根据学校各年级具体情况进行自主变革,但要注意自主变革的教学计划不出现重复学习的情况。

为了保证教学过程的顺利运行,关键在于设定年度教学运行计划。适当的教学时间和领域分配是体育学习的重要因素,决定了体育学习的成果。因此,首先保证体育课程的基本教学时间,通过正常的教学运行避免教学时间的浪费。为此,学期初就要制定年度教学日程,包括明确校内外体育大会、现场学习等教学活动的时间,明确可利用的教学时间和天数,以实际的教学时间安排体育教学。

设定年度教学计划要保证为学生提供学习各种内容的机会,不偏重于某一特定领域,制定以身体活动为核心的某一领域综合计划,特别是要重视安全教育与其他各领域的密切联系,提高保障安全的实际能力。但是,要保证不遗漏某一领域的内容学习,同时也要注意每个领域的特点。例如,体能增进等需要长期训练,学期初和学期末都要进行计划安排,在每周安排 1 小时的学习时间,同时要注意计划能够灵活改变。

② 教学运行计划

A. 考虑各领域的特点和学习主题

即使开展同一运动,因课程目的不同,教学计划也需要结合各领域的特点和主题设定,判断应学习什么,选择学习重点,调整学习过程。例如,挑战教育强调身体训练,那么此时的跑步与为了健康而跑步的意义应有所区别,前者是为了打破纪录进行各种训练,所以更强调为了挑战而进行的分析、反省和训练。

B. 分析学生的前期学习经验和发展特征

考虑学生的前期学习经验和发展特征是以学生为中心的教育方案之一,学生拥有的经验包含直接或间接联系的运动、知识、情绪等。为此,教师在制定教学运行计划时,要了解学生的兴趣和水平,尊重学生拥有的各种经验,制定能为学生提供各种意义的教学活动。

C. 设施设备保障

了解教学所需的设施设备,尽可能保证充足。无法满足需求时,可通过其他替代活动来达到相同的教学效果和价值;也可利用学校附近和周围的社会设施,在保证安全的前提下选择其他替代活动。

③ 教学活动计划

A. 学习活动的重塑

在综合考虑各领域特点、学习主题、学生特点、可用资源、学习环境的前提下,教师应对教学活动进行重塑,如变更活动场地的形状、道具、参加人数、组织形式、规则等。另外,重塑学习活动时应积极听取学生的意见,让学生参与进来,进而提高学生的学习动力和对学习活动的理解,但要充分考虑重塑学习活动后目标达成的效果和安全。

B. 提供平等的学习机会

提供平等的学习机会,并不意味着所有学生学习相同的内容,或以同样的方式开展学习活动,而是充分考虑学生的情况,合理提供学习机会,特别注重性别、体能、运动技能的差异,尽量避免因障碍而无法参与的情况。例如,可以改变规则和方法,保证不同体能和运动水平的学生广泛参与到活动中去;组织各种活动,引导学生积极参与,不将任何一名学生排除在课堂之外。

C. 构建综合的学习活动

构建将知识、技能、态度整合在一起的体育学习活动,让学生对各领域内容进行综合学习,如在竞争领域,引导学生通过教科书上的叙述把握竞争的概念和特点,同时通过直接参与活动把握竞争的结构,体验竞争中展现的公正和合作的意义。

D. 关注学生管理和安全

在学期初制定教学规则并一以贯之地予以执行,对学生进行有效管理,预防并尽量减少学生的不当活动。此外,要制定安全措施和程序,预防安全事故的发生,保障学生的安全,尤其注意身体运动的特点,指导学生运动前后做好准备运动和整理运动;课前课后教师对设施设备进行检查,预防安全事故的发生。在进行比赛或挑战时,要求学生应避免因好高骛远导致的运动损伤和事故,做好充分指导。

(2)对教学计划的分析

首先,从教学计划的整体组成来看,教学计划比较全面,由教学过程运行计划、教学运行计划、教学活动计划三部分构成,是体育教师在开展学校体育教学活动前进行的相关准备与组织工作,覆盖了体育教学计划的方方面面,这有助于体育教学活动有条不紊的落实。

其次,从每个教学计划的具体内容来看,教学过程运行计划主要强调年度教学计划的设计,并指出从哪些要素去考虑年度教学计划的制定(如学段、学习领域、教学时间分配、教学内容等),为学校制定体育教学年度计划提供指导与参考;教学运行计划和教学活动计划主要从体育教师的角度出发,提出制定教学计划与落实教学活动时应考虑的因素,前者强调体育教师在教学活动前对学习领域特征、学生前期学习经验与特点和可用体育设施设备的分析;后者强调体育教师在体育教学活动中应关注的与学生学习相关的要素,如为学生提供合理学习机会,将不同学习领域的知识、技能、态度融入体育活动以及预防安全事故发生等。

第三,《课程标准》中对教学计划部分的表述不仅层次清晰,强调理念与示例结合,从宏观向微观过渡,而且非常注重不同教学计划与五个课程领域相对接。五个课程领域涵盖了学生体育学习的所有方面,而教学计划则是对课程领域具体内容进行学习时的预设,这为学生全面学习五个课程领域的内容提供了很好的载体。

(二)评价建议
1.《课程标准》中评价建议的具体表述
(1)评价方向
评价与课程息息相关,要确保评价内容的均衡性、方法的可行性和可靠性,建立并使用注重核心内容和个体差异的评价标准。

① 与教育过程的联系

评价要与教育过程相联系，了解国家和地区的课程标准及教育过程的目的和目标，以此为依据进行教学实践。为了检测教育的效果，需要进行系列评价；为了达成教学目标，要保证教学活动与评价内容的一致性。

② 评价内容的均衡性

以体育课程的五个领域，即健康、挑战、竞争、表达、安全为对象，进行均衡评价，即五个领域的评价比重可能会因学校的实际情况有所差异，但应注意避免比重过大或过小，比重由学科组或年级组设定。

③ 评价方法和工具的多样性

要对学习过程和结果进行综合评价，需摒弃以一次性测试成绩为主的评价，根据学习目标和教学内容进行多种评价，保证充足的评价时间。为了提高评价的可行性和可信度，要保证评价的目标、内容和方法紧密联系，并运用各种类型的评价方法，质性和量化评价并行，对核心内容的成就进行重点评价，开展以学生为主体的教师评价、相互评价、自我评价等多元评价。

（2）评价计划

根据《课程标准》提出的各年级的教学内容来设定具体评价计划，并在开学初告知学生。为了实现综合公正的评价，设定评价计划时要以学校的评价方针为基础，综合把握评价的内容、标准、方法和评价工具等。

① 选定评价内容

评价内容以课程要素为基础，包括教学目标、学习内容以及身体活动在内的核心学习内容。评价范围以教学活动的所有方面为对象，各领域内容的评价比重可以不同，但为了保证评价内容的均衡性，评价时注意不要刻意的偏重特定领域。要确保内容和方法的具体性，即为实现对教育内容和方法的适当评价，要对教学计划进行仔细探讨，并以此确定相应的评价内容、时机、工具和方法。因此，在教学计划中要制定评价计划表。进行同伴或自我评价时，一定要选择适当的内容和标准。

② 成就目标及其选定

进行评价的成就目标以学校的课程内容为基础来设定。用于评价的成就目标要独立或综合选定。进行比赛时，要使用比赛技巧的科学原理和比赛方法，进行公平竞赛，在这个过程中，可以选定单独的成就目标或者综合的成就目标。根据各课程领域的内容对各自达到的成果进行具体陈述，评价等级包括质、量两方面，并对各自的水平进行准确的陈述。避免使用由单一成就目标制定的成绩标准进行评价,应该针对具体内容,根据学生达到的能力和变化程度进行评价,这既有助于提高学生的学习动机,又对提高个人的身体活动水平有帮助。

③ 评价方法和工具的选定和开发

评价方法的选定要与学习目标和评价目的相适应。在了解各评价方法的特征和优缺点后,应综合学生的特点、水平和评价目的(学习过程和结果的评价,把握学生的学习成就,改善教学过程等),选定最合适的评价方法。评价工具可使用现成的,也可另行开发,还可以对现行的评价工具进行修改。使用工具时首先检查评价工具的可信度和可行性。教师(包括年级组和学科组)在开发新的评价工具时,应考虑评价的对象、时间、场所、方式、设施设备和人员等。

(3) 评价结果的运用

评价结果可用于指导下次的教学计划制定。对每个学生的评价结果进行分析后,将其作为基本资料,从而作为今后学习内容设定的依据。分析全体学生的评价结果有助于改进教学计划。让学生和家长了解评价的结果。结合评价结果,学生对自己日常生活的学习主题和运动进行调整,为持续日常实践活动提供帮助。个人的评价结果与个人的健康管理、升学以及休闲放松密切相关,可以作为开展日常实践的基本资料,也有助于建立愉快的运动计划。

2. 对评价建议的分析

《课程标准》中评价建议包括评价方向、评价计划和评价结果的运用三个部分,提出了一些方向性、指导性的建议与要求,对学校制定评价计划和体育教师实施教学评价有重要的启示作用。

评价建议部分从评价目的、评价内容和评价方法与工具三方面入手,宏观层面指出体育教师应了解和把握的评价方向与核心要素,建立正确的评价理念。如评价要以教育目的为根据,检测体育教学的效果,注重五个学习领域的均衡评价,注重评价方法多样和评价方式多元的综合评价;评价计划是更为具体的评价指导策略,从评价内容选择,成就目标选定,评价方法与工具选定三方面提出体育教师在进行教学评价时应考虑和注意的问题,虽然此处并未给出具体的评价示例,但有助于体育教师根据不同的评价内容自主制定多元评价计划;评价结果运用主要是评价结果对教师教学、家长了解孩子学习情况以及学生根据自身学习水平制定学习计划等方面发挥的作用,反映出评价不仅用来评定学生的学习成绩与效果,还用来促进教师、家长和学生三者之间的共享互动,使评价结果有效促进学生学习。总之,从评价建议的表述来看,其理念与国际上所强调的多元体育评价体系非常接近,反映了韩国最新修订的《课程标准》中评价部分的与时俱进。这样的评价建议,既对体育教师的评价工作提供了更多的指导,同时也对体育教师的教学评价设计与实施能力提出了更高的要求。

第二节　体育选修教育课程的介绍与分析

韩国体育选修教育课程针对高中 10—12 年级,包括一般选择和发展选择科目两大类,前者包括体育、运动与健康两个子科目,后者包括体育生活、体育探究两个子科目。四个子科目的构成体系与共同教育课程的构成体系相同,均由性质、目标、内容体系与成就目标、教学与评价建议四部分构成。其中,性质、目标、内容体系与成就目标部分与共同教育课程有所区别,也是本节将要介绍和分析的重点,而教学与评价建议部分与共同教育课程完全相同。因此,本节将不再对选修教育课程的教学与评价建议部分进行介绍和分析,读者如需要了解,参见共同教育课程的教学与评价建议部分即可。

一、体育选修教育课程的一般选择科目

(一) 体育科目
1. 体育科目的性质与目标
(1)《课程标准》中体育科目性质和目标的具体表述
① 性质

高中体育课程以初中体育课程为基础,进一步深化学生对体育知识的学习,培养学生积极看待体育的眼光和终生体育实践的能力。以深化初中体育课程内容为基础,学生通过持续地参加体育运动,理解身心与社会价值的关系,培养在生活的各个方面所需要的体育能力,并较好地运用于生活实践中。因此,高中体育课程以身体活动能力为基础深化培养学生的健康管理、身体训练、比赛和表达能力,促进学生成为具有健康素养的公民,为社会和国家做出贡献。

② 目标

高中体育课程的目标旨在通过体育运动生活化实现全人教育,即以高中生的身体活动为基础,增进维护健康的意识,提高运动能力和体能水平,学习体育理论知识,追求体育核心价值,进而实现体、智、德相结合的全人教育。

第一,了解健康管理,根据健康管理的方法合理运动,持续维护与增进健康。

第二,了解挑战的价值,运用体育挑战的技能、方法和策略进行比赛,培养克服自我极限的态度。

第三,了解竞争的价值,运用竞争的技能、方法和策略进行比赛,熟悉并遵守比赛礼仪。

第四,了解身体表现文化,运用身体表现的方式和动作原理表达自己的想法和感觉,培养审美眼光。

第五,了解安全事故的类型和特点,根据事故预防和处理方法培养危机状况下的应急处理能力。

（2）对体育科目性质与目标的分析

韩国高中教育目标指出：高中教育是以初中教育的成果为基础,致力于学生素质的培养,使其具备多元文化交流沟通的公民素质,包括培养学生具备符合自己职业发展的知识和技能,具备终生学习能力,能够创造性地解决问题,基于人文、社会、科学技术多元文化素养的创造性态度与能力[①]。基于高中教育的总体目标,高中各学科应结合本学科的特点,通过发挥本学科的作用而共同达成高中教育目标。因此,从这个角度分析,高中体育课程首先是在小学和初中体育课程基础上的进一步发展与深化,呈现出各学段体育课程的相互衔接,这在高中体育科目的性质中得到了鲜明的体现;其次,高中体育课程注重基本内容学习的基础上,强调学生能力的培养,如终身参与体育实践的能力,将体育知识与技能应用于生活实践的能力和体育职业规划与分析的能力。因此,高中体育课程的重心由体育基本内容的学习转向通过体育教育实现学生全面发展教育,并从健康、挑战、竞争、表达、安全五个领域设置具体目标,每个领域的目标更注重学生对方法、原理、技能的运用,进而培养学生的品质、态度和能力。

2. 体育科目的内容体系与成就目标

（1）《课程标准》中体育科目内容体系与成就目标的具体表述

① 内容体系

与义务教育一样,体育选修教育课程一般选择科目中的体育科目包含健康、挑战、竞争、表达、安全五个领域,其内容体系也包括这五个方面(见表9-6)。

---

① 한국국가교육과정정보센터.우리나라교육과정. 학교급별교육목표［EB/OL］. ［2015 개정시기］http://ncic.go.kr/.

表 9-6　体育科目各领域的内容体系

领域	核心概念	一般知识	内容要素	功能
健康	健康管理 体能增强 休闲放松 自我管理	健康是在对自身身体了解的基础上,保持健康的生活习惯和生活态度,对自我身体进行维护和管理 体能增强是健康的基础,有助于持续进行身体活动 健康的休闲活动可以形成积极的自我形象,有益于更高质量的生活	人生健康管理 自我体能管理 运动与休闲 自我管理	评价 计划 管理 实践
挑战	挑战意义 目标设定 身心锻炼 挑战精神	以身体活动为媒介克服环境制约,刷新自身和他人的成绩纪录 挑战目标的实现要经历各种挑战、经验总结和反省才能达成 持续的训练和反省,培养挑战精神	价值 开展 方法和策略 战胜自我	引导 分析 训练 克服
竞争	竞争意义 状况判断 竞争与合作协同 人际关系	参与各种类型的游戏和体育运动,感受和体验竞争 竞争的目标需要通过熟练的技术和适当的策略来达成 人际关系需要通过公平的竞争和相互协作实现	价值 开展 方法和战略 理解比赛	分析 协作 交流 比赛
表达	表现意义 表现方式 表现创造 欣赏与批评	通过身体表达体现自我的感觉与想法 身体表现以动作为基础进行创造 审美眼光是以想象力、审美性和共鸣为基础的身体表现的创造和欣赏	身体表现文化与身体文化 表现方式与创作原理 表现作品的创作与欣赏	探索 身体表现 欣赏 交流
安全	人身安全 安全管理	生活安定,没有危险和事故 预防日常生活和身体活动的危险和事故,具备切实的应对策略 培养安全意识和应对各种危险的能力	运动与安全事故 心肺复苏术 安全意识	把握事态 决断力 应对力

② 成就目标

A. 健康领域

健康教育旨在使学生以对自我身体的了解为基础,通过坚持不懈地参与体育运动,培养维护健康和休闲放松的能力。通过该过程拓展自我管理的方法,培养自我健康管理的能力。

> ➢ 制定周期健康管理计划,运用健康管理方法进行健康管理(预防疾病、均衡营养与运动)。
> ➢ 测定并分析体能水平,选择适合自己的运动,增强体能。
> ➢ 了解现代社会休闲运动的意义和特点,制定以身体运动为核心的运动计划。
> ➢ 通过日常生活中规律的运动和自我管理增进并维护健康。

　　a. 教学方法和注意事项

　　● 健康教育要与日常生活相结合,选择能够促进健康管理的素材进行教学。

　　● 进行体能管理时,应善用各种体能要素,以能够有效增进体能的体育活动为中心进行教学,兼顾学生的条件并指导学生进行体能管理。

　　● 制定休闲放松计划,指导学生将学习成果运用于生活中。

　　● 健康教育要以学年或学期为单位持续进行,指导学生进行健康管理实践。

　　b. 评价方法和注意事项

　　● 摒弃单次或者仅对部分内容成绩进行评价的方法,要全面均衡地对健康管理、自我体能管理、运动与休闲放松、自我管理进行评价,各内容所占比重可以有所不同。

　　● 学生是否养成了健康的生活习惯和态度是健康生活和运动生活化的评价核心。

　　● 对制定计划以及依据计划进行实践的自我管理能力进行评价。

　　● 评价结果要反馈到健康领域的教学中去。

　　B. 挑战领域

　　了解以身体运动为媒介的体育所具有的挑战价值,通过挑战对比赛策略和挑战状况进行反思和调整,培养挑战精神和战胜自我的挑战态度。

> ➢ 为了达成自我设定的挑战目标,需要持之以恒,不断地探索挑战的价值。
> ➢ 探索进行挑战所需的技能和方法,并准确运用到比赛中去。
> ➢ 为了打破自我的身心局限以及对挑战运动的环境限制,针对具体问题加以解决。

　　a. 教学方法和注意事项

　　● 选择对于挑战学习最为有效的体育运动内容,所选内容应是早已被国内外历史和传统所认可,且已普遍开展的成体系的运动内容。

　　● 指导学生敏锐感知挑战中的变化,以身体运动为媒介挑战个人或他人的运动水平与纪录。

- 对体育挑战和比赛策略进行指导,不是单纯地让学生学习技巧,而是让学生在比赛参与中感受训练的过程并进行反思式学习。
- 挑战教育要以学年和学期为单位持续进行,让学生通过体育运动进行挑战、训练和反思。

b. 评价方法和注意事项

- 摒弃单次或仅对部分内容成绩进行评价的方法,要全面均衡地对挑战价值理解、训练过程、比赛策略、战胜自我等方面进行评价,各内容所占比重可以有所不同。
- 评价挑战过程中是否进行必需技能和方法的探索,是否进行不断训练和反思作为评价的焦点。
- 为了达成挑战目标而探索多种比赛策略,以及比赛时对比赛策略的正确运用是评价挑战能力的核心。
- 对挑战目标设定、挑战中的比赛能力、比赛策略的运用能力、态度变化等进行综合评价。
- 评价结果要反馈并指导挑战领域的教学。

C. 竞争领域

旨在通过游戏和体育运动理解体育竞争的价值,在比赛中展现比赛素养和策略,培养公平竞争、相互协作的意识,关心同伴、尊重对手、建立和谐人际关系的态度。

> 对各种类型的体育竞争进行比较分析,探索体育竞争的价值。
> 探索开展竞争所需的技能和方法,不断练习,并在比赛中准确运用。
> 探索竞争的各种比赛策略,不断练习,并在比赛中准确运用。
> 在参与竞争的过程中践行体育道德和公平比赛的理念,尊重并关怀他人。

a. 教学方法和注意事项

- 选择日常生活中容易接触到的游戏或体育运动,通过参与竞争活动指导学生探索体育竞争活动所要求的品质。
- 指导学生将学到的技能、方法与各种比赛策略相结合。
- 竞争教育要以学年和学期为单位,引导学生通过持续参与游戏、体育活动进行竞争。

b. 评价方法和注意事项

- 摒弃单次或者仅对部分内容成绩进行评价的方法,要全面均衡地对体育竞争价值、竞争修养、比赛策略、比赛礼仪等内容要素进行评价,各内容所占比重可以有所不同。

- 将探索竞争的比赛策略、能否在比赛中准确运用比赛策略作为评价焦点。
- 对体育竞争价值、比赛的素养能力、策略运用能力、态度变化进行综合评价。
- 评价结果要反馈并运用于竞争领域的教学中。

D. 表达领域

了解通过身体来表达自我感觉或想法的身体文化;运用身体表达方式和创作原理对身体表达进行作品创作和欣赏,通过这个过程体验以动作为基本表达要素的模仿或创作中的身体表达,并以想象力、审美能力、共鸣为基础,培养创作或者欣赏的审美眼光。

> 根据身体表达方式和创作原理对自我感觉或想法进行动作表达,探索身体文化。
> 以创作、传统和现代表达等各种类型的身体表达文化为基础,运用身体动作和表达方式进行动作表达和作品创作。
> 利用创作的程序和方法进行作品创作并发表,表达自己的感情和想法,同时分析并欣赏他人发表的作品。
> 身体表现作品创作或发表时,以艺术的眼光对其主题、审美表现等进行分析比较。

a. 教学方法和注意事项

- 表达教育要选择能使学生广泛了解动作表达的意义、方式、创作过程的运动内容。

- 进行身体表达文化教学时,选择的学习活动要与日常生活中常见的动作相关,使学生能进行模仿或创作,并指导学生在日常生活中由简单动作表达逐渐向专业动作发展,在这个过程中探索、分析不同水平的身体表达文化。

- 进行身体表达方式和创作原理教育时,指导学生恰当表达感情和思想,通过身体表达进行思想交流;在欣赏身体表达作品时,应引导学生将各种类型的身体文化和适合学生水平的作品作为素材充分利用。

- 以学年和学期为单位,引导学生通过持续参与身体表达动作,培养其进行思想感情交流的沟通能力。

b. 评价方法和注意事项

- 摒弃单次或者仅对部分内容成绩进行评价的方法,全面均衡地对身体表达文化、表达方式、创作原理、作品欣赏、审美眼光等内容进行评价,各内容所占比重可以有所不同。

- 将身体表达作品创作和欣赏的过程中是否准确运用了表达方式和创作原理作为评价的焦点。

- 能否将所学的表达思想情感的方法进行运用的能力是评价的重点。
- 对表达的理解、表达方式、创作、批评欣赏等进行综合评价。
- 评价结果要反馈与运用到表达领域的教学中。

E. 安全领域

旨在了解没有危险和事故的安全状态的概念,认识日常生活和运动中的危险因素,预防事故发生;通过学习应对安全事故的方法,培养安全意识和应急处理能力,即通过学习安全的重要性,预防安全事故发生,培养面对事故的应对能力以及重视日常生活安全和运动安全的态度。

> 探索身体活动中安全事故的类型,预防安全事故的发生,学习处理方法,迅速应对安全事故。
> 了解心肺复苏术的重要性和原理,能够进行心肺复苏术,应对突发的心跳骤停。
> 预防体育活动中的安全事故,进行安全管理。

a. 教学方法和注意事项

- 进行身体活动和安全事故教育时,为了开展安全的体育活动,要选择各种类型的安全事故和安全管理方法为教学内容。
- 整理参加身体活动过程中发生过的各种安全事故实例并运用于教学中。
- 要通过实例分析让学生了解心肺复苏术教育的重要性和原理,并对心肺复苏术进行实践操作。
- 以学年和学期为单位,通过持续参与,让学生学习面对紧急安全事故时的预防和应对要领。

b. 评价方法和注意事项

- 摒弃单次或者仅对部分内容成绩进行评价的方法,全面均衡地对身体活动和安全事故、心肺复苏术、安全意识等内容进行评价,各内容所占比重可以有所不同。
- 对日常生活中的安全事故类型和处理方法的熟知程度以及事故中准确判断、迅速应对的能力进行评价。
- 对了解心肺复苏术的重要性和原理的程度以及能否正确操作心肺复苏术进行评价。
- 对人身安全相关的应对能力和安全意识等进行综合评价。
- 评价结果要反馈并运用于安全领域的教学中。

结合上述五个领域在10—12年级群的成就目标,《课程标准》对达成成就目标应该开展的活动进行了总结(见表9-7)。

表 9 - 7　高中一般选择科目的体育活动示例

领域	体育活动示例
健康	健康运动和生活习惯、健康管理和计划等增进健康的活动 体操、举重训练、间接性耐力训练、有氧运动、循环训练等相关体能运动 短距离马拉松、徒步、自行车运动、游泳、瑜伽、滑雪、单板滑雪、漂流等休闲运动
挑战	田径比赛、速度滑冰、高山滑雪、射击、射箭、保龄球、高尔夫等 自由体操、跳马、单杠、双杠、平衡木、潜水等 摔跤、跆拳道、柔道、剑道等
竞争	足球、篮球、手球、橄榄球、五人制足球等 棒球、垒球、板球等 乒乓球、羽毛球、排球、网球、藤球等
表达	艺术体操、音乐跳绳、韵律操、花样游泳、花样滑冰等 现代舞、实用舞蹈等 韩国民俗舞蹈、外国民俗舞蹈
安全	安全事故预防与应对、安全管理等活动自动体外除颤器(AED)使用法、心肺复苏术等

注：体育活动项目虽然根据教学的目的来选定，但需考虑学校的教育条件。教师可以参照其他领域的示例选择并开展一些新的活动，但最终是否开展由学校的学科组决定。

（2）对体育科目内容体系与成就目标的分析

首先，由五个课程领域引领内容体系的构建，高中体育科目的内容体系与共同教育阶段小学、初中的内容体系构成要素一致，均包括核心概念、一般知识、内容要素、功能四个部分。其中，核心概念、一般知识、功能部分与小学、初中的相同，内容要素因学段不同而有所区别。

其中，健康领域主要强调通过对健康、体能的管理，培养学生的自我管理能力；挑战领域主要强调通过对挑战活动意义、价值的理解，挑战目标的设定与落实以及方法、策略的运用，培养学生战胜自我的精神；竞争领域主要强调在各种竞争游戏、活动的参与中，体验竞争的价值和意义以及根据不同的目标与状况采用不同的方法、策略，培养学生的合作协同能力；表达领域主要强调在了解身体文化、表达方式与创作原理的基础上，学生创作动作并表达出来，培养欣赏、批评、审美的态度与眼光；安全领域主要强调通过学习运动中的安全事故预防措施以及心肺复苏术等知识和实践，培养学生的安全意识和能力。

在成就目标部分，也是按照五个课程领域分别进行表述，主要包括每个领域的具体目标、教学方法和注意事项、评价方法和注意事项三个方面，三个方面均是从每个领域的核心概念所包含的部分加以阐述。

在教学方法和注意事项方面存在一些特点：各领域的教育素材选择与日常生活相结合，是学生常能接触到的活动；重视学生的参与性，让学生在参与体能管理、健康管理、游戏、活动、比赛等过程中不断体验、感知与反思；各领域强调学习时间上的连续性，以学期、学年为单位进行持续不断的学习与训练。

在评价方法和注意事项方面存在的特点是：各领域强调全面均衡地对内容要素进行综合评价，各内容的比重可以有区别；将学生对方法、技能、策略的运用以及与健康、安全相关的实践操作情况作为评价的核心；评价的结果要及时反馈并用于指导各领域的教学中。

各领域活动项目示例不同，强调根据不同项目的特征分配至相应的领域，且每个领域的体育活动项目设置多样，包括一些新兴项目和民族特色项目。此外，安全领域中的项目内容与医学、卫生学紧密联系。

（二）运动与健康科目

1. 运动与健康科目的性质与目标

（1）《课程标准》中运动与健康科目性质与目标的具体表述

① 性质

运动和健康科目旨在让学生在日常生活中有计划地参与运动，从身心和社会角度促进学生学习健康生活所需的知识并加以实践。作为与健康关系密切的课程，通过让学生在日常生活中参与体育运动，了解身心及社会价值，培养健康的自我和提高综合素养，不断追求健康生活的良好面貌。因此，运动与健康科目应让学生明确产生危害现代人健康问题的原因，在生活中不断参与运动，了解运动维护健康生活的重要性，养成正确的生活习惯。另外，不断实践自我健康管理，在参加运动的过程中避免意外损伤，保护个人和他人的安全，培养有效应对健康问题的能力。

② 目标

旨在培养学生的运动能力，开展安全运动。即了解运动在日常生活中的重要性，通过运动生活化提高健康管理能力，养成健康的生活习惯。

第一，以对健康的理解为基础，深化对运动与健康关系的理解，培养自我健康管理能力，促进健康管理生活化。

第二，理解运动与身体状态、肥胖、体能、情绪的关系，培养自我健康管理能力，通过日常生活中的体育运动增进并维护健康。

第三，了解运动与损伤的关系，培养预防和应对安全事故的能力，努力构建安全的运动环境。

（2）对运动与健康科目性质与目标的分析

运动与健康是在小学、初中阶段对健康领域学习的基础上，进一步深化学生对运动与健康关系认知的科目。从运动与健康科目的性质来看，强调揭示出体育运动与健康促进的相互关系，关注学生对健康问题发生原因和体育运动在预防与改善健康问题作用的了解，指导学生通过健康计划制定、健康管理等途径达到健康生活的目的，保障安全的运动环境和有效预防运动损伤。由此可见，运动与健康科目的性质定位非常清晰，即为培养学生的健康管理能力而服务，提升学生应对健康问题的能力。

在运动与健康科目的目标方面，分别从运动与健康的关系、运动与健康管理、运动与安全的关系三个方面设置了具体目标，每一个方面都明确提出了学生在该科目的学习目标，给教师的教学和学生的学习提供了明确的指导。该目标能够引领内容体系和成就目标体系的构建，引导学生形成自我健康管理的能力，加强学生对体育运动价值的深度认知，提高学生预防与应对安全事故的能力。

2. 运动与健康科目的内容体系与成就目标

（1）《课程标准》中运动与健康科目内容体系与成就目标的具体表述

① 内容体系

与义务教育阶段不一样，体育选修教育课程一般选择科目中的运动与健康包含三个领域，即运动与健康的关系、运动与健康管理、运动与安全，其内容体系也包括这三个方面（见表9-8）。

表9-8　运动与健康科目各领域的内容体系

领域	核心概念	一般知识	内容要素	功能
运动与健康的关系	运动习惯 运动效果	对健康的管理需要以了解自己的身体为基础，形成健康的生活习惯，开展增进健康的活动 有规律地参与运动是健康生活和自我管理的基础	生活习惯和健康管理 健康和运动效果 运动与自我管理	探索 管理 判断 生活化
运动与健康管理	体格管理 体能管理 精神管理	标准运动姿势有益于体格发展和健康 增强体能需要坚持不懈地参与适合身体的运动 运动有助于缓解精神紧张，消除压力，调节心情，增强满足感	运动和姿势管理 运动和肥胖管理 运动和体能增进 运动和情绪调整	探索 管理 判断 生活化

领域	核心概念	一般知识	内容要素	功能
运动与安全	运动损伤 运动安全	了解预防和应对运动损伤的方法,为安全运动做好基本准备 积极构建安全的运动环境,参与充满活力的运动,增强运动效果	运动损伤类型和特点 运动损伤预防和应对 安全的运动环境	探索 预防 应对 管理

② 成就目标

A. 运动与健康的关系

理解健康和健康管理的概念,形成健康的生活习惯,积极对健康管理进行实践,比较有益健康的运动特点和效果,探索运动与健康的关系。

> 以对生活习惯和健康管理的了解为基础,探索形成健康生活习惯必需的健康管理方法。
> 比较分析有助于增进和维护健康的运动类型、特点和效果,把握运动与健康的关系。
> 运用增进和维护身心健康的方法持续参与运动,对健康进行管理。

B. 运动与健康管理

持续参加运动实践健康管理,维护正常的身体状态,通过体重管理预防和消除肥胖;通过参与运动增强体能,学会调整情绪的方法。即在日常生活中有规律地参加运动,培养对身体状态、肥胖、体能和情绪等自我健康管理的态度和能力。

> 了解状态不佳可能引发的各种身体疾病,探索调整状态的方法并维护正常身体状态。
> 根据运动不足易引发代谢紊乱和生活习惯疾病的知识,制定预防和管理肥胖的计划,并据此持续进行肥胖管理。
> 了解健康生活所需体能的重要性,并以此对各种体能进行测量和评价,制定并实施体能管理计划。
> 了解运动对情绪的影响效果,据此对各种有助于活力生活和压力管理的运动进行比较,选择开展一些适合进行自我情绪调整的运动。

C. 运动与安全

指导学生了解各种类型的运动损伤,学习各种预防和应对运动损伤的方法,养成在安全环境下开展运动的习惯。通过学习运动和安全的相关知识,学生应具备预防和应对运动损伤的能力,能够创造安全的运动环境,培养在运动时进行安全管理的态度。

- 了解运动过程中可能发生的各种运动损伤的类型及其特点。
- 预防运动过程中可能发生的运动损伤,运动损伤发生时能够根据合理的处理要领和方法进行处理。
- 探索工具、设施、环境等可能引发安全事故的危险要素;通过对运动环境的安全性进行评估,掌握运动安全对策和方法,预防安全事故的发生。

结合上述三个领域在 10—12 年级群的成就目标要求,《课程标准》对达成成就目标应该开展的活动进行了总结(见表 9-9)。

表 9-9　运动与健康科目的体育活动示例

领域	体育活动示例
运动与健康的关系	养成有助于健康的运动习惯,制定健康运动管理计划并予以实践 开展有助于理解运动体能、健康体能等的相应活动
运动与健康管理	开展快走、体操、伸展运动、瑜伽等有助于状态管理的运动 开展慢跑、自行车、跳绳、游泳等有助于肥胖管理的运动 开展有助于提高运动体能和健康体能理解的运动 开展跆拳道、射箭、剑道、高尔夫等有助于稳定情绪和调节情绪的运动
运动与安全	运动损伤实例调查和分析活动 运动损伤预防和应对活动,运动安全管理活动等 运动损伤危险要素探索活动,运动安全对策和方法等

注:体育活动虽然要根据教学的目的来选定,但需考虑学校的教育条件,体育教师可以参照其他领域的示例选择并开展一些新的活动,但最终是否开展由学校的学科组决定。

（2）对运动与健康科目内容体系与成就目标的分析

首先,从结构上来看,运动与健康科目被划分为三个领域,即运动与健康的关系,运动与健康管理和运动与安全,并以三个领域构建内容体系、成就目标和体育活动示例。其中,内容体系中各领域的内容要素与成就目标中不同领域应达到的要求以及运动项目示例相对应,换言之,成就目标的制定是以内容体系中要求掌握的内容要素为依据来设定的,并列举出达到不同的目标而推荐运用的运动项目和活动。

其次,从具体内容来看,三个领域从不同的视角阐释了运动与健康的关系,以及高中学段的学生在体育课程学习中应掌握的健康知识以及应达到的学习目标。从了解自身身体状况、健康相关概念以及促进健康的运动类型和特点出发,强调通过运动对身体姿势、体态、体能和情绪等不同方面的管理,而实现自我健康促进与管理的前提是保障安全运动;重视学生对运动与健康相关知识的全面理解。成就目标的阐述中,多次出现"了解、比较、分析、探索"等词汇,体现出在小学与初中阶段基本知识与活动学习与实践的基础上,高中阶段更注重学生认知、意识和能力的培养。

第三,从体育活动示例看,基于三个领域分别设置了各领域的体育活动示例,根据各领域的成就目标提出了多样且与领域内容相关的知识、活动与实践。运动与健康的关系部分的体育活动侧重于一些有助于养成健康的运动习惯和制定健康管理计划的活动,运动与健康管理部分的活动侧重于具体的有助于开展不同类型健康管理的运动形式;运动与安全部分则侧重于损伤实例调查、损伤应对、运动安全对策等活动。这些活动有助于教师充分了解与挖掘不同运动项目与活动的功能和价值,对体育教师在体育教学中合理选择运动项目与活动具有较好的参考与启示价值。

二、体育选修教育课程的发展选择科目

(一) 体育生活科目
1. 体育生活科目的性质与目标
(1)《课程标准》中体育生活科目性质与目标的具体表述

① 性质

高中的体育生活科目旨在理解生活中开展体育的作用和价值,学习开展体育运动必备的知识和技能,培养积极主动参与体育运动的态度和进行充满活力的生活所需的能力。它与一般选择科目之体育科目中的挑战、竞争和表达领域关系密切,旨在使学生了解终身体育教育的价值,具备健康的自我和社会所需的素质,坚持不懈地参与体育运动,使体育生活化,在生活中实践体育文化,追求健康的面貌。

② 目标

体育生活的目标在于通过参与挑战、竞争、表达等体育活动理解体育文化,培养对体育的积极态度,促进体育生活化,即在日常生活中了解体育文化的重要性和作用,通过体育生活化提高生活的质量,培养安全参与体育运动的态度。

第一,了解体育的意义和相关知识,参与体育学习并积极实践体育文化和体育道德。

第二,了解体育挑战、竞争、表达的意义和关系,培养参与体育和体育生活化的实践能力和积极的价值认识。

第三,了解体育与安全事故的关系,培养预防和应对安全事故的能力,创造

安全的体育环境,提高安全意识。

（2）对体育生活科目性质与目标的分析

体育生活是阐释体育与生活关系的科目,学生对体育知识和技能的学习目的在于将其运用于生活中,形成积极的生活态度与实践能力。体育生活科目的性质正是对体育对于生活的价值与意义的揭示。从结构上看,体育生活科目的目标包括体育价值、体育素养和体育安全三个方面,并由此引领内容体系和成就目标的构建。从目标的具体表述上看,体育价值强调学生对体育价值与意义、体育文化以及体育精神层面的学习;体育素养与体育科目的竞争、挑战和表达三个价值领域密切相关,强调学生意志品质、人际关系和享受健康生活能力的培养;体育安全强调体育中安全事故类型的了解、安全事故预防与应对以及构建安全运动环境等能力的培养。三个方面的综合作用促使学生了解体育对于生活的重要意义,将体育活动的学习与实践融入生活,不仅拓展了体育课程的目标范围,而且对于提高学生的生活质量能够产生重要作用。

2. 体育生活科目的内容体系与成就目标

（1）《课程标准》中体育生活科目内容体系与成就目标的具体表述

① 内容体系

韩国高中体育选修教育课程发展选择科目中的体育生活科目包含三个领域,即体育价值、体育素养、体育安全,其相应的内容体系也包括这三个方面(见表 9－10)。

表 9－10　体育生活科目各领域的内容体系

领域	核心概念	一般知识	内容要素	功能
体育价值	体育意义 体育文化 体育精神	体育是有助于身心健康、社会发展的制度化活动 体育文化由社会功能、制度化以及体育相关的惯例、价值、规范等组成 参与体育有助于体育道德以及公平比赛精神和态度的形成	体育的作用和特点 体育和社会文化 体育和比赛文化 体育道德	探究 分析 判断 实践
体育素养	挑战意志 人际关系 休闲放松	为了达成自己设定的目标,必须具备坚持不懈、努力训练的意志品质 遵守体育比赛的礼仪,相互尊重与关怀,积极发展良好的人际关系 日常生活中体育运动获得的身心健康效果,有助于拥有健康惬意的生活	体育挑战 体育竞争 体育表达 体育休闲生活	实践 沟通 计划 生活化

领域	核心概念	一般知识	内容要素	功能
体育安全	体育比赛安全 观看体育的安全 安全体育的环境	与他人约定共同遵守比赛规则是安全享受体育的基本要素 遵守观看比赛时的安全守则是一种基本生活礼仪的体现 构建舒适安全的体育环境有助于愉快安全地参与运动	体育安全事故的类型和特点 体育安全事故的预防和应对 体育环境与安全	分析 探索 应对 管理

② 成就目标

A. 体育价值

体育价值领域旨在让学生了解体育意义、比赛文化、道德等,通过参加体育运动体验体育的惯例、规范、制度等体育文化,培养体育道德和公平比赛的精神。因此,学生要学习体育的作用和特点、体育和社会文化、体育和比赛文化、体育道德等蕴含体育价值的内容,通过参与多种体育活动,体验体育的意义,践行体育道德,形成共同体意识。

> ➢ 了解现代社会制度化体育的意义,探索体育的作用和特点。
> ➢ 比较分析体育与文化的相互影响,理解作为一种文化的体育。
> ➢ 分析体育惯例、规范、制度等与体育比赛相关的文化,能够对体育比赛中的文化进行判断。
> ➢ 在参与体育的过程中,培养践行体育道德和公平比赛的精神和态度。

B. 体育素养

体育素养领域旨在让学生预设挑战计划,通过挑战训练锻炼身心,通过竞争遵守比赛礼仪,并相互尊重与关心;通过体育表达培养批评欣赏的眼光,为余暇时间的体育生活化打下基础。为此,学生要学习体育与挑战、竞争、表达、休闲生活等,通过在日常生活中坚持不懈地参与体育运动,培养享受体育文化的态度。

> ➢ 建立体育挑战计划,为了达成挑战目标,培养永不言弃、坚持训练的意志。
> ➢ 通过参加体育运动理解体育竞争的意义,树立相互尊重、相互关心的态度,积极形成良好的人际关系。
> ➢ 以体育表达的动作和原理为基础,创作和发表体育表达作品,并进行批评性欣赏。
> ➢ 了解参加体育运动的目的和价值,制定休闲放松的体育计划并不断实践。

C. 体育安全

体育安全领域旨在让学生了解体育的安全概念和安全守则,确保参加、观看体育比赛时的安全,创造出安全的体育环境,培养预防和处理体育活动中可能发生的安全事故的能力和安全意识。为此,学生要了解体育安全事故的类型和特点,学习如何预防和处理体育安全事故以及如何构建安全的体育环境,从而促进体育安全管理生活化和培养自我安全管理能力。

> - 了解体育活动中可能发生的各种安全事故的类型和特点。
> - 预防体育活动中可能发生的安全事故,掌握安全事故发生时应采取的适当的应对和处理方法。
> - 调查分析可能引起体育安全事故的气候、设施、装备等因素,并用于指导体育活动。

结合上述三个领域在 10—12 年级群的成就目标要求,《课程标准》对达成成就目标应该开展的活动进行了总结(见表 9‐11)。

表 9‐11　体育生活科目的体育活动示例

领域	体育活动示例
体育价值	有关体育意义、比赛文化、体育道德等能够体现体育文化的活动
体育素养	田径、体操、跆拳道、攀岩等挑战运动 足球、篮球、排球、羽毛球、乒乓球、网球、棒球等竞技比赛 体育舞蹈、拉拉舞、大腿舞、萨尔萨等身体表达运动
体育安全	体育安全守则调查与分析,体育安全事故探索等 体育安全事故预防和应对活动,体育相关的安全事故预防和应对活动等 体育安全环境要素探索活动,体育安全环境构建活动等

注:体育活动虽然要根据教学的目的来选定,但需考虑学校的教育条件。教师也可以参照其他领域的示例选择并开展一些新的活动,但最终是否开展由学校的学科组决定。

(2) 对体育生活科目内容体系与成就目标的分析

在体育生活科目中,从体育价值、体育素养、体育安全三个领域构建了内容体系,包括核心概念、一般知识、内容要素、功能四个部分。体育价值主要从体育的意义、文化、精神三方面体现,体育素养与挑战、竞争、表达、体育休闲生活密切相关,体育安全主要包括体育比赛安全、观看体育比赛安全、安全体育环境的构建。基于三个领域的特征,分别设置了体育活动示例,活动示例具有较强的针对性;体育价值领域反映体育文化的相关活动,体育素养领域是与挑战、竞争、表达等相关的运动项目,体育安全领域主要是一些与安全相关的调查、分析、探索及实践活动。活动示例为各学校及体育教师在选择教学内容时提供了重要参考。

（二）体育探究科目

1. 体育探究科目的性质与目标

（1）《课程标准》中体育探究科目性质与目标的具体表述

① 性质

体育探究科目以深化体育人文和自然科学知识为基础，使学生能综合理解体育，培养开展体育运动和未来发展的能力，即了解体育的价值和作用，深化体育知识，从人文和自然科学角度对体育运动进行综合学习，从而能够应对不断变化的社会，追求良好的生活面貌。为此，以与生活相关的体育运动为中心，从历史、科学、人文三个方面对体育进行批评性欣赏，培养学生进行体育探究的实践能力，探索与体育相关的未来发展和职业规划，培养决定自我前途发展的能力。

② 目标

旨在让学生从人文和自然科学的角度探究和分析体育运动，更加深入地学习体育知识，培养从事体育工作需具备的能力，即了解体育的本质和科学原理，学习专门的体育知识，为未来的前途发展和职业选择奠定基础。

第一，探究体育的意义、历史和价值，从人文角度了解体育的本质。

第二，探究体育的社会学、心理学、生理学、力学原理，培养进行科学思考和探究的能力。

第三，了解体育相关的未来发展，制定相应计划，培养为未来积极准备和实践的能力。

（2）对体育探究科目性质与目标的分析

首先，从体育探究科目的性质来看，它是在其他内容的基础上，从体育人文、科学原理、未来职业计划三个方面来定位，是为高中生设置在体育领域进一步深化学习的科目，为学生进入大学阶段的学习或走向社会奠定了基础。实际上，体育探究科目的定位在一定程度上已经超越了体育的范围，旨在培养学生在未来不断变化的社会中以体育为手段的探究能力，与未来的职业发展进行了对接，这完全符合高中体育选修课程的定位。

其次，从体育探究科目的目标来看，非常重视对体育历史、基本原理、体育文化等相关内容的学习与探究以及与体育相关的发展与职业规划的探索，旨在培养学生进行体育探究的实践能力以及与判断自我前途发展的能力。这些能力不仅是进行体育运动所需要的，更是在未来社会立足应该具备的能力，体现了该科目的目标与其他科目的差别。

2. 体育探究科目的内容体系与成就目标

（1）《课程标准》中体育探究科目内容体系与成就目标的具体表述

① 内容体系

体育选修教育课程发展选择科目中的体育探究科目包含三个领域,即体育的本质、体育与科学、体育与发展,其内容体系也包括这三个方面(见表9-12)。

表9-12 体育探究科目各领域的内容体系

领域	核心概念	一般知识	内容要素	功能
体育的本质	体育意义 体育历史 体育价值	体育以认识人类活动为基础,通过体育运动可以提高生活价值 随着时代发展,体育逐渐制度化,形成了各种类型和内容 随着社会发展,体育在文化、教育领域的比重和价值不断提高	体育的意义和价值 体育的产生与发展 现代社会中体育的作用和角色	比较 分析 探究 发表
体育与科学	人文学原理 自然科学原理	从生理学、力学、心理学、社会学角度对体育活动进行科学考察和了解 了解体育活动的科学原理,提高体育素养和能力 考虑兴趣、适应性、性格、身体条件与体育职业选择的关系	体育的社会学原理与运用 体育的心理学原理与运用 体育的生理学原理与运用 体育的力学原理与运用	探究 比较 分析 运用
体育与发展	合适职业 发展规划	体育职业意识对未来把体育作为职业的学生很重要,应探索收集未来体育发展和相关的职业信息 制定计划,进行相关准备,培养未来从事体育工作的决断能力	体育适应性相关的潜力 体育相关职业的特点 体育的发展规划	探究 评价 分析 计划 运用

② 成就目标

A. 体育的本质

旨在了解人类活动和体育的时代变化,学习随着社会不断发展的体育价值,培养多角度了解和认识体育的意义和价值的能力。为此,学生要了解体育的意义和价值、体育的产生与发展、现代社会体育的作用和角色等,通过探索体育的本质,培养创新型思维能力。

> 分析人类活动和身体运动中蕴含的体育的意义、概念和价值。
> 对人类历史、体育的产生和发展的过程进行比较分析,通过探索与人类历史的关系阐述体育发展的历史。
> 对体育的社会、文化、教育功能和角色进行分析,从多个角度对现代社会的体育意义和价值进行阐述。

B. 体育与科学

旨在了解体育运动的心理学、社会学、生理学、力学原理和方法,探索并运用体育科学,培养从科学原理的角度对体育运动进行说明和运用的能力。

> 从社会学角度了解体育现象,并根据社会学原理对各种体育活动进行分析。
> 从心理学角度了解体育现象,并根据心理学原理对各种体育活动进行分析。
> 从生理学角度了解体育现象,并根据生理学原理对各种体育活动进行分析。
> 从力学角度了解体育现象,并根据力学原理对各种体育活动进行分析。

C. 体育与发展

旨在探究体育职业素养,阐述从事体育的适应性,分析不同类型体育工作的特点,探索体育的未来发展,进而培养未来从事体育职业的自我管理态度。

> 对体育相关的兴趣、适应性、性质、身体条件等体育职业素养进行探究,对体育的适应性进行阐述。
> 对体育的相关职业进行分类,分析各类型的特点,了解各种职业是否适合自己。
> 为了从多种体育相关的未来职业中进行选择,搜集分析相关领域的信息,并运用到对体育发展的探索中。
> 建立适合自己职业规划的发展计划;为了具备要求的条件和资格,提前做好准备。

结合上述三个领域在 10—12 年级群的成就目标要求,《课程标准》对达成成就目标应该开展的活动进行了总结(见表 9-13)。

表 9-13 体育探究科目的体育活动示例

领域	体育活动示例
体育的本质	有助于对体育的意义和价值、体育的产生与发展、现代社会中体育的作用和角色等相关的体育社会、文化、教育等人文内容理解而体验的活动
体育和科学	跑步、登山、潜泳等容易开展且又能进行生理学原理探索的体验活动 跳远、跳高、器械体操、游泳、滑冰、滑雪、飞碟等容易开展且又能进行力学原理探索的体验活动 射箭、高尔夫、射击、保龄球、拳击、跳水等容易开展且又能进行心理学原理探索的体验活动 足球、篮球、排球、手球、地板球等容易开展且又能进行社会学原理探索的体验活动
体育与发展	体育相关职业调查与分析,运动学习能力检测,体育职业适合度检测等 体育职业分类,体育各职业特点分析等 体育发展信息收集与分析,体育发展选择等 建立体育发展规划,做好体育职业准备等活动

注:身体活动虽然要根据课程的目的来选定,但需考虑学校的教育条件。体育教师可以参照其他领域的示例选择并开展一些新的活动,但最终是否开展由学校的学科组决定。

（2）对体育探究科目内容体系与成就目标的分析

体育探究科目从体育的本质、体育与科学、体育与发展三个领域构建了内容体系和成就目标。该科目强调学生综合理解体育运动的本质、历史、社会和教育活动的价值；学习运动生理学、运动生物力学、体育心理学、社会学等理论知识，并运用原理来科学分析不同的体育活动现象；让学生结合自身的运动体能与技能，体育兴趣爱好、未来体育职业倾向，对自身能力、素质以及各项体育职业特点进行了解、比较、分析，保证学生知晓从事体育职业所需具备的能力和素养，并对自身在体育领域的发展前景进行分析与预测，为自身的体育职业选择提供明确指导。这样的目标和内容不仅引导学生深入理解了体育的内在本质和科学的知识体系，更重要的是有助于体育教师帮助学生在体育职业规划与选择方面进行合理有效的引导，符合部分高中生所面临的职业选择的实际需求。

第十章

体育与健康课程标准的比较与发展趋势

　　世界各国在政治、经济、科技和文化等方面的发展存在着巨大差别，因而也对教育的发展产生了独特的影响。课程作为教育的核心与主要载体，体现了一个国家对人才培养的基本价值导向；而课程标准作为国家对学生在课程学习过程中相关要求的纲领性文件，则体现了国家的意志。不同国家在体育与健康课程标准的各个方面存在着联系，也体现了各自的特色与差异。因此，本章将对本书前九章所提及的美国、英国、法国、德国萨克森州、俄罗斯、澳大利亚、新西兰、日本、韩国等国家（地区）的体育与健康课程标准进行比较分析，从而帮助读者深入地了解不同国家体育与健康课程标准的共同点与不同点，以更好地把握世界基础教育体育与健康课程改革的发展脉络与趋势。

第一节　国际体育与健康课程标准的多维比较

　　本节将从课程标准的修订背景、呈现形式与名称、课程性质与理念、课程目标、核心素养、课程内容、课程实施、学习评价等方面进行比较。

一、课程标准修订背景比较

　　不同国家有着不一样的政治、经济、文化和教育背景，所

以在体育与健康课程标准的修订背景方面也有所差异。从各国课程标准的文本来看,对课程标准进行修订的背景并不一样(见表10-1)。

表10-1 不同国家课程标准的修订背景

国家	改 革 背 景
美国	大规模教育变革的推动,解除学校体育危机的需求,对"什么是受过良好体育教育的个体"问题的探索,"体育素养"概念的提出
英国	学生参与国际学生评估项目的成绩明显下滑,教育质量持续降低,国家课程结构、内容不合理等问题
德国萨克森州	德国各联邦长期自由制所导致的学校体育存在的诸多差异
法国	身心统一理念的影响、国家主义论调的意识形态性的影响
俄罗斯	保证所有公民享有均等的教育机会,提高普通教育质量,建立统一的教育空间,以实现俄罗斯教育的现代化
澳大利亚	促进公平和追求卓越,使所有澳大利亚青少年成为成功的学习者,自信且富有创造力的个体以及积极明智的公民
新西兰	"结果导向"的课程改革
日本	面对21世纪的挑战,学生生存能力低下,心灵不够丰富,体魄有待强健
韩国	解决以往体育课程改革在课程设置和实施过程中存在的问题,构建完善的基础教育课程体系,发展学生健全人格

从表10-1可以看出,不同国家课程标准的修订背景与其发展特点密切相关,这些背景归纳起来大体可以分为三类:一是教育改革或课程改革的整体推动,如美国、英国、俄罗斯、新西兰;二是为了学生的身心健康全面发展,如澳大利亚、日本、韩国。其中,韩国的主要背景是"解决以往体育课程改革在课程设置和实施过程中存在的问题,构建完善的基础教育课程体系,发展学生健全人格",这与韩国在东亚文化圈中基础教育竞争力下降,近年来国民自杀率较高、人格不够健全关系较大;三是国家体制或国家意识形态的变化,如德国萨克森州和法国,而这种改革主要是为了更好地使本国公民迎接未来社会的挑战。

二、课程呈现形式与名称的比较

当今世界不同国家的课程标准,主要有两种呈现方式,一是分学科呈现,二是所有学科组合在一起形成统一的课程标准。就体育与健康课程而言,英国、俄罗斯和新西兰三个国家采用统一呈现的形式,即国家相关部门出台国家层面的课程标准文件,体育课程标准是其中的组成部分。另外六个国家均采用单独呈现的方式。由此可见,目前不同国家的主要呈现方式仍然是分科形式,但需要注意的是,除了俄罗斯一直采用统一形式之外,英国和新西兰在过去也是采用分科形式,只是最新修订的课程标准才采用统一形式。因此,可以认为,目前世界各国体育与健康课程标准主要是分科呈现,但与其他学科统一呈现也逐渐开始成为发展趋势。

在课程名称方面,不同国家的差别较大。首先,从学科名称来看,美国、英国、德国萨克森州、俄罗斯、韩国等使用的是"体育",而法国使用的是"体育与运动",澳大利亚和新西兰则使用"健康与体育",日本则使用"体育、保健体育"的名称。由此可见,虽然"体育"一词作为名称仍然占主流,但像中国一样使用"体育与健康"等其他名称的现象仍然存在,这体现了世界体育学科的综合化趋势。所以,由于各个国家的名称不一,本章在不特指某个国家时,统一使用"体育"一词进行表述。

另外,关于课程标准本身的名称,不同国家也有所区别,美国、德国萨克森州、澳大利亚、新西兰、韩国等使用"课程标准",英国使用"学习纲要",法国使用"课程纲要",俄罗斯使用"综合示范纲要",日本则使用"学习指导要领"。虽然不同国家的名称有所区别,但从功能上来讲,都发挥着国家课程标准的作用。

三、课程性质与理念的比较

课程性质是对学科课程的地位及其基本特性的定义,而课程理念则体现了整个课程的价值观,两者大多放在一起阐述。从九个国家设计的体育课程标准来看,有的只提出了课程性质,有的只提出了课程理念,有的两者均有提及或者均未提及。经分析,共有澳大利亚、新西兰、韩国明确提出了体育课程性质或理念(见表 10 - 2)。

表 10 - 2　不同国家课程性质与理念

国家	课程性质与理念
澳大利亚	**课程性质**:健康与体育课程是一门具有现代性、挑战性,相互关联且充满活力的体验性课程 **课程理念**:聚焦教育性目的、采取积极取向方式、重视运动、发展健康素养、包含批判探究方式

续 表

国家	课程性质与理念
新西兰	**课程性质**：健康与体育课程是一门知识与应用相结合的综合实践课程,包含了健康教育、体育教育和家政学的相关内容。其宗旨是致力于通过在健康的、运动的环境下学习,促进学生个人、他人乃至整个社会的健康
韩国	**课程性质(3—9年级)**：体育课程是一门通过身体活动锻炼体质和培养必要运动能力的课程,旨在为社会培养需要的人才和创造性地继承与发展体育文化 **课程性质(10—12年级)**：高中体育课程以初中体育课程为基础,进一步深化学生对体育知识的学习,培养学生积极看待体育的眼光和终身体育实践的能力

从表10-2可以得知,不同国家对体育课程性质和理念的阐述突出了几个方面:一是强调体育课程的实践性。如新西兰强调体育课程的综合实践性;澳大利亚虽然强调体验性,但从本质上而言,体验经验的获得一定是基于实践的。二是注重体育课程的健康效益。三个国家在课程性质与理念中均提到了要培养学生的健康意识或素养,新西兰甚至提出要"促进学生个人、他人乃至整个社会的健康",极大地拓展了体育课程的健康价值,这也是世界体育课程改革的整体发展趋势。三是注重培养学生的运动能力。如韩国,认为运动能力的培养是体育课程的基本功能与价值,凸显了体育课程的本质特征与学科特色,体现了与其他文化类课程的区别。此外,培养学生的批判探究意识、积极看待体育的眼光等也有所提及。

四、课程目标的比较

课程目标是中小学生进行体育课程的学习之后应该达到的预期效果和程度,对整个课程内容、教学方法、课程实施与学习评价等都起着引领作用。九个国家的课程标准都明确提出了课程目标,但不同国家的表述有所区别。其中,美国使用的是"学习目标",英国使用的是"学习目的和目标",法国使用的是"纲要主旨",而其他国家均使用"课程目标"。但为了方便表述,在未指代具体国家时,本章统一使用"课程目标"表述。九个国家的课程目标表述如下表所示(见表10-3)。

国家	课　程　目　标
美国	1. 具备体育素养的个体拥有展示多种多样的动作技能和运动形式的能力 2. 具备体育素养的个体能够应用与运动和表现相关的概念、原则、策略和战术类知识 3. 具备体育素养的个体能够达到并保持体育活动和体能的健康水平,展示出相应的知识和技能 4. 具备体育素养的个体能够展示出尊重自己和他人的负责任的个人和社会行为 5. 具备体育素养的个体能够认同体育活动对健康、快乐、挑战、自我表现和/或社会交往中的价值
英国	**学习目的:** 高质量的体育课程能鼓励学生在充满竞争性的体育运动中积极求胜,并能促使学生掌握多种运动技能。同时,提供多种机会促进学生在自尊自信、塑造个性、公平竞争意识、互相尊重、增进健康等方面获得发展 **学习目标:** 发展多种身体活动能力;保持长时间持续性的体力活动;参与竞争性的体育运动和活动;形成健康、积极的生活方式
法国	**小学阶段:** 发展学生的运动机能,促进学生身体活动、竞技活动和艺术活动的实践;实现健康教育和安全教育;培养学生的社会与道德价值以形成学生的责任意识与自主性;促进伦理道德教育,实现体育的人文价值 **初中阶段:** 发展进行运动的必要能力;获得与身体活动、竞技活动和艺术活动相关的能力和知识;掌握维持运动习惯的相关知识;致力于个体发展 **高中阶段:** 在社会层面上对周围人的尊重,对规则遵从,形成团队中的协作;在个人层面上形成顽强拼搏、坚持不懈、自我超越的品质,形成对不同文化、不同种族和不同社会背景的尊重
德国萨克森州	**小学体育课程:** 培养儿童积极的自我概念并倡导健康的生活方式,促进学生发展技能、自主运动、理解运动 **中学体育课程:** 发展运动能力和专项运动能力,拓宽体育学习的基础知识并掌握运动时间,运用自然科学的知识理解体育运动,深入认识运动的价值并为未来发展做好准备
俄罗斯	**1—4 年级:** 初步形成体育能够增进身体、社会与心理健康的认知,了解体育对人的发展的积极影响,知道体育是促进学业水平和社会化发展的积极因素;学会各种运动项目和体育锻炼技能,养成健康和安全的生活方式;能够观察和监控自己的身体状况、运动负荷和主要的体能 **5—9 年级:** 明确体育的作用与价值,养成健康和安全的生活方式,增进与巩固身体健康;掌握体育知识,选择运动项目和运动负荷,制定运动计划;自行安排运动计划,遵守安全规则,预防伤害事故;能够进行轻伤急救;具有丰富的活动经验;具有较丰富的促进身体发育和进行体能监测的经验,学会动态监测体能的相关基本技能;掌握促进身体发育、健身和进行身体矫正的技能;学会主要运动项目的基本技术,掌握基本知识,能够应用技术;拥有发展体能

国家	课　程　目　标
	的经验,能改善身体机能 **10—11 年级：**进行多种方式体育锻炼,养成健康和安全的生活方式,并进行积极的娱乐和休闲活动;有能力增进与巩固身体健康,保持较高的工作效率,能够预防学习和生产活动中的伤害和疾病;能够对人体各项指标进行监测;掌握各种运动技能,并能利用技能防止疲劳和保持高效率活动;学会主要运动项目的基本技术,能够应用这些技术
澳大利亚	1. 获取、评价和综合运用信息,采取积极行动去保护和促进自己和他人的健康、幸福与安全,并提倡终身参与身体活动 2. 发展并运用个人、行为、社会和认知等方面的技能和策略,提升个人的认同感和幸福感,建立并维系良好的人际关系 3. 习得、应用和评价运动技能、运动概念和策略,能自信、出色和创造性地参与各种身体活动 4. 参与并享受有规律的运动学习体验,理解并重视其对个人、社会、文化、环境和健康的实践和结果等方面的意义 5. 分析个人和环境因素在地方、区域乃至全球范围内对健康和身体活动产生的影响和带来的机遇
新西兰	1. 个人健康与身体发展：个人成长与发展、有规律的身体活动、安全管理、身份认同 2. 运动概念与运动技能：运动技能、积极的态度、科学与科技、挑战与社会和文化因素 3. 与他人的关系：人际关系、认同,灵敏性与尊重、人际交往技能 4. 健康的社区与环境：社会的态度和价值观、社区资源、权利责任和法律、人与环境
日本	**小学体育课程：** 　　紧紧围绕身心一体化,通过适当的运动经验和对健康与安全的理解,培养终身热爱运动的资质和能力,同时保持和增进健康,提高体力,培养快乐、乐观的生活态度 **初中保健体育课程：** 　　体育领域(初中 1—2 年级)：通过合理的运动实践,让学生在运动过程中体验快乐和喜悦的同时,掌握运动知识和技能,培养学生从事运动的多种实践能力;通过切实可行的运动项目提高学生体力,促进学生身心协调发展;通过运动中的竞争、协作等经验的积累,学生形成公平竞争、相互协作、勇于参与竞争的能力,关注运动中有关健康和安全的知识,培养尽自己最大努力参与体育运动的态度 　　体育领域(初中 3 年级)：通过合理的运动实践,让学生在体验运动过程中的快乐和喜悦的同时,提高运动知识和技能,培养学生终身从事丰富的运动实践的能力;通过适当的运动并结合自身的状况来提升体力,实现身心协调发展;通过运动中的竞争和协作配合等活动,培养学生公平公正、相互协作的意识,确保学生的健康和安全,培养学生终身亲近运动的态度

国家	课程目标
	保健领域：让学生充分理解和掌握日常生活中有关健康和安全的知识，培养学生终身管理健康的资质和能力 **高中保健体育课程：** 　　体育领域：合理的运动和有计划的实践；体验运动的快乐和喜悦；调整自身状况，提高体力；公正、相互协作和责任感意识的培养；培养终身持续热爱运动的资质和能力 　　保健领域：让学生充分理解个人和生活中健康和安全的重要性，培养学生形成终身健康的意识和能力
韩国	**体育共同教育课程(3—9年级)**：持续增强体能和健康管理的能力，理解健康的价值；发扬挑战精神，不断挑战，理解挑战的价值；开展善意竞争，不断进取，理解竞争的价值；培养审美眼光，不断创新，理解表达的价值；树立安全意识，安全活动，理解安全的重要性 **体育选修教育课程(10—12年级)：** 　　体育科目：通过体育运动生活化实现全人教育 　　运动与健康科目：旨在培养学生的运动能力，开展安全运动 　　体育生活科目：通过参与挑战、竞争、表达等体育活动理解体育文化，培养对体育的积极态度，促进体育生活化 　　体育探究科目：旨在让学生从人文和自然科学的角度探究和分析体育运动，更加深入地学习体育知识，培养从事体育工作须具备的能力

　　从表10-3可知，不同国家在体育课程目标方面存在着较大的区别：首先，绝大部分国家都按照学段，如小学、初中或高中来设置课程目标，这说明不同年龄段的学生在体育课程目标方面应该有所区别，这符合不同年龄学生的身心发展规律和运动基础；其次，部分国家如日本和韩国，由于其体育课程由不同的板块组成，所以课程目标也体现在不同的板块中。

　　关于各国体育课程的目标，在定位上基本遵循"三维健康观"，但侧重点有所区别，且在表述的层次上有所差异，有的表述更加宏观，有的更加微观。总体而言，各国的体育课程目标主要涵盖几个方面：一是强调学生学习体育的基本知识，如体育的概念、原则、策略、健康知识等。虽然体育课程是一门以实践为特征的课程，但适当的基本知识学习非常必要，有助于学生更好地理解体育。二是强调学生对体育的价值、意义等方面的认知和理解。实际上，体育学科在中小学的边缘化现象很严重，大多数人对体育存在着严重的偏见，如果学生没有正确认识体育，那么势必会对他们学习体育课程产生消极影响。三是强调学生身体活动能力或运动能力的培养，这充分体现了体育课程的实践特色。四是指向健康发展。健康是一个很大的概念，从各国的体育课程目标来看，都非常强调体育课程要达到健康的目标,包括学习健康知识、培养健康素养、学会安全运动、形成终身健康的意识和能力、促进他人和社会的健康等,覆盖了与健康相关的方方面面,这进一步凸显了体育在促进健康中的重大意义。五是重视体育课程的社会价值,如希望学生通过体育学习促进交往和合作、学会公平竞争、具备良好的责任感和社会意识、为未来进入社会做好准备等,这有力地说明了体育在人的社会化发展中的重大作用。

五、核心素养的比较

进入 21 世纪,随着全球化、信息化与知识时代的来临,面对崭新的更富有挑战性的时代格局,各国教育改革都无法回避的一个重大问题就是,21 世纪培养的学生应该具备哪些核心素养,才能成功地使他们融入未来社会,进而推动整个社会的健康发展? 因此,21 世纪核心素养的浪潮开始席卷全球,很多国家或地区把培养 21 世纪核心素养作为国家发展的前瞻性问题,纷纷从各自国家及公民的角度出发,提出了一批各具特色的核心素养框架或体系[①]。在体育课程领域也是一样,一些国家提出了学生经过体育课程学习之后应该具备的核心素养。当然,需要指出的是,不同国家对核心素养的称谓并不一致,如核心素养、核心能力、关键能力、基本能力等都存在。在本书所提及的九个国家中,并非每一个国家都在体育课程标准中明确提出了核心素养的概念,但根据核心素养主要是指"学生通过学习而逐步形成的正确价值观念、必备品格和关键能力"[②]的表述来看,我们对九个国家在体育课程标准中所蕴含的核心素养加以梳理和总结(见表 10-4)。

表 10-4 不同国家的体育学科核心素养

国家	核心素养	备 注
美国	动作技能、知识、体能、个人与社会责任、价值认同	使用"素养"的概念
英国	通用素养:全纳性教育、计算与数学、语言与读写 体育学科核心素养:身体活动能力、体能、参与竞争、健康积极的生活方式	国家课程标准提出了通用素养,体育领域部分使用"能力"的概念

---

① 林崇德主编. 21 世纪学生发展核心素养研究[M]. 北京:北京师范大学出版社,2016:2.
② 中华人民共和国教育部制定. 普通高中体育与健康课程标准(2017 年版)[M]. 北京:人民教育出版社,2018:5.

国　家	核　心　素　养	备　　注
法国	运动技能、个人德性	部分使用"技能"的概念
德国萨克森州	小学：发展运动、自我运动、理解运动 中学：运动能力、基础知识、解释体育、未来发展	部分使用"能力"的概念
俄罗斯	运动认知与理解、运动知识与技能、健康监测与健康行为	部分使用"能力"的概念
澳大利亚	通用素养：读写、计算、信息和通信技术、批判性和创造性思维、个人与社会、道德理解、跨文化理解 跨学科素养：原住民与托雷斯海峡岛民的历史文化、亚洲及澳亚关系、可持续性 体育学科核心素养：非常强调培养学生的健康素养	国家课程标准提出了通用素养和跨学科素养，体育领域使用"素养"的概念
新西兰	通用素养：思考的能力、运用语言符号和文本的能力、自我管理的能力、与人相处的能力、参与奉献的能力 体育学科核心素养：个人健康和身体发展、运动概念和动作技能、与他人的关系、健康的社区与环境	国家课程标准使用"关键能力"的概念，体育领域部分使用"技能"的概念
日本	热爱运动、增进健康、提高体力	部分使用"能力"的概念
韩国	健康管理能力、身体锻炼能力、竞技运动执行能力、身体表达能力	使用"能力"的概念

　　从表 10-4 可知，从名称上来看，虽然只有美国、澳大利亚等少数国家明确提出了"核心素养"的概念，其他基本上都使用或者涉及"能力或技能"的概念。但实际上，从核心素养主要是指"正确的价值观念、必备品格和关键能力"的定义可知，所有国家都指向了核心素养，因为课程目标都蕴含着上述三个核心素养的关键要素。从核心素养的形式上来看，在九个国家中，英国、澳大利亚、新西兰还提出了针对所有学科的通用素养，澳大利亚甚至还提出了跨学科素养的概念，这与体育学科核心素养形成了明确的指向关系，即体育学科核心素养是为通用素养的培育和达成而服务的。

综观各国的体育学科核心素养,具有以下三个特点:一是与课程目标紧密相连。课程目标与核心素养虽然存在区别,但关系非常紧密。实际上,绝大多数国家并没有完全将核心素养和课程目标区分开来,两者混合在一起。但这并不意味着核心素养和课程目标是同一回事,而是因为两者均指向学生经过体育与健康课程的学习之后要成为什么样的人。核心素养比课程目标更加宏观,课程目标是对核心素养的具体化。在今后的课程标准中,各国将会更加明确地提出核心素养的概念。二是体育学科核心素养具有本学科独特的价值。从各国体育学科核心素养的表述来看,均提及了运动技能、运动能力、体能、体力、锻炼等极富有体育特色的概念。同时,还要求在促进学生运动的过程中培养学生的价值认同、认知理解、社会责任、社会交往等方面的素养,这充分说明了体育对学生核心素养的培养绝不只是指向体育本身,而是指向人的培养。但这种指向是基于身体的活动与锻炼,即"健身",很好地体现了体育学科的本质特征。三是几乎所有的体育学科核心素养与健康紧密关联。比如,澳大利亚健康与体育课程均指向健康素养的培养,英国强调学生形成健康积极的生活方式,俄罗斯强调学生进行健康监测和具备健康行为,新西兰强调个人、他人与社区的健康,日本强调增进健康,韩国非常重视学生健康管理能力的培养。由此可见,培养学生的健康意识、形成健康行为和健康管理的能力,是当前各国体育与健康学科核心素养的核心内容。

六、课程内容的比较

课程内容是学生进行体育与健康课程学习的具体载体,涉及特定的事实、观点、原理和问题及其处理方式等。一般而言,课程内容的构建应依据课程目标,即由课程目标来引领课程内容的具体选择。九个国家体育课程内容的具体要求如下所示(见表 10 - 5)。

表 10 - 5   不同国家的体育课程内容

国家	课 程 内 容
美国	小学:标准 1 的内容(运动技能、非运动技能、操控技能) 标准 2 的内容(移动概念、连续的动作概念) 标准 3 的内容(体育知识、健身知识、体能知识、营养) 标准 4 的内容(责任、合作、规矩和礼仪、安全) 标准 5 的内容(健康、挑战、自我表现与乐趣、社会交往)

国家	课程内容
	初中：标准 1 的内容(舞蹈与韵律、游戏/运动、其他运动) 　　　标准 2 的内容(竞争性比赛、目的性比赛、防守/进攻比赛、其他) 　　　标准 3 的内容(体育知识、健身知识、体能知识、营养、压力) 　　　标准 4 的内容(责任、合作、规矩和礼仪、安全) 　　　标准 5 的内容(健康、挑战、自我表现与乐趣、社会交往) 高中：标准 1 的内容(终身运动、舞蹈、体能活动) 　　　标准 2 的内容(移动的概念、规则和知识) 　　　标准 3 的内容(体育知识、健身知识、体能知识、营养、压力) 　　　标准 4 的内容(责任、合作、规矩和礼仪、安全) 　　　标准 5 的内容(健康、挑战、自我表现与乐趣、社会交往)
英国	ks1(1—2 年级)：基本活动动作、集体性游戏或活动、舞蹈 ks2(3—6 年级)：基本动作技能、竞争性比赛、体能、舞蹈与户外、游泳与水上安全 ks3(7—9 年级)：个人或团队比赛、竞争性运动、高级舞蹈、户外探险活动、校外竞技运动和活动 ks4(10—11 年级)：个人或团队比赛、竞赛运动、户外探险活动、校外竞技运动和活动
法国	小学：运动技能方面的内容、个人和团队意识培养方面的内容、社会参与方面的内容 初中：运动技能形成方面的内容,社会方法论和个人德性培养方面的内容 高中：运动技能形成方面的内容,社会方法论和个人德性培养方面的内容
德国萨克森州	小学：运动领域一：跑、跳、投掷运动项目 　　　运动领域二：水上运动项目 　　　运动领域三：伴器械或在器械上的运动项目 　　　运动领域四：形体塑造、舞蹈、表演运动项目 　　　运动领域五：在特定的规则范围内进行的比赛类运动项目 　　　运动领域六：摔跤、扭打、对抗类运动项目 　　　运动领域七：借助辅助器械的运动项目 中学：田径、竞技体操、体育表演、艺术体操和有氧操与舞蹈、双人竞技(双人对抗)项目、游泳、冬季运动、健身、定向越野跑、直排滑轮这十大类项目的运动技术、比赛、综合运用、基础知识等
俄罗斯	1—4 年级：体育文化知识(自然科学、社会心理)、体育实践方法(锻炼方法、自我调节和监控方法)、体育运动技能(体操、田径、耐力训练或滑雪、活动性游戏) 5—9 年级：体育文化知识(自然科学、社会心理、历史文化)、体育实践方法(锻炼方法)、体育运动技能(体操、田径、越野训练或滑雪、球类运动) 10—11 年级：体育文化知识(社会文化、教育心理、生物医学)、体育实践方法(自控训练、心理训练和瑜伽)、体育运动技能(体操、田径、越野训练或滑雪、球类运动)

国家	课 程 内 容
澳大利亚	两条主线内容：个人、社会和群体健康，运动和身体活动 六条支线内容：主线 1 的 3 条支线：成为健康、安全和活跃的人，为了健康幸福进行交流互动，促进健康活跃群体的形成；主线 2 的 3 条支线：身体运动，理解运动，通过运动进行学习 十八条线索内容：又将六条支线内容细化为十八条线索 十二项具体的重点内容：酒精与药物、食物与营养、身体活动对健康的益处、心理健康与幸福、人际关系与性、安全、游戏与小型比赛、挑战与探险活动、基本运动技能、比赛与竞技运动、终身身体活动、韵律与表现性活动
新西兰	健康教育：对影响健康因素的理解、提升健康的能力、个人的身份认同和自我价值意识、应对与适应能力、表达与人际关系技能、促进个人与他人甚至整个社会健康的能力 体育教育：各种游戏、训练、比赛、娱乐、探险等活动 家政学：理解影响家庭和社区健康的因素及改善与维护能力、评估营养问题、辨析影响膳食与营养的选择与行为因素，做出理智抉择。通过选材、配菜、烹饪、上菜系列实践活动，发展创造力和体验成就感
日本	小学 　运动领域：身体构建运动（放松运动、增强体力运动等）、器械运动、田径运动、游泳运动、球类运动和表现类运动 　保健领域：每日的生活与健康、生长发育与我、心理健康、伤害的预防、疾病的预防 初中 　体育领域：身体构建运动（放松运动，增强体力运动等）、器械运动、田径运动、游泳运动、球类运动、武道运动、舞蹈和体育理论 　保健领域：身心机能的发育和心理健康、健康和环境、伤害的预防以及健康生活与疾病预防 高中 　体育领域：身体构建运动（放松运动，增强体力运动等）、器械运动、田径运动、游泳运动、球类运动、武道运动、舞蹈和体育理论 　保健领域：现代社会与健康、终身健康、社会生活与健康
韩国	健康、挑战、竞争、表达、安全五大课程领域，根据体育教育共同教育课程（3—9 年级）和体育选修教育课程（10—12 年级）的不同目标要求，在五大领域选择不同的具体课程内容

首先，从九个国家体育课程内容的呈现方式来看，主要有三种形式：一是按照学科呈现。主要是新西兰，因为新西兰的健康与体育课程包含了健康教育、体育教育和家政学三个学科；二是按照内容领域呈现。这其中又可以进一步细分

为两种形式,第一种是按照大的课程领域来划分内容,如韩国的体育课程内容分为健康、挑战、竞争、表达、安全五大课程领域,日本分为体育领域和保健领域;第二种是按照类型领域划分,如俄罗斯的体育课程内容划分为体育文化知识、体育实践方法和体育运动技能,德国萨克森州的体育课程内容分别包括小学阶段的七大运动领域和中学阶段的十大类运动;三是未明确地将课程内容分类,如美国、英国等国家,但具体的课程内容涉及了体育与健康的各个方面。

其次,从课程内容选择来看,呈现出非常明显的"目标引领课程内容"的方式。比如,美国在小学、初中、高中阶段的体育课程内容完全按照五条标准来进行选择,而这五条标准实际上即为五条大的课程目标;英国则以四个关键阶段的获得性目标为引领来选择具体的课程内容;法国则以不同阶段的课程主旨来选择课程内容;俄罗斯则根据《国家教育标准》中的总目标、课程目标和《综合示范纲要》中的课程任务来选择课程内容。由此可见,当前世界各国在体育课程内容选择方面的基本模式是一致的,即不以课程内容为中心,而是以达成课程目标为中心,很好地体现了"以学生为中心"的理念。

第三,从课程内容的范围来看,虽然不同国家划分课程内容的方式并不一样,但基本上都覆盖了体育与健康的各个方面,如体育与健康的基本知识、运动技能、体能、比赛、健康教育等。但是,不同国家的侧重点有所区别,比如,澳大利亚和新西兰非常注重健康教育方面的内容,相对而言体育学科的内容要少一些,而其他国家则主要以体育学科的课程内容为主,健康教育课程内容并重或者相对要少。

第四,从课程内容的层次性来看,所有国家都按照小学、初中和高中的三个学段,构建了层次分明、难度逐步递增、复杂性逐渐增强的课程内容体系。比如,美国在三个学段的课程内容覆盖面基本相似,但小学阶段更加偏重于基本动作技能的学习,初中和高中阶段开始逐渐偏重于健康、营养、社会交往、体育比赛等内容的学习;俄罗斯和日本在不同学段的课程内容都相差不大,但随着学段的升高,课程内容越来越偏向于体育比赛、运动技战术、健康知识的应用等方面。这种课程内容的层次性完全符合中小学生随着年龄的增长而不断发展的认知与身体基础。

七、课程实施的比较

只有通过课程实施,才能将课程内容付诸实践,也才能达到课程目标的要求,从而真正让学生受益。九个国家有关课程实施的具体要求如下所示(见表

10 - 6）。

表 10 - 6　不同国家体育课程的实施要求

国家	实 施 要 求
美国	实施机制：典型的分权制国家，国家课程标准只提供参考，具体实施由各个州自己决定。可以直接使用国家课程标准，也可以在国家课程标准的基础上进一步制定适合本州的课程标准 具体要求：国家课程标准针对课程内容提出了具体的学习要求，主要是强调要根据不同学段学生的实际情况进行课程实施。另外，美国还非常注重信息技术在体育课程实施中的应用，提出信息技术可作为促进体育教育的有效工具、信息技术是教学辅助工具而不是替代品、通过使用信息技术可以促进学生学习。并提出了移动设备、云支持技术和社交媒体等在课程实施中的简单要求
英国	作为国家课程的一部分，在体育课程中要贯彻落实全纳性教育、计算与数学、语言与读写等方面的要求。强调对特殊需要学生的关注
法国	注重让学生参与学校体育社团、注重与各种体育运动协会合作组织学生参与体育赛事、设置学校体育日、关照残障学生的融入
德国萨克森州	教学实施中重点聚焦于运动能力基本测试、学习基础知识和运动技术内容、强调综合运用、强调塑造学生的社会行为
俄罗斯	从教学目标设置、教学内容选择与设计、教学方法选择与运用、学生成绩评价四个方面提出了具体的课程实施建议
澳大利亚	在课程实施过程中要落实读写、计算、信息和通信技术、批判性与创造性思维、个人与社会、道德理解、跨文化理解等七种通用素养，同时要积极培养原住民与托雷斯海峡岛民的历史文化、亚洲，澳亚关系，可持续性三个跨学科素养
新西兰	开展有效教学：创造支持性的学习环境、鼓励反思性思维与行动、增强新知识的关联性、促进相互学习、与先前的知识与经验建立联系、为学生提供充足的学习机会、进行探究性教学、开展在线学习的教学 从三级课程管理的角度，对学校课程的设计与检验提出了具体要求
日本	指导计划制定：充分考虑实际情况、合理安排课时数、结合体育学科的特点开展道德教育、开展俱乐部活动和特别活动 课程内容实施：合理安排内容、有效实施教学、开展与自然界密切相关的运动、灵活运用教学方法
韩国	教学建议：指向能力培养、考虑学生特点、自我主导教学、全面发展、因材施教、开展课外相关活动 教学计划：制定合理的教学过程运行计划、具体的教学运行计划、教学活动计划

不同国家体育课程的实施要求具有以下几个特点：一是，课程实施指向课程目标的达成。在各国的课程实施要求中，都非常强调通过体育课程的实施，帮助学生更好地进行体育学习，达成体育课程的目标。目标的达成除了依靠体育教师的教学之外，还涉及到其他很多方面。从表10-6可以看出，课程实施要求的范围很广，包括课时的安排、教学计划制订、教学内容选择、教学方法运用、教材的选编、教学资源开发等，正是因为课程标准对这些方面提出了具体的要求，才使得各国在课程实施过程中能够顺利地保证目标的达成。

二是，不同国家课程实施的亮点不一样。比如，英国和澳大利亚非常明确地要求课程实施要为培养学生的核心素养服务，体现了鲜明的核心素养导向的课程实施方式。英国和法国强调对特殊教育需要学生或残障学生的关注，体现了全纳教育的思想。美国和澳大利亚强调信息技术在课程实施中的关键作用，提出要应用信息技术辅助教学，培养学生的信息素养。新西兰则强调在线教学在课程实施中的作用。日本则强调要结合体育学科的特点开展道德教育。韩国的教学建议中体现了非常明显的"以学生学习为中心"的思想，强调课程实施的重点是学生的学习。这些亮点各异的课程实施要求，体现了各自的特色和本国的实际情况。

三是，课程实施逐渐向课外拓展。传统的观点认为课程实施主要在于课堂教学，但各国的课程标准表明，走向"大课程观"的实施是发展趋势。虽然体育课堂教学是主体，但在课外甚至校外开展课程实施也是不可忽视的部分。比如，法国的课程实施要求"注重让学生参与学校体育社团、注重与各种体育运动协会合作，组织学生参与体育赛事、设置学校体育日"等，韩国要求"开展课外相关活动"，日本要求"开展俱乐部活动和特别活动"等。将课程实施从课内向课外拓展，不仅拓宽了课程实施的渠道，同时也给学生提供了更多参与体育学习和锻炼的机会。

八、学习评价的比较

学习评价是以课程的学习目标为依据，依据一定的评价标准，运用相应的评价技术和手段，通过信息收集和分析整理，对学生的体育学习过程和学习结果进行价值判断，以改善教师的"教"和学生的"学"，最终促进学生全面、健康的发展[1]。因此，体育学习评价是促成学生达成体育与健康课程目标的重要手段，能够发挥诊断、反馈、激励和改进等作用。九个国家有关学习评价的具体要求如下

---

[1] 汪晓赞，季浏. 中小学体育新课程学习评价[M]. 上海：华东师范大学出版社，2007：3.

所示(见表 10-7)。

表 10-7　不同国家的体育学习评价

国家	学 习 评 价
美国	常用的体育学习评价工具：检查表、等级评分表、表现性标准 面向大批量学生的评价策略：一年中完成的评价数量应有限、每学期至少评价 1—2 个目标、完成日常非正式评估、与班主任和家长合作、使用平板电脑记录数据并评估、每堂课评价一小群学生、将标准与行为和学生分享、使用表现性评价标准、注意评价易犯错误的记录、发挥志愿者作用 三级评价水平：初级水平、成熟水平和应用水平
英国	针对普通学生的评价 　　评价原则：应如实向家长报告学生在学校的表现和学校的评价过程、应有助于学生的进步和教师的发展、要确保学校评价在实践与创新方面是最先进的 　　评价内容：围绕四个关键阶段的获得性目标进行评价 针对有特殊教育需要学生的评价：依据《特殊教育需要学生表现性等级评价》要求，设有 8 个表现性评价等级
法国	拓宽评价深度和广度、注重学生的情意表现、弱化身体素质评价
德国萨克森州	评价目的：判断学习情况并评定成绩、反馈并激励学生进步、挖掘学生潜力 评价内容：基础知识与技能、社会参与、个人表现 评价工具：基本知识与评价标准、体育运动日志、档案袋 评价建议：在运动能力测试方面，要求每个年级至少选择两个运动项目进行测试、制定等级评定标准；运动技能方面，要求每个年级至少检测一项运动技能，并依据权威的标准；在综合运用能力方面，每个年级至少评价一项综合运用能力，且有评定等级标准 评价原则与意义：内容简略但不失充分、通过结果鼓励师生提升、由师生共同决定评价、形式多样化、标准清晰明了
俄罗斯	主要是侧重于体能的评价，聚焦速度、力量、耐力和协调四个方面，不同学段的测试项目和评价标准有所区别
澳大利亚	出台各水平段的成就标准，依据该标准对学生进行体育学习评价
新西兰	有效教学评价：了解学生的收获、让学生参与其中、评价有利于学生学习目标达成、评价要有计划、评价要合目的性、评价要合理公平 全校性的评价：通过学校收集信息，了解学生学习的影响，为学校政策和计划制定、教学实践改革提供依据 国家资格证书的评价：适用于 11—13 年级，如《全国教育成就证书》等各种资格证书
日本	无明确的学习评价要求

国家	学　习　评　价
韩国	评价方向：与教育过程相联系、评价内容保持均衡、评价方法和工具应多样化 评价计划：评价内容要覆盖教学活动的所有方面，应尽量具体；评价应以成就标准为基础 评价方法和工具的选定和开发：方法选定要与学习目标和评价目的相适应，评价工具可使用现成的，也可自主开发 评价结果的运用：指导教学计划制定、让学生和家长了解结果并对学习和活动进行调整、为个人的健康管理和升学以及休闲放松等提供资料

从表 10-7 可知，除了法国和日本的学习评价要求相对简略之外，不同国家都提出了较为详细的体育学习评价要求，而且普遍倡导多元化的体育学习评价。

首先，在评价目的方面，主要强调评价的诊断、反馈、激励和改进功能，通过学习评价诊断学生的学习情况，挖掘学生的学习潜力，帮助学生学会改进。比如，德国萨克森州的评价目的是判断学习情况并评定成绩、反馈并激励学生进步、挖掘学生潜力等。此外，还非常强调评价要指向目标，即强调目标、教学、评价的一致性。比如，英国要求围绕四个关键阶段的获得性目标进行评价。这充分体现了目标对学习评价的引领作用。

其次，在评价主体方面，强调体育学习评价主体的多元。体育教师是体育学习评价最核心的主体，但仍然不能忽视其他主体的作用。比如，美国非常注重学生、家长和志愿者的参与；新西兰强调学生参与其中；韩国则希望学生和家长及时了解评价信息等。多元的体育学习评价主体保持了评价的公平性，避免教师单一评价可能产生的偏颇，激发了其他主体关注学生的体育学习，调动了学生学习的积极性。

第三，在评价内容方面，覆盖全面，均强调多元的体育学习评价内容。各国的体育学习评价内容，涉及认知、基础知识、运动技能与运用、社会参与、个人表现、情意等。评价内容的多元化避免了传统体育学习评价中单一的依靠运动技能成绩进行评价的问题，有利于激发学生体育学习的兴趣和积极性。虽然俄罗斯主要侧重于体能的评价，但其体能评价内容仍然是多元化的。

第四，在评价工具与方法方面，各种工具与方法都被运用到各国的体育学习评价中，包括体育运动日志、档案袋、码表、皮尺、观察、调查问卷、记录表、纸笔测验、写作和表现等。这使得各国的体育学习评价工具和方法得到了发展，从而保证了评价内容的客观性和全面性。

此外,还有一些国家关注有特殊教育需要学生的体育学习评价,如英国,这也是今后体育学习评价需要关注的方面。

第二节　体育与健康课程标准的未来发展趋势

通过对九个国家体育与健康课程标准的修订背景、呈现形式与名称、课程性质与理念、课程目标、核心素养、课程内容、课程实施、学习评价等进行比较和分析,结合当前世界政治、经济、文化、教育的发展状况,可以发现未来体育与健康课程标准将呈现出如下的发展趋势。

一、课程标准的合科呈现方式将会逐渐增多

如前所述,在本书所涉及到的九个国家中,英国、俄罗斯和新西兰三个国家的体育与健康课程标准采用合科呈现的形式,即该国所有学科的课程标准组合在一起,形成国家统一的课程标准。虽然当前世界各国体育与健康课程标准仍然主要以分科的形式呈现,且在今后一段时间内仍然是主流,但可以预见的是,包括体育与健康课程标准在内的各学科采用合科呈现的方式将会逐渐增多,这与当前社会的复杂性越来越强,对人的综合素养要求越来越高密不可分。

实际上,课程标准的合科呈现方式,在本质上体现出"完整人的培养"的价值观。教育的终极追求是为了"培养什么人以及如何培养人",也就是我国近年来所强调的立德树人。人的全面培养仅仅靠单个学科是不可能实现的,必须要依靠所有学科的协同发展,共同发力。但问题是,当前各国在制定各学科的课程标准时,学科与学科之间处于相互隔离的状态,很少考虑与其他课程标准之间的衔接问题。虽然国家教育行政部门也会从顶层设计的角度进行统领,但十几门学科的课程标准各自为政,经常会出现相互之间重复、隔离、缺乏跨学科关联性等问题,这便进一步导致了学科的分科教学。钟启泉教授指出,合科教学也是发展趋势,一般是指在根据儿童的兴趣与生活设定学习材料而展开的活动中,整合若干学科内容进行教学的方法①。而合科教学也存在不少障碍,各学科的课程标准在顶层不协调是主要问题之一。因此,通过将各学科的课程标准整合在一起,有利于国家从整体角度思考人的培养问题,有利于各个学科之间的融合与跨学

---

① 钟启泉."合科学习"与"分团式动态教育法"[J].基础教育课程,2016(12):87.

科关联知识与技能的学习和跨学科素养的培养。对于体育与健康课程而言,课程标准的合科呈现方式有利于加强体育与健康课程和其他学科课程的关联性,更好地发挥体育与健康课程的功能,提升体育与健康课程的地位。

二、课程标准密切关照各国的现实社会背景

课程标准是为培养人而服务的,体现了国家的意志。而培养人的主要目的之一就是为了更好地应对未来社会的挑战和适应社会的需求,因此,世界各国当前的体育与健康课程标准很注重与现实的社会背景相联系。比如,美国的背景是"大规模教育变革的推动,解除学校体育危机的需求,对'什么是受过良好体育教育的个体'问题的探索,'体育素养'概念的提出"等。日本是为了"面对 21 世纪的挑战,解决学生'生存能力'低下,心灵不够丰富,体魄有待强健等问题"。俄罗斯则是根据该国卫生部 2009 年的调查结果,发现 60% 的学生健康状况受损,超 40% 的青年人达不到征兵的基本要求,85% 的公民缺乏系统的体育锻炼,公民的平均寿命比欧盟国家少 10 年左右①。俄罗斯政府对此都表现出极大的忧虑。所以,俄罗斯的课程标准非常重视体能,尤其是评价部分主要是以学生的体能学练情况的评价为主。也就是说,当所在国家面临什么样的社会问题时,那么该国的课程标准则必须要高度重视解决这些问题。

可以预见,今后世界各国的体育与健康课程标准,将越来越关注各国的现实社会背景,如关注青少年肥胖情况越来越严重、体质健康水平逐年下降、体育与健康学科在教育领域被严重边缘化、国民缺乏阳刚之气、学校教育质量提升不力、青少年心理障碍高发等问题;关注各国体育与健康课程发展不均衡的问题。实际上,这种对现实社会背景的关照,体现了一种高度的社会责任感,即不是为了教育而教育,而是包括体育与健康课程在内的每一门课程都要为社会问题的解决而贡献自己的力量。因此,关照社会背景的课程改革,将成为课程标准的重要方面。

三、研制核心素养并推行素养导向的课程改革

邵朝友等指出,21 世纪给面向未来的教育界带来了理智的强刺激,世界各

---

① 赵树耀,王子朴. 俄罗斯儿童青少年体育健康促进的改革措施对我们的启示[J]. 体育教学,2006(6):43-45.

国以及各种国际教育组织几乎都在试图回答到底培养什么样的人才能面对新世纪的挑战，都在努力描绘基于核心素养的课程蓝图，最直接的标志就是重建教育或课程标准。近年来，在联合国教科文组织（UNESCO）、欧盟（EU）、经济合作与发展组织（OECD）等国际组织的推动下，基于核心素养的课程设计已成为国际共识，相对领先的有澳大利亚、加拿大、新西兰、新加坡、芬兰、美国、英国、苏格兰、法国、匈牙利、日本等国以及加拿大魁北克地区和我国的台湾地区，纷纷开展研制基于核心素养的教育或课程标准，把它作为教育改革的重中之重[①]。

虽然本书中九个国家的体育与健康课程并未全部旗帜鲜明地提出核心素养的概念，但几乎都已经涉及了知识、技能、能力、态度、价值观等多个方面，都体现了核心素养的内涵。实际上，世界各国在核心素养的界定上，虽然在语言表述方面并不完全统一，但其所蕴含的核心素养内涵已经得到了体现。此外，还有一个原因是本书所涉及的九个国家的体育与健康课程标准，虽然对于该国而言都是最新版本，但有些国家课程标准的修订已经过了相对较长的时间，相信在其下一版的体育与健康课程标准中，必定会明确提出核心素养的概念，并研制系统的通用核心素养与体育和健康学科核心素养。总之，将核心素养视为课程设计的主轴，研制核心素养并开展核心素养统领下的课程改革是未来发展趋势。因此，我们在未来也将会看到世界上更多国家提出本国的体育与健康学科核心素养，并出台核心素养导向的体育与健康课程改革的方案，推动素养导向的体育与健康课程的实施。

四、更加强调课程目标所产生的引领作用

课程目标与核心素养密不可分，今后素养导向的课程改革趋势将越来越明显，那么课程目标也一定是指向核心素养，并对核心素养进行进一步具体化。因此，课程目标是连接核心素养和具体课程内容、方法与学习评价之间的桥梁，起着承上启下的作用。实际上，我国自 2001 年开始的基础教育体育与健康课程改革，就明确提出了"目标引领内容"的概念，强调要改变过去"学科中心观"的思想，改变上体育课是为了"教内容"的思维，要从课程目标或学习目标的角度出发去选择和编制课程内容，以促进目标的达成。这既可以从宏观上规范、指导全国各地、各校的体育教学，又能够给各地、各校留有较大的选择余地和广阔的发展

---

① 邵朝友,周文叶,崔允漷. 基于核心素养的课程标准研制：国际经验与启示[J]. 全球教育展望,2016,44
(8)：14-22.

空间。这也说明，不管选择什么内容、采用何种方法，只要有助于达成学习目标就行。目标统领内容，可以充分调动各地、各校的积极性和创造性①。

从九个国家的体育与健康课程目标可以看出，不仅目标本身明确具体，形成了不同层次的目标体系，强调根据课程目标来构建课程内容，而且在后面的课程实施、学习评价环节，很多国家也都强调要考虑课程目标，思考如何与课程目标配合，保持目标、内容、教学、评价的一致性，以避免目标与其他部分的分离或脱节。实际上，当前世界课程与教学的发展新动向就是强调教-学-评的一致性，宾夕法尼亚大学安德鲁·波特教授认为，强调一致性是基于标准的教育改革中的重要指导思想。美国实施基于课程标准的教育改革超过30年的经验表明，研究者和一线教师从只关注教什么逐渐考虑到应采用怎样的教学方法、以何种政策为导向以及采用怎样的评价方式才能把课程标准落到实处②。而教-学-评的一致性，其核心在于围绕课程目标而展开，即目标引领了教学、学习和评价，保证了相互之间的一致性。因此，今后世界各国将更加强调体育与健康课程目标对课程内容、教学实施、学习评价等所产生的引领作用。

五、健康将越来越受到高度重视

现代社会的发展，在为人们带来解放的同时也在用新的方式束缚了人的发展，为人带来便利的同时也催生了久坐等不良生活方式。新的生产方式让人们的身体活动量大幅度下降，由此而引发的肥胖、心血管疾病、糖尿病等慢性疾病正在威胁着人类的健康。最近的研究显示，世界各国体育活动参与水平的下降幅度触目惊心。仅仅在过去的44年，美国人的身体活动就下降了32％，照此趋势，到2030年下降率将达到46％。而英国人的身体活动在过去的44年也下降了20％，照此趋势，到2030年下降率将达到35％③。正在中小学学习的青少年是健康受到危害的最大群体之一，因此，世界各国将非常重视体育与健康课程的健康效益，而健康教育也将越来越受到高度重视。

目前，澳大利亚、新西兰和日本在课程内容中非常重视健康教育。其中，澳大利亚健康与体育课程主要就是为了培养学生的健康素养，新西兰则将健康教

---

① 滕子敬,季浏,耿培新,等.体育与健康课程为什么要目标统领学习内容[J].中国学校体育,2002(5)：13-14.

② 黄山,刘丽丽.教-学-评一致性：课堂研究与教学的新动向——第十二届上海国际课程论坛综述[J].教育发展研究,2014(22)：82-84.

③ 季浏,钟秉枢.普通高中体育与健康课程标准(2017年版)解读[M].北京：高等教育出版社,2018.

育和体育教育、家政学作为健康与体育课程的组成部分,日本则将保健领域作为中小学体育课程的重要内容。此外,其他国家也在体育课程中渗透了大量的与健康相关的内容。

六、基于"大课程观"而推进体育与健康课程的实施

从九个国家的课程实施要求来看,有比较明显的突破"课程实施仅限于课堂教学"局限的趋势,注重学校体育社团、体育运动协会、体育俱乐部、体育赛事、学校体育日等的开展,将课程实施的范围进行了拓展。实际上,学校教育改革的着眼点应当放在未来社会人类生存和发展需要上。基于此,必须进行课程观念的大变革,树立开放的"大课程观",构建一个开放的大课程体系,课程设置应该体现出开放、多元和个性化的特征[1]。体育与健康课程领域,基于"大课程观"而推进课程实施的要求更加迫切,这是因为体育与健康课程与其他课程相比,通过多种途径推进课程实施的机会和载体更多。

体育与健康的"大课程观"是指以体育与健康课程改革为核心,全面整合学校体育的各项工作,全力扭转学生体质健康水平下滑的趋势,形成协调有序的校园大体育与健康课程体系,该体系由学校体育的多个方面有机组成,共同为培养学生的"体育与健康学科核心素养"提供全面而丰富的滋养。这是一个系统工程,需要学校各级管理机构通力配合,在工作量认定、评价机制、资源配置等方面采取清晰且人性化的措施,这是今后体育与健康课程不断发展的方向。随着当今世界各国对核心素养的不断重视,在体育与健康课程实施中秉持"大课程观"的思维一定是发展趋势,各国也将会创造更多的实施方式,从而促进"大课程观"的落实。

七、更加重视体育与健康学习评价的多元化

多元的体育与健康学习评价应该以多元的内容、多样的方法、多元的评价标准和评价主体,构成科学的体育与健康学习评价体系,多方面收集评价信息,准确反映学生的学习情况,充分发挥评价的诊断、反馈、激励与发展功能,更有效地挖掘每一位学生的体育与健康学习潜力,调动他们的体育与健康学习积极性,促

---

① 胡旖. 树立开放的大课程观[J]. 湖北教育(教育教学),2012(1):21-23.

进学生更好地"学"和教师更好地"教"①。从九个国家体育与健康学习评价的要求来看,学习评价多元化的趋势非常明显。实际上,多元化的本质是对学生个性化和个体差异的关注,即不搞"一刀切"和"千人一面",体现了"以学生发展为中心"的理念。

结合各国体育与健康学习评价的发展趋势,可以认为:今后将更加重视体育与健康学习评价的多元化。这种多元化除了继续在多元主体、多元标准、多元方法、多元内容等方面体现得更加充分之外,还将会关注几个方面:一是在学习评价中融入信息技术手段,如美国所提倡的移动设备、云支持技术和社交媒体等。一些新型的信息技术设备,如心率监测仪、计步器、加速度计、运动手表等,将被广泛应用于体育与健康课程的学习评价之中,从而拓展评价方法和手段,以更加准确地评价学生的学习表现。二是将更加关注有特殊教育需要学生的学习评价。随着社会的发展,肥胖、心理障碍、抑郁、残障等各类有特殊教育需要学生的体育与健康学习将会更加引起重视,而过去的学习评价主要针对正常学生,这不利于本已处于弱势地位的这部分学生的全面健康发展。一些针对有特殊教育需要学生的体育与健康学习评价方法、手段、工具、标准等将会被开发出来。三是更加重视学业质量标准在学习评价中的作用。虽然在九个国家的课程标准中,只有澳大利亚、德国等少数国家提出了体育与健康课程的成就标准(即学业质量标准),但这一定是今后的发展趋势。因为学业质量标准为教师开展学习评价提供了非常明确的描述,将课程标准与学习评价很好地衔接起来,将会使学习评价更加全面并有针对性。

---

① 汪 　，张军.中小学体育与健康学习评价热点探析[J].中国学校体育,2014(4):18-23.